GISELA SCHINZEL-PENTH

Sagen und Legenden um Tölzer Land und Isarwinkel

Sagen und Legenden um Tölzer Land und Isarwinkel

Gebiet um Jachenau, Lenggries, Gaißach, Tölz, Dietramszell, Sachsenkam, Königsdorf, Heilbrunn, Benediktbeuern, Kochel, Schlehdorf, Großweil, Walchensee

gesammelt und neu erzählt von Gisela Schinzel-Penth
Federzeichnungen von Heinz Schinzel

4. erweiterte Auflage

AMBRO LACUS BUCH – UND BILDVERLAG MÜNCHEN

Tölz und Schloss. Aus dem Churbayrischen Atlas von 1687/90

Titelbild: Der neue Stutzen. Zeichnung von Karl Haider um 1879

Deutsche Nationalbibliothek-Einheitsaufnahme
Sagen und Legenden um Tölzer Land und Isarwinkel
Gesammelt und neu erzählt v. Schinzel-Penth, Gisela
4. erw. Auflage 2022
10 Federzeichnungen v. Heinz Schinzel, dazu 72 alte Abb.
Covergestaltung u. Layout Heinz Schinzel; Lektorat: Antonie Schuch
Ambro Lacus Buch- u. Bildverlag – München – www.ambrolacus-verlag.de
ISBN 3-921445-44-0

Druck: Steinmeier GmbH & Co. KG – Deiningen

Inhalt

Die Rechtschreibung wurde bei alten Dokumenten und Quellen nur teilweise behutsam der neuen Schreibweise angepasst.

Meiner Freundin Maria Bartl, die mir viele Sagen aus dem Isarwinkel erzählt, mich bei meinen Recherchen sachkundig und tatkräftig unterstützt und so einen großen Anteil am Zustandekommen dieses Buches hat, sei dafür an dieser Stelle mein ganz herzlicher Dank gesagt.

Gebirgsschützen von Lenggries. v. Gustav Wilhelm Kraus 1835

Ausschnitt aus Karte von v. Philipp Apian von 1568
Bairische Landtafeln Voralpengebiet zwischen Lech und Inn

Die Goldquelle in der Jachenau

In der Gegend um den Walchensee lebte einmal eine Witwe mit ihrem einzigen Sohn. Die beiden waren bitterarm, aber brav und fleißig. Franzl, so hieß der Bub, hütete den ganzen Tag über auf den hochgelegenen, kargen Bergweiden die Ziegen des Dorfes. Schon früh am Morgen, beim ersten Hahnenschrei, sammelte er die Tiere und zog mit ihnen hinauf und erst, wenn das Licht des Tages hinter den majestätischen Gipfeln der Alpen zu versinken begann, kehrte er ins Tal zurück. Er hatte ein freundliches, fröhliches und aufrechtes Wesen und sang trotz seiner harten Jugend, die von Entbehrungen gekennzeichnet war, den lieben langen Tag. Darum mochten ihn auch alle Menschen, die ihn kannten, gerne.

Eines Abends, als er wie gewöhnlich seine Herde talabwärts getrieben hatte und zu seiner Mutter heimgehen wollte, fand er zu seinem Erstaunen und zu seiner nicht geringen Bestürzung die Türe seines Elternhauses geschlossen und die Fenster verriegelt.

„Mutter, Mutter, wo bist du?“, rief er und dumpfe Angst schnürte ihm die Kehle zu. Als Antwort auf seine Frage vernahm er ein lautes Schluchzen, das aus dem Garten kam. Rasch eilte er dorthin und fand seine Mutter unter einer alten Linde. Sie hielt das Gesicht in die Hände gedrückt und weinte zum Steinerweichen.

„Was hast du, liebe Mutter“, fragte Franzl erschrocken, „warum sitzt du hier im Garten? Es ist ja schon dunkel und kalt. Warum gehst du nicht ins Haus?“

„Mein armes, armes Kind“, stieß da die Frau unter Tränen hervor, „wir haben nicht mehr das Recht, unser Haus zu betreten. Wie du weißt, konnte ich die Schulden, die ich beim Tode deines Vaters machen musste, noch nicht zurückzahlen. Unser Gläubiger will nun nicht mehr länger auf sein Geld warten und hat deshalb das Haus gepfändet. Morgen wird es versteigert. Was aus uns werden soll, wohin wir jetzt gehen sollen, das weiß ich nicht.“

Franzl wurde ganz blass vor Schrecken und meinte, das Herz müsse ihm brechen vor Weh und Leid. Blind vor Tränen stürzte er davon und lief wieder den Berg hinauf, von dem er eben erst herabgekommen war. Ziellos hastete er im hellen Mondlicht dahin, ohne auf den Weg zu achten. Als er auf einer einsamen Bergwiese unter den schroffen Felsen der Benediktenwand angelangt war, warf er sich zu Boden, drückte sein Gesicht ins Gras und schluchzte erbärmlich. Blind für alles um ihn herum, hatte er nicht bemerkt, dass auf dieser Wiese die Bergfeen ihre zauberhaften Reigen im milden Schein des Mondes tanzten.

Als die freundlichen Geister das verzweifelte Menschenkind gewahrten und in ihm den lustigen Hüterbuben erkannten, der sie oft mit seinen Liedern erfreut hatte, wurden sie von Mitleid gerührt. Ihre Königin, eine wunderschöne Erscheinung in Gewändern wie aus silbrigem Nebel, schwebte sacht zu dem Unglücklichen hin und fragte ihn mit sanfter Stimme: „Was ist mit dir, mein Kind? Warum ist aller Frohsinn deines Herzens dahin?“

Da erzählte ihr Franzl, immer wieder vom Weinen geschüttelt, sein ganzes Leid. Und, wie Kinder eben sind, wunderte er sich nicht im Geringsten über die Anwesenheit der Geister. Als er geendet hatte, nahm ihn die Feenkönigin tröstend bei der Hand und sagte: „Sei ohne Sorge, ich will dir helfen. Komm und folge mir!“

Sie führte ihn über steile Wege, mitten durch nachtschwarze Wälder und vorbei an dunkel gähnenden Abgründen, tief in die Jachenauer Berge hinein. Vertrauensvoll und ohne Furcht ging der Franzl mit ihr, bis sie in ein hohes, enges Tal gelangten, das er noch nie gesehen hatte. Trotz der Dunkelheit glitzerte und blinkte es dort so hell, dass das Kind wie geblendet war. Erst nach einer Weile, als sich seine Augen an den Glanz gewöhnt hatten, konnte es erkennen, woher dieser rührte. Er kam aus einer Quelle zwischen den Felsen, aus der, anstatt Wasser, reichlich flüssiges Gold hervorquoll.

„Nimm dir so viel du willst, Franzl!“, forderte die Feenkönigin den Buben auf, dem vor Staunen der Mund offen stand.

„Ich glaube, eine Handvoll wird schon genügen“, meinte dieser bescheiden, als er sich von seiner Verwunderung etwas erholt hatte, „damit kann meine Mutter die Schulden bezahlen, und wir müs-

sen unser Häuschen nicht hergeben.“

Da lächelte die Fee freundlich, nahm Franzls Hut, tauchte ihn in die goldene Flut und reichte ihn dem Buben, gefüllt bis an den Rand, zurück.

„Vielen, Dank! Vielen, vielen Dank!“, stammelte der, ganz außer sich vor Freude. Die Fee aber nahm ihn abermals bei der Hand und führte ihn wieder über die Berge zurück, bis sie in einer ihm vertrauten Gegend angekommen waren.

Dort verabschiedete sie sich von ihm und sagte: „Behüt' dich Gott, Franzl, und bleibe so wie du bist!“

Daraufhin war sie verschwunden. Franzl aber lief, so schnell er konnte, nach Hause, um seiner Mutter die freudige Botschaft zu bringen.

Vor lauter Eifer bemerkte er gar nicht, dass sein Hut ein kleines Loch hatte, durch das er ständig etwas von dem kostbaren Inhalt verlor. Als er endlich daheim angelangt war, befand sich gerade noch so viel Gold darin, dass das Häuschen ausgelöst werden konnte.

Franzl trauerte dem verlorenen Reichtum jedoch nicht nach und bewahrte sich auch sein ganzes ferneres Leben die unbezahlbaren Schätze der Zufriedenheit und des Frohsinns.

Die Goldquelle in der Jachenau aber, die hat seit der Zeit niemand mehr finden können, obwohl, wie man sich leicht vorstellen kann, gar viele danach gesucht haben (Anmerkung 1).

In der Jachenau. Alte Abbildung aus dem 19. Jahrhundert

Die Katzenburg in Vorderriß

Laut Sage soll einst im einsamen Gebiet von Vorderriß (benannt nach dem Rißbach), südlich der Isar, eine Burg gewesen sein, die Katzenburg hieß.

Für eine mittelalterliche Burg an diesem Ort gibt es aber keinerlei Beweise, weder einen Burgstall oder Ruinen aus der Zeit noch irgendwelche schriftliche Aufzeichnungen. Gesichert ist nur, dass sich hier um 1490 ein Jagdhaus befand, das einem Jörg Ketzler gehörte. Wahrscheinlich kommt daher der Name „Katzenburg".

Wie die Kirche in Jachenau entstand

Wie von vielen Kirchen (Anmerkung 2) erzählt man auch von der Kirche in Jachenau, dass sie zuerst an einem anderen Standort hätte errichtet werden sollen, dass aber dort so viele Unfälle geschehen seien, dass die Hölzer ganz blutig gewesen wären. Da habe ein Rabe die blutigen Scheite an den Ort getragen, an dem die Kirche heute steht. Die Bauleute sahen das ungewöhnliche Verhalten des Vogels nämlich als einen Fingerzeig Gottes, wo er sein Haus haben wollte.

Die Kirche von Fall im Sylvensteinsee

Im Jahr 1959 versank der Ort Fall in den Fluten der Isar, die hier zum Sylvensteinsee oder Sylvensteinspeichersee aufgestaut wurde.

Lange hatten sich die Dorfbewohner verzweifelt gegen den Bau der 44 Meter hohen Staumauer und die Überschwemmung ihrer Heimat zur Wehr gesetzt – vergeblich.

Ein Mann aus Südtirol, Rudolf Todeschini, der sich hier angesiedelt hatte, soll sein Haus erst verlassen haben, als die Fluten bereits das untere Geschoss unter Wasser gesetzt hatten.

Vor der Flutung sollen alle Gebäude des Ortes gesprengt worden sein. Dennoch hielt sich in der Bevölkerung noch lange hartnäckig das Gerücht, dass der Turm der Kirche noch stehe und an manchen Tagen, wenn das Wasser ganz still und klar sei, zu sehen sei oder die Turmspitze bei niedrigem Wasserstand des Sees daraus emporrage (Anmerkung 3).

Die Elfen im Gebirge

Nicht nur im Isarwinkel oder im Werdenfelser Land sondern im gesamten Alpenraum (Anmerkung 4) erzählten sich die Leute früher von einem besonderen, andersartigen Volk, das seine Heimat in versteckten Tälern und abgelegenen Hochebenen in den Bergen hatte, nämlich von den Elfen.

Blick auf Vorderriß. Aquarell v. Leopold Rottmann um 1855

Sie meinten damit aber nicht die fröhlichen kleinen Wesen, die in unseren Märchen eine große Rolle spielen, und die, wie es darin heißt, richtige Staatsgebilde mit König und Königin sowie allen Ständen hatten und die von frischen Tautropfen und vom Nektar der Blüten lebten.

Die Elfen, von denen hier die Rede ist, sollen vielmehr zarte Jungfrauen gewesen sein. Als verleugnete Kinder der ersten Menschen flüchteten sie, so glaubten die Leute früher, in die Einsamkeit und Unzugänglichkeit der Berge und suchten darin Schutz. Dort lebten sie seit undenklichen Zeiten, hielten sich aber vor den anderen Erdenbürgern verborgen. Nur der Wind trug manchmal ihre Klagen, seltsam ergreifende und wunderschöne Melodien, hinab in die bewohnten Täler. Im Dunkel der Nächte schweiften die Elfen ruhe- und ziellos durch die stille Berglandschaft, denn sie waren dazu verdammt, bis ans Ende der Zeiten das Licht des Tages und den Strahl der Sonne fliehen zu müssen. Dies war auch der Grund für ihr unablässiges Seufzen und ihre tiefe Traurigkeit.

Die seltsamen Geschöpfe der Nacht waren aber den guten Menschen wohlgesinnt. Manchen Jäger, der sich in der Dunkelheit verstiegen hatte, haben sie sicher ins Tal geleitet. Auch die Sennerinnen auf den Almen haben oft ihre Hilfe erfahren, wenn sie den unglücklichen Wesen des Abends eine Schale mit Milch hinaus gestellt haben. Dann geschah es nicht selten, dass die Kühe des Morgens, wenn die Sennerin erwachte, schon gemolken waren und doppelt oder dreifach so viel Milch gegeben hatten wie sonst. Auch wurde die Herde solch einer mitleidigen Hirtin das ganze Jahr über von keinem Unglück betroffen, wie beispielsweise der Krankheit oder dem Absturz eines Tieres.

Manchmal, wenn jemand des Nachts über die Berge wanderte, hörte er den eigenartigen Gesang der Elfen. Dann wurde sein Herz plötzlich mit einem ungekannten Frieden erfüllt, und getröstet und gestärkt schritt er weiter. Nur selten aber ist es jemandem gelungen, eine Elfe zu erblicken, denn sie waren scheue Geschöpfe und flohen ängstlich die Gesellschaft der Menschen.

Jachenau (Anmerkung 91).
Lithographie um 1815. Künstler unbekannt

Da geschah es einmal vor mehr als dreihundert Jahren, dass ein fremder Knecht über diese Berge stieg und des Nachts, ohne das zu wissen, in das Hochtal der Elfen gelangte. Unruhig blickte er sich immer wieder nach möglichen Verfolgern um, denn er hatte in seiner weit entfernten Heimat eine schlimme Mordtat auf sein Gewissen geladen. Im Streit hatte er in blinder Wut seinen Widersacher erschlagen und fürchtete nun die Rache von dessen Angehörigen. Wie er nun so rastlos über die Berge hastete, stand er auf einmal vor einer Elfe, die gerade bei einer Herde von Kühen saß und diese molk. Sie war so in ihre Arbeit vertieft, dass sie das Herannahen des finsteren Gesellen nicht bemerkte. Aus Angst, sie könnte ihn verraten, hob dieser seinen Wanderstock und ließ ihn, ohne sich zu besinnen, mit aller Kraft auf das Haupt des zarten Geschöpfes niedersausen. Sterbend sank die Elfe neben den Kühen nieder ins Gras, während der Knecht weiterrannte, ohne sich um sie zu kümmern.

Da ging ein dumpfes Grollen durch das Gebirge, wie von einem fernen Gewitter. Die unausgesprochene, aber deutlich fühlbare Drohung, die darin lag, jagte dem ruchlosen Mörder kalte Schauer der Furcht über den Rücken. Eine nie gekannte Angst erfasste ihn. Er verkroch sich in einem Gebüsch, um dort den Tag abzuwarten, denn es schien ihm gefährlich, bei dem aufkommenden Wetter weiterzugehen.

Aber der Tag brach nicht an, anstatt heller wurde es immer dunkler. Bald tobte ein solch schreckliches Gewitter über den Bergen, wie es noch niemand erlebt hatte. Zitternd vor Furcht drückte sich der Knecht in seinem Unterschlupf an den Boden. Er wagte sich auch nicht daraus hervor, als sich die Naturgewalt endlich wieder beruhigt und der Himmel aufgeklart hatte. Immer schwerer lasteten die begangenen Mordtaten auf seinem Gewissen, und er blieb an die Erde gepresst liegen, als könne er sich nie wieder erheben. Der Tag verging, und als wieder die Nacht anbrach und der Mond mit gespenstisch fahlem Licht auf die hochgelegenen Almen schien, da regte sich plötzlich überall ein seltsames unirdisches Leben. Ein Wispern und Raunen ging durch die Lüfte und es schien, als bewegten sich überall unwirkliche Wesen, die man zu sehen glaubte und doch nicht sah. Dem Knecht sträubten sich vor Entsetzen die Haare. Er wußte nicht, wie er sich vor der unheimlichen Gefahr, die er auf sich zukommen fühlte, retten sollte. Plötzlich durchbrach ein hoher, schriller Ruf das drohende Raunen ringsum und hallte von den Felswänden wider, wie von tausend Stimmen: „Alle neun Reiche auf! Elfe ist tot! Elfe ist tot!“

Da konnte es der Mörder nicht länger ertragen. Wie von Furien gehetzt, stürzte er aus seinem Versteck hervor, jagte in wilden Sätzen über die Wiesen davon und sprang in einen nahegelegenen See, um sich vor den vermeintlichen Rachegeistern zu verbergen. Aber auch das Wasser wollte ihm keinen Schutz gewähren. Mit aller Macht schleuderten ihn die Wellen ans Ufer zurück. Da erhob er sich voller Verzweiflung, wankte, ohne zu wissen wohin, den Berg wieder hinauf, immer weiter und weiter, bis er endlich auf einer steilen Felsenspitze angelangt war. Mit einem wilden Schrei stürzte er sich von dort hinab in die gähnende Tiefe.

Seit dieser Zeit, so wird erzählt, ist das freundliche Volk der Elfen aus dem stillen Tal verschwunden. Keiner hat je wieder etwas von den sanften Wesen gesehen. Mit ihnen ist aber auch der Segen gewichen. Die Kühe geben nur noch so viel Milch wie anderswo, und oft müssen die Sennerinnen den Verlust eines Tieres beklagen, weil die Elfen nicht mehr über ihre Herden wachen.

Die „Verschniebene Alm“ in der Riß

Fermersberg in der Riß war einst eine blühende Alm, wo die Kühe so reichlich Nahrung fanden, dass sie viel mehr Milch gaben, als anderswo. Die Almleute hatten Butter und Käse im Überfluss. Da wurden sie übermütig und leichtsinnig. Sie schätzten die Gottesgaben nicht mehr. Die Frauen badeten jeden Tag in Milch, weil sie glaubten, dadurch schöner zu werden und gossen diese anschließend einfach auf die Wiesen. Die Männer pflasterten die Böden und Stiegen ihrer Almhütten mit runden Käselaiben und verstrichen die Fugen mit reiner Butter. An den Abenden herrschte immer lustiges Treiben auf der Alm. Dann kamen Musikanten aus dem Tal und alle tanzten und vergnügten sich bis in die späte Nacht (Anmerkung 92). Sie hatten ja alles im Überfluss und mussten nicht viel arbeiten. Eines Tages kam ein halb verhungerter Mann in abgerissenen Kleidern zu den reichen Almleuten und bat demütig um ein wenig Milch und Brot.

„Ich habe schon seit Tagen nichts mehr gehabt", sagte er ganz erschöpft. „Bitte gebt mir ein Stück Brot und etwas Milch. Gott soll es euch vergelten!"

Tanz im Wirtshaus
Holzschnitt von A. v. Ramberg. Mitte 19. Jh.

„Von Gottes Lohn können wir uns nichts kaufen", antwortete darauf eine der Sennerinnen schnippisch. „Arbeite, dann hast du auch zu essen! Wir haben hier nichts zu verschenken, schau, dass du weiterkommst!"

Sie gab ihm höhnisch lachend einen Stein statt Brot und schlug ihm dann die Türe vor der Nase zu. Da ging der Arme von dem ungastlichen Haus weg, aber er wandte sich noch einmal um, warf den Stein auf die üppigen Wiesen und rief:

„Verflucht sollt ihr sein, die ihr Herzen habt so hart wie dieser Stein, die ihr kein Mitgefühl mit anderen kennt, denen es nicht so gut geht wie euch! Verflucht sollt ihr sein! Ewig soll Schnee auf euren Almen liegen und euer Reichtum soll vergehen, dass ihr selber spürt, wie es ist, arm zu sein!"

Von Stund an hatte es mit der blühenden Alm ein Ende. Noch in der gleichen Nacht fiel, obwohl es erst Ende August war, ganz überraschend Schnee im Gebirge und er blieb auf der Alm liegen und schmolz nicht mehr, auch nicht im nächsten Jahr, als der Sommer kam, auch nicht im übernächsten, ja, er ging überhaupt nicht mehr weg. Seither ist Fermersberg verschneit und es gibt dort keine saftigen Wiesen mit Blumen und Kräutern mehr.

Wie es heißt, wird der Schnee erst dann wieder von der „Verschniebenen Alm" – wie sie von den Leuten genannt wird – weichen, wenn das Geschlecht der hartherzigen Bauern, denen die Alm damals gehörte, ausgestorben ist. Dies scheint bald der Fall zu sein, denn in jüngster Zeit zeigen sich immer mehr freie Flecken auf der Alm.

Der Mönch am Scharfreiter

Vom Scharfreiter im Karwendel-Vorgebirge wird folgende Sage erzählt, die noch auf die Zeit der Römerherrschaft im damals keltischen Bayern zurückgeht:

Ein Kelte, der die Römer hasste und ihnen nicht zu Diensten sein wollte, hatte sich in das wilde und einsame Tal der Riß zurückgezogen, weil er hier als freier Mann leben konnte. Es gab genug Wild in den umliegenden Bergen und auch Weiden für die Kühe.

Die wenigen Zugänge zu dem Tal konnte er mit ein paar Knechten gut verteidigen.

So lebte er zufrieden mit sich und der Welt. Seine Nachfahren aber verwilderten in der Abgeschiedenheit der Bergwelt und wurden immer mehr zu gefürchteten Räubern. Bald wagte sich kaum mehr jemand in das schöne Tal, nur Gesetzlose oder Flüchtlinge, die in deren Dienste traten.

Zur Zeit der ersten Christen im Land hörte ein Mönch von den wilden Bergbewohnern und beschloss, sie zu bekehren und das schöne Tal wieder für alle zugänglich zu machen. Aber er hatte kein Glück. Bluthardt, der Herr der Sippe, der mit seinen jüngeren Brüdern dort hauste, nahm ihn gefangen und ließ ihn harte Frondienste leisten. Er lachte nur über die ständigen Versuche des armen Mönchs, ihn zum Christentum zu bekehren, und spottete über dessen Glauben.

„Wenn ich je wieder frei sein sollte“, gelobte da der Mönch, „so werde ich dieses Tal trotzdem nicht eher verlassen, als bis ich diese verblendeten Menschen für Christus gewonnen habe!“ Und er bat Gott inständig um Hilfe für sein Vorhaben.

Nach fünf Jahren Gefangenschaft gelang ihm endlich die Flucht. Er versteckte sich in einer Höhle auf einem Berg in der Nähe, die schwer zu erreichen war und die ein Mann verteidigen konnte. Aber bald hatten ihn Bluthardts Knechte aufgespürt, umstellten auf Befehl ihres Herren die Höhle und wollten den Mönch dort, wenn sie ihn schon nicht herausholen konnten, aushungern. Immer wenn dieser die Höhle verlassen und sich etwas zu trinken oder zu essen holen wollte, empfingen ihn johlendes Gelächter und ein Hagel von Pfeilen, die ihn zurückscheuchten.

Der Mönch aber, Askese gewöhnt, stillte seinen Durst aus einem Rinnsal in der Höhle und war auch nach Wochen noch nicht verhungert. Da dauerte dem Herrn Bluthardt die Belagerung zu lange, denn er brauchte seine Knechte für andere Aufgaben. Es ärgerte ihn, dass ihm der arme Mönch so lange Widerstand leistete, und er schwor wutschnaubend:

„Jetzt hole ich selbst ihn aus seinem Loch, binde ihn an den Schwanz meines Pferdes und schleife ihn so lange den Grat des Berges entlang, bis nichts mehr von dem Narren übrig ist!“

Zur damaligen Zeit war der Grat des Berges noch eine gleichmäßige Linie. Seine Knechte aber riefen:

„Herr, über den Grat kann man doch gar nicht reiten. Lass uns den Kerl einfach aus seiner Höhle ziehen und ihn erschlagen! Dann hat die Sache endlich ein Ende.“

Aber Bluthardt ritt selbst auf den Berg, um sein grausames Vorhaben in die Tat umzusetzen. Als er aber schon oben am Grat angelangt war und die Zufluchtsstätte des Mönches fast erreicht hatte, brach plötzlich ein fürchterliches Unwetter los. Er konnte die Hand nicht mehr vor den Augen sehen, so dunkel war es auf einmal geworden. Sein Pferd scheute und weigerte sich voller Angst vorwärts oder rückwärts zu gehen und bäumte sich wild auf. Pausenlos zuckten mit unheimlichem Zischen Blitze vom Himmel und einer davon erschlug Bluthardt, indem er dessen Haupt vom Körper trennte. Der Kopf aber rollte unmittelbar vor die Höhle des Mönches hinunter, wo er später gefunden wurde. Schnee- und Hagelschauer prasselten herab und bedeckten die Leiche Bluthardts völlig.

Am anderen Morgen schien die Sonne wieder so hell und warm, als hätte es das schwere Unwetter in der Nacht nie gegeben. Von Stund an aber war der Grat des Berges keine gleichmäßige Linie mehr: Das Ross und der Reiter ohne Kopf waren zu Stein geworden und standen zackig daraus hervor.

Voller Entsetzen liefen die Knechte ins Tal und berichteten den Brüdern Bluthardts, was geschehen war. Da erkannten alle das schreckliche Unglück als ein Strafgericht Gottes dafür, dass sie seinen Diener so grausam behandelt hatten. Der Mönch stieg aus seiner Zufluchtsstätte hinab ins Tal und alle ließen sich von ihm bekehren. Die Brüder aber erbauten ein Kloster, von dem Reste noch heute vorhanden sind.

Das Gelübde

Damals, als es im Isarwinkel noch viele wilde Tiere gab, darunter auch Bären, hatte einmal ein Holzknecht beim Wirt zu tief ins Glas geschaut und konnte nur mehr wankend nach Hause gehen. Er befand sich schon nahe seiner Hütte im Wald, da stand plötzlich aufrecht ein riesiger Braunbär vor ihm. Drohend erhob er seine Pranken mit den messerscharfen Krallen und näherte sich dem Knecht. Der Mann war wie erstarrt und gelobte in seiner Todesangst: „Heilige Mutter Gottes, wenn Du mir hilfst und mich beschützt, mache ich zum Dank eine Wallfahrt!“

Da brummte der Bär unwillig, wandte sich um und trollte sich in den Wald zurück. Mit zitternden Knien wankte der Knecht zu seiner Hütte und war froh, mit dem Leben davongekommen zu sein. Am nächsten Morgen erzählte er seinem Freund, was vorgefallen war und fragte ihn:

„Weißt du einen Wallfahrtsort, zu dem ich gehen könnte? Ich darf ja nur einen Tag brauchen und muss am Sonntagabend zurück sein, weil ich am Montag wieder bei der Arbeit sein muss!“

Der andere, der nicht viel vom Beten hielt, lachte: „Was kümmerst du dich noch darum, es ist dir doch nichts passiert! Geh’ am Sonntag mit mir ins Wirtshaus zum Feiern, das is’ g’scheiter!“

Der Knecht zögerte zwar, ließ sich aber doch nicht abbringen und machte am nächsten Sonntag seine Wallfahrt. Er musste noch die ganze Nacht hindurch gehen, weil es so weit war, und kam erst am Montagmorgen zurück. Sein Freund war schon lange bei der Holzarbeit. Als er den müden Wallfahrer sah, lachte er lauthals und spottete:

„Na, hast’ jetzt ein besseres Gewissen? Du bist doch ein rechter Betbruder, die ganze Mühe wär’ nicht notwendig g’wesen!“

Er hatte kaum ausgeredet, da stürzte der riesige Bär aus dem Gebüsch hervor und zerriss ihn. An der Stelle im Wald, wo dies geschehen ist, stand lange Zeit eine Tafel, die an den schrecklichen Vorfall mahnte. Heute ist sie verschwunden.

Der seltsame Spuk im Bächental

Im Bächental war es einst nicht geheuer. Davon war besonders die Larch-Alm betroffen. Die Senner und Sennerinnen fürchteten sich schon immer, wenn sie sonntags den Stall ausmisten mussten. Da klopfte es nämlich jedesmal an der Stalltüre. Es hörte sich so an, als schlage jemand mit einer hölzernen Mistgabel kräftig dagegen, doch es war niemand da, der die Geräusche verursacht haben hätte können. Da glaubten die Leute, dass ein Toter, der früher auf der Alm gearbeitet hatte, vielleicht keine Ruhe in seinem Grab finden konnte und noch immer bei der Hütte umging.

Eine junge Sennerin im Bächental sollte einmal von einer Alm in der Nähe ein Topfensieb holen. Es war schon spät und so war sie nicht vor Dunkelheit zurück. Als sie endlich heimkam, war sie völlig verändert. Sie muss etwas so Schreckliches gesehen oder erlebt haben, dass sie von da an wirre Reden führte und nicht mehr richtig im Kopf war. Was geschehen war, konnte nie in Erfahrung gebracht werden. Man hütete sich aber künftig, bei Dunkelheit die schützenden Hütten zu verlassen.

Der Wilderer und der Jäger

In Hahnberg, also ziemlich weit zurück im Schwarzenbachtal, da standen sich einmal ein Jäger und ein Wildschütz von neun Uhr vormittags bis in die geschlagene Nacht gegenüber, jeder hinter einem Baum. Einer hatte den andern mit dem Tode bedroht für den Fall des Zusammentreffens, und siehe da, sie trafen sich, sahen sich, flüchteten hinter Bäume, und keiner wagte sich hervor, bis nicht die dunkle Nacht ihn deckte. So schreibt J. B. Schöffmann.

Karl Stieler verfasste über die Geschichte, die damals überall erzählt wurde, dieses Gedicht:

I trau dir nit

A Jager birscht im Berg bei Tölz,
Da steht a Wildschütz dort im G'hölz,
Allzwoa gibt's glei an Teufelsriß
Man woaß nit, wer der Gschwinder is.
Und schaug, von eh s' noch angelegt ham,
So springt a jeder hintern Baam.
Und lange Zeit hat koaner g'redt,
A jeder denkt: will sehgn, wie 's geht.
Auf d'letzt fangt halt der Jager an:
„I will nix sagen, was d' hast tan,
Oamal is koamal - moanetwegn;
Geh fort und laß di nimmer sehgn!"
Der Wildschütz sagt: „Is 's Ernst damit?
Geh du z'erst vor, i trau dir nit."
So machen s' ihnern Disputat
Von fruah bis dunkel wird und spat,
Na ham sie se zum Roasn g'richt.
Jetzt geht's dahin, kaum hörst an Schritt,
„Guat Nacht!" ham 's g'rient,
„i trau dir nit!"

Zeichnung v. Simmler 1869.
Gartenlaube: Jg. 1869 Nr. 37
Illustriertes-Familienblatt

In der Jachenau (Anmerkung 91).
Aquarell v. Ludwig Neureuther um 1800

Die Hexen und die Truden

Noch heute ist der Glaube an böse Machenschaften von Hexern, Hexen oder Truden (Anmerkung 5) weit verbreitet, ja man könnte sogar sagen, dass er wieder im Aufleben ist.

Leoprechting schreibt 1855 darüber, woran man eine Hexe nach dem Glauben der Leute damals erkennen konnte:

Eine Hexe erkennt man schon von weitem am Gang und das Gesicht trügt selten, hat sie aber gar noch rote Gluderaugen, dann weiß man sicher, wieviel Uhr es mit ihr geschlagen hat. So kennt man auch die Trud beim ersten Blick, denn deren Augenbrauen gehen in verkehrter Richtung statt den Schläfen der Nasenwurzel zu, und je borstiger sie sich steifen, je ärger sind sie zu scheuen.

Hexen wurde nachgesagt, dass sie Unglück über Mensch und Tier, über Hof und Stall bringen konnten, wenn die Menschen sich nicht durch bestimmte Abwehrzauber, wie Trudenfuß (Anm. 6), geweihte Gegenstände und Bannsprüche oder Bannmittel geschützt hatten. Wenn einer sein Ross im Stall völlig verschwitzt und schäumend vorfand, ohne dass er es geritten hatte, wenn ein Ross in Schweif und Mähne unzählige Zöpfchen eingeflochten hatte oder sich plötzlich wie verrückt benahm, so war sicher eine Hexe daran schuld, ebenso bei plötzlichem Viehsterben ohne ersichtlichen Grund. So eine Teufelsbündlerin konnte viel Schaden anrichten: *So besteht eine ihrer Hauptkünste im Milchentziehen fremder Kühe. Hiezu gibt es unzählige Mittel. Denn nicht nur, dass sie des Nachts in einen Stall, der leichtsinniger Weise christlicher Bannsegen entbehrt, eindringen können, wo sie es dann leicht haben, an den wirklichen Eutern des Kuhviehs zu melken die ganze Nacht hindurch, sondern sie vermögen sich auch solche Zauber zu verschaffen, vermöge welcher sie aus Grassäcken, Milchtüchern, Zaunstecken im Namen des Eigentümers Milch melken als wie an den Eutern der Kühe derselben. Will man nun solche Kühe morgens melken, geben dieselben natürlich keinen Tropfen Milch...*

Heute bezeichnen sich vermehrt Frauen als Hexen der sog. Weißen Magie und betreiben Kräuterkunde oder – wie sie behaupten – heilende Rituale. Sie bekennen sich zur „Weißen Magie“, weil sie Mensch und Tier nicht schaden wollen, ganz im Gegensatz zur „Schwarzen Magie“, die aber auch vielerorts eine Renaissance erlebt, wie viele Plätze, an denen auch heute noch (!) Satansrituale und schwarze Messen mit Opferung von Tieren gefeiert werden, zeigen. (Anmerkung 7)

Die Hexe vom Höllenloch beim Rechelgraben

Im Seekargebiet oberhalb des Hirschbachtals soll früher eine Hexe ihr Unwesen getrieben haben. Vor allem bei schlimmen Unwettern im Gebirge wollen manche Bergwanderer oder Flößer sie gesehen haben. „Das böse Weib vom Rechelgraben geht wieder um“, sagten dann die Leute und bekreuzigten sich. „Wenn die Trud umgeht, muss einer sterben!“

Sie soll schwarz wie die Nacht und riesengroß gewesen sein und oft einen Besen dabei gehabt haben. Wer aber einen „Kranewitzweig“ (Wacholder) bei sich hatte, ob am Hut oder auch nur in der Tasche, der war vor ihr sicher, dem konnte sie nichts anhaben. Überhaupt galt ein Wacholderzweig am Hut als Schutz gegen böse Mächte. Darum trugen ihn die Menschen früher nicht nur als Zierde am Hut.

Die Hexe aus Wegscheid

Sehr rasch kam eine Frau früher in den Ruf, eine Hexe zu sein. Oft genügte schon ein etwas ungewöhnliches Verhalten ihrerseits und sie war bald in der ganzen Gegend verschrien, ohne sich dagegen wehren zu können.

Hexenamulett

Mitte des 19. Jahrhunderts lebte in Wegscheid eine alte Frau, die Mom genannt wurde. Sie galt als wunderlich und mit seltenen Kräften ausgestattet. Sie liebte Kinder und beschenkte sie immer, wenn sie auf ihren Hof kamen. Sie gab jedoch nie nur ein Stück, sondern immer drei von etwas, also drei Äpfel, drei Krapfen oder drei Ostereier.

Die Leute fürchteten sich vor ihr und mieden sie, es sei denn, sie brauchten ihr Wissen um die Wirkung der Kräuter oder sonst ihre Hilfe.

Eines Abends brach die alte Mom auf dem Weg zu ihrer Nachbarin, nur etwa dreißig Meter von ihrem Haus entfernt, zusammen. Sie war auf der Stelle tot. Da trugen die Leute sie zum Haus und lehnten sie an die Wand. Einer aber, wer, das weiß heute niemand mehr, gab der gerade erst Verstorbenen einen Besen in die Hand und brandmarkte sie damit sogar noch nach ihrem Tod als Hexe, obwohl sie niemandem etwas Böses getan hatte.

Die heilkundige Hexe

Vor dem zweiten Weltkrieg lebte im Isarwinkel eine alte Frau, die weit und breit als Hexe galt und von den Leuten sehr gefürchtet wurde. Man ging ihr möglichst aus dem Weg. Es hieß, sie habe den „Bösen Blick“. Stalltüren wurden rasch verschlossen, wenn sie des Weges kam, um das Vieh vor Unheil zu schützen. Jeder, der öfter mit ihr zu tun hatte, versuchte sich gut mit ihr zu stellen.

Wer aber zu ihr kam und um Hilfe fragte, dem half sie. Die einen kamen wegen Liebeskummer, die anderen wollten wissen, was die Zukunft bringen würde, andere wollten Auskunft über das Schicksal von vermissten Personen. Bei Krankheiten wusste sie immer das richtige Heilkraut, sie kannte die Kraft des Mondes und erklärte den Bauern, wann man Holz schlagen durfte oder Haare schneiden sollte und dergleichen.

Der alten Frau wurden auch besondere, ja geradezu magische Kräfte nachgesagt.

So soll sie das Vieh eines Nachbarn, der in Feindschaft mit ihr lebte, und dessen Kinder immer, wenn sie ihrer ansichtig wurden, „Hex, du Hex“ schrien und davonliefen, verhext haben. Sie gaben derart wenig Milch, dass sich das Buttern gar nicht mehr lohnte. Wohl versuchten der Bauer und ein paar seiner Freunde eine „Hexenaustreibung“, aber es gelang ihnen nicht.

Um die verschriene Frau wurde es immer einsamer, nur diejenigen, die ihre Hilfe brauchten, wagten sich noch auf ihren Hof.

Inzwischen waren viele Jahre vergangen und ihr Enkel war ins heiratsfähige Alter gekommen und hatte sich in ein Mädchen aus Wackersberg verliebt. Aus Gründen, die damals niemand verstand, und die wohl nur die Großmutter wusste, wollte sie nicht zulassen, dass er heiratete.

Er aber setzte sich über den Willen der Großmutter hinweg. Am Tag der Hochzeit war die alte Frau sehr unruhig. Ein Knecht auf dem Hof beobachtete, wie sie beim Hoftor mit ihrem Stock etwas in den Lehmboden kratzte und dabei seufzte. Als sie weggegangen war, lief er hin und schaute nach.

Es waren drei Kreuze.

Als nun der Kammerwagen mit der Braut bei seiner Einfahrt in den Hof über die drei Kreuze rollte, fiel der Bräutigam, der ihr entgegengehen wollte, plötzlich zu Boden, tobte und wand sich in wilden Krämpfen. Es brauchte mehrere starke Männer, ihn zu überwältigen, und er musste nach München in eine Klinik gebracht werden.

Die Braut kehrte tief erschrocken zu ihren Eltern zurück und aus der Hochzeit wurde nichts mehr. Die Ärzte in München erkannten zwar die Krankheit des jungen Mannes, konnten aber seinen Tod, der nicht lange darauf eintrat, nicht verhindern.

Ohne die wirklichen Gründe zu kennen, wurde behauptet, die Alte sei am Unglück ihres Enkels schuld, weil sie in die Hofeinfahrt die drei Kreuze gemalt hatte und ihn damit verhext hätte.

Die verschwundene Burg Schellenberg bei Wegscheid und der unterirdische Gang

Nordwestlich von Wegscheid auf einem Bergsporn über dem linken Isarufer soll schon vor sehr langer Zeit eine Burg gewesen sein. Auf einer Urkunde von 1155 des Klosters Schäftlarn wird ein Rudegeros de Skellenberg als Zeuge genannt; hier taucht der Name Schellenberg erstmals in einem Dokument auf. 1170 erbte Heinrich von Schellenberg (genannt auch Heinrich von Tollenz = Tölz) diese Burg. Ihm gehörten auch die Burgen von Tölz und von Hohenburg, die gegenüber auf der anderen Isarseite liegt (vgl. S. 49). Das Geschlecht der Schellenberger starb 1708 aus.

Die drei Burgen von Schellenberg, Tölz und Hohenburg hatten untereinander gute Sichtverbindung und konnten sich daher gegenseitig bei Angriffen oder wichtigen Ereignissen sehr rasch verständigen.

Schellenberg und Hohenburg waren – der Sage nach – durch einen unterirdischen Gang, der unter der Isar hindurch geführt haben soll, verbunden.

Bis 1265 war Schellenberg im Besitz der Schellenberger, dann freisingisch, aber als bairisches Lehen mit Sitz eines Pflegers der Herzöge von Bayern. Wahrscheinlich wurde diese mittelalterliche Burg zerstört oder wegen eines Neubaues abgetragen, denn von ihr ist nichts mehr vorhanden.

Später wurde am gleichen Platz eine Höhenburg, ein Wachtturm aus Stein über der Isar, errichtet – möglicherweise teilweise bereits im 13. Jahrhundert – die „Neuburg" genannt wurde, seit 1593 Vogtei von Kloster Tegernsee.

Heute ist nur noch ein etwa 2 Meter langer Mauerrest von der Neuburg nahe dem Steinbruch Untermurbach auf 750 Meter ü. M. erhalten (Anmerkung 8). Der Burgstall liegt 1300 Meter nordwestlich der Kapelle von Wegscheid. Mehr ist über die verschwundene Burg oder den unterirdischen Gang nicht bekannt.

Der Wunderbaum auf dem Gerstenried

Auf der Höllel-Alm hinter dem Hohenwieser Berg soll es Gold in Hülle und Fülle geben. Willibald Schmidt schreibt 1936:

Am Höllel hinterm Hochwieserberg steht ein Wunderbaum. Das ist ein alter, ganz verdrehter Taxenbaum (Anmerkung 9). *Der hat kleine, gekrauste Zweige, die ganz gewirbelt sind und bis zum Boden herabhängen wie gewundene, viereckige Stränge.*

Der Hirt von der Höllel-Alm hat einmal seine Geißen gesucht, und da ist er bis aufs Gerstenried bei der Hochalm hinaufgekommen. Dort ist er bis zum Felsen gegangen, der war von reinem Gold. Der Hirte wollte sich ein Stückl weghacken, aber sein Hirtenhackl ist ihm zu gut gewesen dafür; da ist er wieder zurückgegangen bis zur Höllel-Alm hinab um einen Pickel. Bis er wieder aufs Gerstenried hinkommen ist, ist von dem Gold nichts mehr dagewesen.

Aber ein armer Tiroler ist g'wesen, der hat sich einen Sack voll davon eing'fasst und hat g'sagt: „Ich und meine Kinder g'langen schon mit dem". Gesehen hat aber seitdem niemand mehr etwas von dem Gold auf dem Gerstenried.

Die Wilde Jagd auf dem Roßstein

Auf etwa 1100 Meter Höhe steht nahe der Röhrlmoosalm unterhalb vom Roßstein eine kleine, dem Pestheiligen Sebastian geweihte Kapelle. Dort soll es in früheren Zeiten nicht geheuer gewesen sein. Wie es heißt, zog dort immer die Wilde Jagd vorbei (Anmerkung 10).

Es ist schon ungefähr 80 Jahre her, da erzählte der Gerlbauer in Hohenwiesen folgende Geschichte darüber:

Dort, an der Steinernen Gasta, zieht das Nachtgjaid durch die Luft. Da haben's einmal beim Klaffenbacher Bauern, wo ich als Bub aufgezogen worden bin, einen Hund g'habt. Der ist allemal, wenn's Nachtgjaid durchg'fahren ist, dem die ganze Nacht nachg'-laufen. Der Bauer hat gewusst, dass alle Pfinztag (Anmerkung 11) *das Nachtgjaid übers Steinerne Gasta her am Klaffenbacher Hof vorbeisaust. Deshalb hat der Bauer einmal an einem solchen Pfinztag den Hund eing'sperrt; da hat dann einer vom Nachtgjaid, der einen großen Hut aufg'habt hat, beim Fenster anklopft und hat zu dem Bauern g'sagt:*

„Ob'st den Hund mitlaufen lasst oder net?"

Der Bauer hat das Fenster aufgemacht und der Hund ist auch gleich draußen gewesen. In der Früh ist der Hund wieder kommen, aber der Klaffenbacher hat ihn gleich erschossen. Ich muss mich selber wundern, dass dem Bauern d'rauf nichts passiert ist.

Isar bei Lenggries. Aquarell v. Leopold Rottmann um 1877

Das goldene Hasellaub

Nahe beim Klaffenbacher auf der Röhrlmoosalm befand sich ein Söldnerhäusl mit dem Hausnamen „Beim Hausbichler“. Einmal kam eine Magd dort vom Melken und ging auf den Klaffenbacher Hof zu. Wie gewöhnlich hielt sie die frisch gemolkene Milch in einem „Milchsechter“ mit einer Hand auf dem Kopf, mit der anderen streifte sie so im Vorübergehen ein paar Blätter von einem Haselnuss-Strauch am Weg und steckte sie ganz in Gedanken versunken in die Tasche. Als sie etwas später ganz zufällig hineingriff, fühlte es sich dort ganz hart und schwer an. Verblüfft zog sie statt des Laubes lauter goldene Frauentaler (Anmerkung 12) heraus. Voller Freude erzählte sie allen was geschehen war und wie sie, die arme Magd, nun zu Reichtum gekommen war. Da liefen die anderen ebenfalls zu besagtem Haselnuss-Strauch und streiften sich dort Laub ab, so viel nur in ihren Taschen Platz hatte. Als sie aber nach Hause kamen und die Taler zählen wollten, fanden sie statt derer nur lauter Steine.

Die Durlhexe von Hohenwiesen

Mitte des 17. Jahrhunderts, als der Hexenverfolgungswahn in Bayern grassierte und vielen unschuldigen Menschen einen grausamen Tod brachte, wurde auch einer Bauerntochter aus Hohenwiesen nachgesagt, dass sie eine Hexe sei. Die Leute fürchteten sich vor ihr und erzählten allerlei seltsame Geschichten über sie. Man verdächtigte sie, die Unwetter, die häufig über dem Gebiet um den Tegernsee tobten, „zusammengeschoben" zu haben. Hyazinth Holland und Willibald Schmidt schrieben 1853 bzw. 1936 nach mehreren – auch mündlichen Überlieferungen – über sie:

Zur Zeit, als Lenggries noch zur Pfarrei Gaißach gehörte, war in Hohenwiesen auf dem Bachmairanwesen eine Hexe, die Durl. Die konnte Gold machen. Sie war die Tochter eines reichen Bauern und eine revierische (aufsässige) *Person. Kein Mensch weiß, wie sie hinter das böse Wesen gekommen ist. Am Lichtmeßtag gingen einmal die Kirchenleut auf dem Weg zur Wachsweihe in Gaißach am Haus der Durl vorbei. Sie war noch ganz im Werktagsgewand und räumte das Haus zusammen, wie wenn sie gar nicht ans Kirchengehen denken wollte.*

Die Leute schrien ihr zu: „Nicht gar zu fleißig! - Schleun dich, dass du nicht zu spät kommst!" - Sie aber ließ sich nicht irr machen und meinte lachend: „Geht nur ihr voran, ich komm schon noch recht. Z' Venedig ham's grad das ander g'läut." - Wie sie schon bei der Hirschbruck gleich ober Lenggries war, merkte sie, dass sie das Wachs vergessen hatte. „Muss glei nach Venedig und s' Waxl hol'n!" sagte sie und war schon auf und davon. Aber an der Kirchentür in Gaißach holte sie die andern ein und kam noch recht zur Wachsweihe.

Der Krautenkaspar von Arzbach ist einmal mit der Durlhex auf dem Nudelwolker gefahren, aber arschlings aufgesessen, sonst wäre er erstickt, so schnell ist es gegangen. Heut noch sagt man im Isarwinkel zu einem, der es recht pressant hat: „Du fahrst ja dahin wie die Durl von Hohenwies!" und wenn man fragt: „Was ist denn mit der?" kann man die Antwort kriegen: „Die ist in einer Stund auf Venedig hin und her."

Beim Lainer haben s' öfter Butter gerührt, über zwei Stunden, aber keinen Butter zusammengebracht. Da sahen sie, wie die Durl an ihrem Haus vorbeiging. Sie trug etwas in ihrem Fürtuch und schrie herüber: „Nachbarin, plag dich nicht! Deinen Butter hab ich schon lang im Fürtuch (Anmerkung 13) *innen!"*

Die Durl konnte die Kühe von der Stube aus melken. Sie band dann einen Schuhriemen an den Ofenfuß und fuhr strichweise daran herab. Einmal hat sie sogar in der Stube regnen lassen, als es ihr die Mutter erlaubte.

Ein andermal saß sie auf einem großen Tannenbaum bei Gmund und wollte über die Tegernseer Gegend Hagel ausschütten. Da fingen die geweihten Glocken zu läuten an und bannten sie so fest auf den Baum, dass sie nicht mehr wegfliegen konnte. Nachher sagte sie: „Wär die große Schell'n von Gmund, der Kotbauer von Eck (Anmerkung 14) *und 's Goaßglöckl in Ried nit g'wesn, i hätt' diesmal alles in Boden neischlag'n lassen; s' Goaßglöckl in Ried nutzt nix.“*

Ein Weber, der auf der Stör in Hohenwies war, sah der Bäuerin zu, wie sie die Ofengabel schmierte und mit den Worten "Hui aus und ninderscht ani!“ zum Kamin hinaus fuhr. Da nahm er ihre Salbe und probierte sie ein bißchen an seinem Webstuhl. Als der aber anfing, sich vom Fleck zu rühren, hörte er voller Schrecken gleich wieder auf. Ein andermal war der Schneider mit seinem Gesellen auf der Stör. Da stellte ihnen die Durl eine Flasche Apfelschnaps auf den Tisch und sagte:

„Grüß Gott, Meister, Gesell und Bua,
Macht die Stubentür zua.
Jetzt geh i gleich auf d' Dull'n
Und will den Har (Flachs) *herabhol'n;*
Brechen, schwingen, hecheln und spinnen
und meinen Schneidern den Zwirn davon bringen.
Trinkt derweil ein Glasl Schnaps!"

Ehvor aber diese ihr Glasl ausgetrunken hatten, kam sie schon mit dem Zwirn zum Nähen.

Am meisten hat die Durlhexe die Leut mit dem Wettermachen geplagt, bis sie es nicht mehr aushalten wollten. Der Amtmann in Hohenburg konnte ihr lang nichts anhaben, wie ein Wiesel wußte sie ihren Verfolgern zu entwischen; aber endlich wurde er ihr doch Herr. Beim Bachmair zeigte man noch lange den Tisch, an dem sie von den Schergen verhaftet wurde und den Riss in der Mauer, der entstanden ist, wie s' die Hex erwischt haben.

Eines Tages sprach der Amtmann mit mehreren Mannsbildern in Hohenwies zu und die Durl bewirtete sie wie andere Gäste auch mit Apfelschnaps und Brot. Weil keiner ein Messer im Sack haben wollte, hielt sie ihnen das ihrige hin - da wurde sie schnell bei den Händen gepackt. Mit dem rundscheibigen, feichtenen, alten Tisch haben sie s' in dem Winkel, wo sie hinter dem Tisch gesessen ist, gegen die Mauer drückt. Wenn aber der Tisch nicht aus einerlei Holz gewesen wäre, hätten sie die Durl nicht bekommen. Dann haben sie ihr die Hände gefesselt und sie auf den Wagen geworfen. Alle Zauberer und Hexen tragen ein Teufelsmal; deswegen fragte sie der Amtmann, wo sie gemerkt sei. „Unter der Zunge" sagte sie.

Als sie auf dem Floß zum Urteil nach München gebracht wurde, kamen sie an einem Wurzelstock vorbei, der draußen frei am Ufer stand. Da sagte sie: „Den hab ich oft meinem Mann ins Bett gelegt, dass er gemeint hat, ich wär da; derweil bin ich auf und davon gefahren."

Am Almbach hat sie dann durch das Feuer das Zeitliche mit dem Ewigen vertauscht. Ihre Asche wurde am Wendel im Grenzet im Holz vergraben.

Trotz aller Geschichten über die sogenannte Hexe müssen die Menschen damals ein schlechtes Gewissen bei ihrer Verurteilung und ihrer Hinrichtung gehabt haben, denn es wird weiter erzählt:

Die Hexe von Hohenwies ist aber doch der Seligkeit teilhaftig geworden. Aus dem Feuer, in dem sie verbrannt wurde, haben die Leute ein weißes Vöglein auffliegen sehen. Und in ihrem Testament hatte sie versprochen, ihrer zuerst heiratenden Tochter ein Himmelszeichen zu geben, wenn sie ein Kind der Seligkeit würde. Wirklich hat sich an diesem Tage um zwei Uhr in der Früh ein auffallender Stern blicken lassen. Die Richtstätte war durch eine Kapelle bezeichnet. Später ist dort eine Martersäule gesetzt worden. (Anmerkung 15)

Mag die „Durlhexe" oder „Dull von Hohenwiesen" auch ihre Zeitgenossen, die ihr das „Hexe sein" angedichtet hatten, auf ihre Weise verspottet und deren Aberglauben durch prahlerische Worte über ihre besonderen Fähigkeiten noch genährt haben, sie ist sehr hinterlistig verhaftet und sehr grausam bestraft worden.

Der fromme Bruder der Durlhexe von Hohenwiesen

Als wolle er die Wildheit seiner Schwester schon hier auf Erden sühnen, führte der Bruder der Durlhexe von Hohenwiesen ein geradezu heiligmäßiges Leben, so weiß die Legende zu berichten. Jeden Sonntag stand er schon lange vor Tagesanbruch auf, um den dreistündigen Weg von Hohenwiesen zur Kirche in Gaißach rechtzeitig vor Beginn des Gottesdienstes schaffen zu können. Wie es heißt, ging er oft auch unter der Zeit zu dem Gotteshaus und betete dort lange. Auf wunderbare Weise fand er immer die Kirchentüre offen, obwohl sie normalerweise zugesperrt war.

Einmal aber, es war nach schweren Regengüssen, bei denen ein ansonsten kleiner Bach, den er überqueren musste, derart angeschwollen war, dass man ohne Hilfsmittel nicht trockenen Fußes darüberkommen konnte, nahm der fromme Mann ein Brett aus einem Zaun, der ihm nicht gehörte, und legte es über das Wasser, um sich den Weg zu erleichtern. Als er nach Gaißach kam, war ihm die Kirchentüre zum ersten Mal verschlossen und – so wird berichtet – die Glocken gaben keinen Klang mehr von sich. So stark der Mesner auch an den Seilen zog und zerrte, sie blieben bis zu dem Augenblick stumm, bis zu dem der Fromme das Brett, das er unrechtmäßigerweise genommen hatte, wieder an seinen Platz zurückgebracht hatte. Da fingen sie von selbst wieder an zu läuten. Als er starb, ertönte die Hausglocke von Hohenwiesen von ganz allein, ohne dass ein Mensch sie geläutet hatte. Das Grab des frommen Mannes soll jeweils das erste gewesen sein, das im Frühling eines jeden Jahres frei von Schnee war.

Ein unheimliches Erlebnis

Ein Bauer aus Murbach, der sich einmal verspätet hatte und heimgehen musste, als es schon stockdunkel war, bemerkte zwischen Lenggries und der Wegscheid plötzlich vor sich einen

Schützenzug in Lenggries (Ausschnitt) um 1880.
Aus: Wanderungen im Bayerischen Gebirge und Salzkammergut

Lichtschein. Mit ungutem Gefühl näherte er sich der Stelle und sah mitten auf dem Weg drei Särge stehen. Das Licht brannte auf dem mittleren. Dem Mann blieb fast das Herz stehen vor Schrecken. Er bekreuzigte sich mehrmals und rief die heiligen Nothelfer an. Doch die Särge verschwanden nicht. Wenn er heimkommen wollte, musste er wohl oder übel über die Särge steigen.

Nachdem er lange dort gestanden und überlegt hatte, was er machen sollte, fasste er sich endlich doch ein Herz und kletterte über die Hindernisse. Dann rannte er so schnell er konnte weiter. Mit klopfendem Herzen und zitternden Knien langte er endlich auf seinem Hof an. Bis auf den heutigen Tag weiß keiner, was dieses unheimliche Erlebnis bedeuten sollte.

Die seltsamen Kirchenbesuche in Lenggries

Mitte des 19. Jahrhunderts lebte auf einem der schönsten und reichsten Höfe im Isarwinkel eine Bäuerin, der man Zauberkräfte nachsagte. Carl-Josef v. Sazenhofen schreibt 1967 darüber:

Am Anfang haben es nur die Nachbarn gewusst: kurz bevor am Sonntag in der Lenggrieser Pfarrkirche die heilige Messe gelesen wurde, sah man die Bacherin noch auf dem Hof in Winkel hantieren. Aber schon wenig später betrat sie die Kirche in Lenggries. Der schnellste Pferdewagen hätte sie niemals in so kurzer Zeit die etwa fünf Kilometer lange Strecke nach Lenggries gebracht.

Die Nachbarn beobachteten darauf das Tun der Bäuerin mit Argusaugen und fanden das Gerücht bestätigt. Einige hatten sich beim Hof und andere bei der Kirche auf die Lauer gelegt und die Zeiten verglichen: Kurz vor der Messe war die Frau noch auf dem Hof, war dann plötzlich nicht mehr da und zur gleichen Zeit betrat sie rechtzeitig die Kirche. Die Leute haben das Geheimnis der Frau nie herausgefunden, sie hat es mit ins Grab genommen. Aber bis heute erzählt man sich diese seltsame Geschichte.

Das Grab der Zigeunerin am Weg zur Jachenau

An der Straße nach Jachenau erinnert an einem von dort abzweigenden Waldweg ein gemaltes und überdachtes Ölgemälde, das an einer Fichte hängt, an das Schicksal einer Zigeunerin. Sie ist mit Blume im Haar, doppelreihiger Perlenkette, Ringen an Ringfinger und kleinem Finger der rechten Hand, aus einer langen geraden Pfeife rauchend, dargestellt.

„Zur Zigeunerin am kalten Wasser“ steht darunter geschrieben. Das Ölgemälde wurde vor ein paar Jahren erneuert, weil das ursprüngliche Bild schon sehr verwittert war. Es erinnert hier, am

sogenannten „Zigeunerbrunnen“, an eine Begebenheit, die sich einst an diesem Ort zugetragen haben soll.
Maximilian Schmidt, genannt „Waldschmidt“ schreibt darüber:

Nach landesüblicher Sage sollen vor unbekannten Zeiten die Zigeuner hier ihre gebrechliche Urelternmutter, die lebenssatt geworden, nachdem sie dieselbe mit ihrem reichsten Gewande bekleidet, lebendig begraben haben, wobei sie gerufen:

„Gib dich zur Ruhe, Alte, hast lang' genug die Welt angeguckt!“ oder in ihrer Sprache:

„Dscha dele! Dscha dele! O polopen baro mele!“ (Kriech unter! Kriech unter! Die Welt vermehrt sich!)

Die Bestattete soll eine Königin der Zigeuner gewesen sein. Ein Zigeunerstamm aus Siebenbürgen soll einem Pfannenflicker, der ihrem Stamm angehörte und mindestens einmal im Jahr in die Jachenau kam, aufgetragen haben, über das Grab zu wachen. Der Duli, so hieß der Zigeuner, kam auch getreulich dieser Pflicht nach, besuchte jährlich dieses Grab und warf, wie auch alle anderen hier vorbeikommenden Zigeuner, jeweils einen Stein darauf, um den Grabhügel zu erhöhen und so vor Entweihung zu schützen. Der Stamm der Zigeuner aber, so heißt es, zieht seit ewigen Zeiten alle siebzehn Jahre hier vorüber, um das Grab der Königin zu ehren und mit Tanz und Gesang die Erinnerung an sie zu feiern.

Willibald Schmidt erzählte die Sage etwas anders:

Auf halbem Weg in die Jachenau kommt auf der linken Seite der Jachen eine frische Quelle den Berghang herunter. Sie hat den merkwürdigen Namen „zur Zigeunerin“. Einmal lagerte dort ein Trupp Zigeuner. Sie hatten eine wunderschöne junge Frau ihres Stammes bei sich, die dann während der Nacht starb. Die Zigeuner erhoben ein großes Wehklagen, schaufelten ein Grab und legten den Leichnam, angetan mit reichem Gold- und Silberschmuck, hinein. Auch eine große Kiste Gold gaben sie ihr mit in die Erde. Anfangs kamen sie alle sieben Jahre zurück; später blieben sie aus und niemand kümmerte sich mehr um das Grab. Jetzt hängt eine Tafel mit einem Bild der Zigeunerin an einem Baum; aber genau weiß niemand die Stelle und die Tiefe des Grabes.

Andere erzählen die Geschichte so:

Auf dem Weg nach Letten ist an einem großen Tannenbaum hoch oben das Bild einer Zigeunerin angebracht. Vor langen Jahren wohnte an diesem Ort ein Zigeunerpaar. Einmal kam der Mann betrunken und ganz wild heim. Da haute er seiner Frau, die schon älter war wie er, einen Prügel auf den Kopf, dass sie gleich hin war. Dann sagte er zu seiner toten Frau:

„Olte, hoscht die Welt lang g'nua g'sech'n".

Der Spuk am Grab der Zigeunerin

In der Gegend um das Grab der Zigeunerin ist es bei Nacht nicht recht geheuer. Einst ging ein Bursche, der Anton hieß, aber nur Toni genannt wurde, dort vorüber, als er plötzlich unmittelbar vor sich eine riesige schwarze Gestalt sah. Er erschrak zwar sehr, aber er war ein mutiger Mann, riss sein Messer heraus und schrie dem Unbekannten zu:

„Trau' da net her zu mir! Wenn'st ma näher kommst, wia auf drei Schritt', dann bist hin!"

Der Unheimliche aber gab keine Antwort. Noch zweimal drohte Toni ihm mit dem Messer, sprang sogar, wie er später berichtete, auf ihn zu, doch der Schwarze blieb unbeweglich stehen und wurde nur immer noch größer und bedrohlicher. Als er so hoch war wie drei Männer, die aufeinander stehen, da bekam es der Toni doch mit der Angst zu tun und nahm Reißaus.

Der Wolfshunger

Nahe beim Grab der Zigeunerin fand einmal ein Holzknecht den Aufbruch eines Tieres. Wie viele arme Leute der Zeit hatte er immer Hunger und aß daher die Eingeweide wie sie waren, ohne sie

Junge Frau aus Lenggries. Aquarell von Lorenzo Quaglio um 1826

gekocht zu haben. Wie es heißt, waren es aber die Überreste eines Wolfes gewesen; darum plagte den unglücklichen Mann von da an ein unstillbarer Hunger, ein sogenannter „Wolfshunger“ wie man das seltsame Phänomen im Volk nennt. Mehrere Wochen wurde er davon gequält und musste dann elend sterben.

Der fromme Ochsenhüter bei Lenggries

Zu der Zeit, als da, wo heute Lenggries ist, nur eine Alm war, die Ochsenalm genannt wurde, lebte dort ein alter Mann. Er hütete die Ochsen – von denen die Alm ihren Namen hatte – und führte ein frommes Leben mit Arbeit und Gebet. Jeden Sonntag ging er, auch in hohem Alter noch, den stundenlangen Weg nach Tölz zur Messe und auch wieder zurück.

Einmal aber, als er auf dem Weg zur Kirche war, erfasste ihn das Hochwasser der Isar und riss ihn mit sich fort. Zur gleichen Zeit war der Pfarrer in der Kirche in Tölz schon bei der Wandlung und hielt gerade die Hostie hoch. Zum Erstaunen aller aber konnte er die Hände nicht mehr senken und die Messfeier fortführen. Erstarrt stand er so lange da, bis plötzlich die Türe aufging und der Ochsenhüter hereinkam. Dieser war nicht im Hochwasser umgekommen, sondern in Tölz vom Wasser an Land gespült worden. So, als hätten alle nur auf den frommen Mann gewartet, konnte sich der Geistliche nun wieder bewegen und die Messe in gewohnter Weise weiterfeiern.

Die Hohenburg bei Lenggries und die unterirdischen Gänge

Die Ruine der alten Anlage von Hohenburg liegt etwa dreihundert Meter nordöstlich der barocken Schlossanlage, die heute besteht. Es handelt sich um eine Höhenburg auf einem an drei Seiten steil abfallenden Felsenrücken. Am Nordwesteck, auf der Seite von der sie angegriffen werden konnte, sind die Reste eines quadratischen Turmes mit sieben Meter Seitenlänge und etwa dreieinhalb Metern Höhe erhalten. Im Inneren des Turmes befinden sich noch Reste eines romanischen Kreuzgewölbes.

Wahrscheinlich war der Turm an dieser gefährdeten Stelle einst der Bergfried (Anmerkung 17) der Burg. Sie soll von einem Ritter von Hohenburg, der den Grafen von Andechs diente und von 1102-1180 lebte, gegründet worden sein. Sie brannte im Jahre 1707 ab. Von der Ruine des Turmes der Burg soll ein „verborgener" Gang zum Keller der benachbarten Anhöhe führen. Außerdem, so heißt es, verlief von der Burg aus ein Gang, unter der Isar hindurch, zu der am anderen Ufer nordwestlich von Wegscheid gelegenen Burg Schellenberg (vgl. S. 36).

Howenburg ad Isaram. Holzschnitt nach Apian 1561

Die drei Jungfrauen auf Hohenburg

Hinter der Ruine von Althohenburg, beim mittleren Weiher, stehen drei Tannen auf einem freien Platz. Dieser wird von den Leuten nur „Bei den drei Jungfrauen" genannt, weil dort drei Burgfräulein umgehen sollen.

Einst lebten auf der Burg drei wunderschöne Fräulein. Da wurde sie von Raubrittern angegriffen, die sich der Edeldamen bemächtigen wollten. In ihrer Not, als die Burg schon in der Hand der Feinde war, wussten sie keinen anderen Ausweg mehr, als sich über die Felsen in die Tiefe hinabzustürzen. Seither, so heißt es, gehen sie auf der Burg um. Ruhelos wandeln sie in langen weißen Gewändern an besagtem Platz zwischen den Ruinen umher. In der Allerseelennacht sind sie sogar schon gesehen worden, wie sie in der Pfarrkirche von Lenggries die Gruft ihrer Ahnen besuchten.

Die Raubritter auf Hohenburg

Die Herren auf Hohenburg waren wilde Raubritter und nahmen ihren Nachbarn mit Gewalt Hab und Gut. Auch ihren eigenen Untertanen waren sie böse Herrschaft. Deshalb konnten sie für ihr Unwesen keine Absolution finden, bis sie das fremde Gut zurückstellten und Almosen gaben. Jetzt halfen sie den Armen auf alle Weise und ließen durch große Bauten die Leute viel verdienen. Auf Wägen wurde das Geld dazu herbeigeführt. Davon haben sie auch das neue Schloss errichtet, das hundert Zimmer hat und 365 Fenster, wie das Schloss in Eurasburg. Schließlich ist aber, wie sich das Volk erzählt, das Geschlecht der Hohenburger ausgestorben, weil die Ritter zu viel von dem Wein tranken, den sie selbst im Isarwinkel anbauten. So schreibt Willibald Schmidt 1936.

Die Kreuzkapelle auf Hohenburg

Eine kunstvoll geführte Steintreppe führt auf den Kalvarienberg im Nordwesten von Schloss Hohenburg (Anmerkung 16). Unterwegs befinden sich 5 kleine Stationskapellen mit nahezu lebensgroßen

Stich von Michael Wening um 1700

Darstellungen des Leidens Christi aus dem Jahre 1694.

Anstatt der überlebensgroßen Kreuzigungsgruppe, die sich früher am Ende der Treppe befand und heute mitten auf dem Platz im Freien steht, wurde im Jahre 1726 die Kreuzkapelle erbaut. In ihrem westlichen Teil ist eine Hl. Stiege mit Engelsfiguren und auf dem Altar ein gegeißelter Heiland, flankiert von Figuren des Hl. Petrus und der Hl. Magdalena. Hinter der Kreuzigungsgruppe auf dem Platz ist noch eine Grabkapelle aus dem Jahre 1698 und am Nordrand des Platzes eine Klausenkapelle.

Der Kalvarienberg war ein viel besuchter Wallfahrtsort, wie zahlreiche Votivbilder bestätigen.

Hier befindet sich auch ein Bildnis von Hans Carl v. Hörwarth, der eine 1590 in Ungarn erbeutete Türkenfahne stiftete. Einige der vielen Gebetserhörungen, wie sie auf den Votivtafeln dokumentiert sind, sollen hier Erwähnung finden:

Die Rettung aus Kriegsgefahr

Auf einem Votivbild aus dem Jahre 1705 von außergewöhnlicher Eindringlichkeit sieht man in der Mitte das Gnadenbild der Kreuzigungsgruppe, daneben im Hintergrund München mit der Sendlinger Kirche und die blutige Kampfszene mit den zwei ungleichen Heeren. Vier junge Männer aus dem Oberland hatten an dieser fürchterlichen Schlacht zwischen den ungenügend bewaffneten Bauern und den berittenen und im Kriegshandwerk ausgebildeten Soldaten der Österreicher teilgenommen und waren in höchste Lebensgefahr geraten. Trotz des Versprechens, sie zu begnadigen, wurden auch die letzten Überlebenden des vorher etwa 1800 Mann starken Bauernheeres gnadenlos niedergemetzelt. In dieser Todesnot, aus der sie kein Entrinnen wussten, machten die vier jungen Männer das Gelöbnis, ein Votivbild für die Kapelle bei der Hohenburg zu stiften, wenn sie gerettet würden. Als sie auf wunderbare Weise mit dem Leben davonkamen, ließen sie die erschütternde Votivtafel anfertigen.

Votivbild (Ausschnitt) zur Sendlinger Bauernschlacht.
Kreuzkapelle Hohenburg um 1705

Unter dem Bild steht geschrieben:

Haben sich vier unverheiratete Männer zu dem schmerzhaften Jesu am Kreuze hieher verlobt, nämlich Johann Schöfmann, von dem unteren Muerbach, Franz Propst, vom Graben, Johann Hochenwiser und Georg Letner aus der Pfarrei von Lengries wegen der groszen Gefahr, in welcher sie bey der Revolution vor München schwebten, weil sie glaubten, daß es unmöglich ware mit dem Leben mehr davon zu kommen. Aber durch die Hülfe und Beystand des schmerzhaften Jesu am Kreuze, kamen sie glücklich wieder zurück. Gott dem Höchsten sey Dank gesagt. 1705

Hilfe bei Jagdunfall

Kaspar Miller und sein Freund Kaspar Heudacher gingen einmal im Jahre 1835 miteinander auf die Jagd, ob erlaubt oder zum Wildern, das ist nicht bekannt. Dabei kam es, wie auf der Jagd nicht selten, zu einem schweren Unfall. Aus Versehen schoss der Heudacher den Freund, den er für ein Wild hielt, von hinten an.

Die Sache hätte schlimm enden können, aber der Unglücksschütze suchte Hilfe beim leidenden Heiland in Hohenburg und sein Freund konnte gerettet werden. So fand der Unfall ein gutes Ende. Die Votivtafel in Hohenburg berichtet:

Allhie hat sich verlobt Kaspar Miller ist verunglückt worden.
Kaspar Heudacher ist glücklich erhöret worden. Dank gesagt, Amen 1835

Hilfe bei Viehseuche

Wie auch heute noch, so suchten früher schlimme Viehseuchen ganze Landstriche heim und vernichteten manchem Bauern die Existenz. In solch einer schweren Zeit um das Jahr 1841 nahm ein Bauer aus dem Oberland, nur seine Initialen G. M. sind bekannt, Zuflucht zum Himmel, stellte sich, seine Familie, Haus und Hof und seinen gesamten Viehbestand unter den Schutz des Gnadenbildes vom leidenden Heiland von Hohenburg und fand Erhörung. Auf dem farbenprächtigen Votivbild, das er aus Dankbarkeit stiftete, sind – noch wie auf Bildern aus dem 14. u. 15. Jahrhundert streng nach Geschlecht getrennt – der Bauer und dessen Sohn auf der einen Seite, die Bäuerin mit drei Töchtern auf der anderen Seite, jeweils auf einer langen Gebetsbank kniend, unter dem Gnadenbild mit Gloriole und flankiert von zwei Engeln, dargestellt. Auf einer Wiese darunter ist jedes einzelne Stück Vieh, Kuh, Pferd oder Schaf, das der Bauer sein Eigen nannte, abgebildet.

Wunderbare Rettung bei Absturz

Der Bauer Xaver Dannberger baute sich im Jahre 1846 seinen Hof auf. Nach der Firstfeier – der Dachstuhl war also schon aufgerichtet – stürzte er bei Arbeiten mit dem Schubkarren vom 1. Stock des Hauses herab. In der Schrecksekunde während des Sturzes stieß er ein Stoßgebet zum gefesselten Heiland in Hohenburg aus und kam daraufhin bei dem Unfall ohne schlimme Verletzungen davon. Aus Dankbarkeit stiftete er das Votivbild, das diesen Vorfall zeigt.

Erlösung von unerträglichen Zahnschmerzen

Üblicherweise gilt die Hl. Apollonia (Anm. 18) als Patronin bei Zahnschmerzen, ihres Martyriums wegen. In Hohenburg aber suchte Kaspar Miller, der schon ein anderes Mal erhört worden war, wieder beim Heiland an der Geißelsäule Hilfe, als er von so rasenden Zahnschmerzen geplagt wurde, dass er nicht mehr aus noch ein wußte. Und er wurde erhört, wie das Votivbild beweist, das er aus Dankbarkeit stiftete.

Hilfe bei Unfall im Wald

Bei Baumfällarbeiten geriet der Waldarbeiter Johannes Gerg in Todesgefahr. Der Wurzelstock eines gerade gefällten Baumes löste sich aus dem steilen Hang, fiel auf den linken Fuß des Mannes und verletzte ihn schwer. Er nahm in seiner Not Zuflucht zum Christus an der Geißelsäule in Hohenburg und fand Erhörung.

Schloss Hohenburg. Stich von Michael Wening um 1701

Auf seinem Votivbild steht geschrieben:

„Hieher hat sich verlobt Johannes Gerg von Schlögldorf mit hl. Meß und Opfer in Stock. Welcher sich in Todtgefahr, den lingsen Fuß gebrochen, und den rechten Hüftkögl ausgehoben hat. Ist glücklich erhört worden, Gott sei Dank, am 23. Septb. 1850

Die Geisterstimme in Hohenburg

Am 21. Juli 1707, als die österreichische Besatzungsmacht selbst – wie gemunkelt wurde – in einer wilden Sturmnacht die Hohenburg in Brand gesteckt hatte, da soll aus dem großen Saal eine überirdisch schöne Stimme zu hören gewesen sein.

Viele Lenggrieser und Leute aus benachbarten Ortschaften, die herbeigeeilt waren, um wertvolle Dokumente in Sicherheit zu bringen und beim Löschen des Brandes zu helfen, der wegen der Lage der Burg weithin sichtbar war, schworen Stein und Bein, den Gesang mit eigenen Ohren einige Minuten lang gehört zu haben. Niemand konnte sagen, wer das gewesen war, viele meinten aber, dass es sich dabei vielleicht um das Tutli-Pfeiferl, wie die Isarnixe (vgl. S. 173) auch genannt wurde, gehandelt habe.

Wie der Geier- oder Geigerstein zu seinem Namen kam

Es ist schon viele, viele Jahre her, da lebte in Lenggries eine arme Witwe, die nur einen einzigen Sohn hatte. Dieser war sehr musikalisch und wünschte sich von Kindesbeinen an nichts mehr, als einmal ein berühmter Geiger zu werden. Sie liebte ihn über alles und legte ihm daher nichts in den Weg, als er den kleinen Ort verlassen und in die Fremde ziehen wollte, obwohl ihr dabei das Herz blutete. Der junge Mann kam viel in der Welt herum und wurde tatsächlich ein berühmter Geiger, der überall bekannt und hochgeschätzt war.

Einmal kehrte er aus Italien, wo er nun den größten Teil seiner Zeit verbrachte und in großen Konzerthäusern und vor Adeligen und gekrönten Häuptern spielte, wieder in seine Heimat zurück, um seine alte Mutter zu besuchen. Sie war überglücklich, ihren Sohn nach so langer Zeit wieder in ihre Arme schließen zu können. Er war ihr sehr dankbar, weil sie alles für seine Karriere getan hatte, auch wenn es ihr schwer gefallen war, ihn seinen Weg gehen zu lassen. Um ihr eine besondere Freude zu machen und ihr seine Liebe zu zeigen, stieg er auf einen Berg hinter dem Ort, stellte sich dort an den Rand einer senkrecht abfallenden Wand und spielte auf seiner Geige die schönsten Melodien zu seiner Mutter hinab. Wie verzaubert und mit Tränen in den Augen lauschte sie ihrem Sohn.

Dieser aber war so in seine Musik vertieft, dass er den gefährlichen Ort, an dem er sich befand, völlig vergaß. Er bemerkte nicht, dass plötzlich ein starker Wind aufkam und geigte, ganz in sein Spiel versunken, weiter. Da wurde er plötzlich von einem heftigen Windstoß erfasst und in die Tiefe geschleudert. Erst nach Tagen konnten die Bauern den zerschmetterten Körper des Musikers, der tot neben seiner Geige lag, bergen. Seit der Zeit heißt dieser Berg bei Lenggries Geigerstein. Willibald Schmidt erzählt noch eine andere Geschichte darüber, wie der Berg zu seinem Namen Geier- oder Geigerstein kam:

Vor Zeiten lebte am Geigerstein ein frommer Einsiedler. In einer Höhle hatte er sich aus Rinden und Moos sein einfaches Lager gerichtet, in der Nähe floß ein frischer Brunn, im Walde suchte er sich Beeren und das wenige, was er sonst noch zum Leben brauchte, trugen ihm die Bauern aus dem Tal herauf. Sie klagten ihm dann ihre Sorgen in Haus und Stall und er tröstete und half Menschen und Tieren, wo er konnte. So oft er Zeit hatte, besonders nach dem Abendglöckel, wenn die Sonne über die Wand gegangen war und die Bergwälder anfingen einzufinstern, spielte er gar schön auf seiner Geige. Dann kamen die Vögel angeflogen, die Hasen hoppelten bis an den Eingang der Klause, die Rehe standen unter den Tannen und hörten alle andächtig zu. Einmal aber kam aus dem Gebirge ein großmächtiger Adler, packte den alten Mann und kratzte ihm die Augen aus. Daran starb der gute Einsiedel.

Das Wisperl bei Hohenburg und Lenggries

In Lenggries und Hohenburg kennt man das Wisperl, einen seltsamen Geist, der nur an heiligen Zeiten wie auf Allerseelen sich hören lässt und dann auf dem Weg zwischen den beiden Orten wie eine Grille zirpt, bald näher, bald wieder von weiter weg. Oft einer hört es, aber ein anderer, der mit ihm geht, nicht.

Schloss Hohenburg. Aquarell v. Simon Warnberger um 1803

Andere sagen: Bei der Kirche z' Lenggries hört man abends zwischen 9 und 10 Uhr das „Wischperl"; man heißt's auch das „alte Spiel-Mandl". Das geht mit einem mit, lange Zeit, bis zum Wiesenwirt; dann bleibt's hinten. Willibald Schmidt 1936Andere behaupten, dass beim „Wischperl", das sich anhört wie ein feines „bst, bst", die Verursacher Arme Seelen sind, weil man es besonders um Allerseelen vernimmt, wenn man von der Kirche über den Friedhof heimgeht. Wer es hört, soll ein Vaterunser für die Verstorbenen beten. Wenn man die nächste Straßenkreuzung erreicht hat, ist die Stimme nicht mehr zu vernehmen.

Der Schlangenkönig auf der Hochzeit in Lenggries

Auf einem Bauernhof bei Lenggries wohnte einmal ein Mädchen, das alle Tiere liebte, als wären sie seine Brüder und Schwestern. Wenn andere Kinder Käfer fingen und in dunkle Schachteln sperrten, Spinnen die Beine ausrissen, Katzen Blechdosen an die Schwänze banden oder dergleichen Quälereien mehr verübten, dann weinte es und versuchte den armen Geschöpfen zu helfen und sie vor ihren Peinigern zu retten, auch wenn es dabei selbst oft Prügel bezog. Niemals tat es einem Lebewesen ein Leid, auch wenn dieses noch so häßlich war oder von den anderen Menschen für schädlich oder gar gefährlich gehalten wurde, wie beispielsweise eine Schlange oder eine Hornisse.

Im Sommer half das Mädchen oft der Sennerin auf der hochgelegenen Alm des Bauern, denn die Arbeit mit Tieren machte ihm Freude. Eines Morgens, als es gerade vor der Hütte saß, warme Milch trank und ein Brot aß, vernahm es plötzlich neben sich ein leises Rascheln. Es blickte hin und entdeckte eine kleine weiße Natter, die ihren glänzenden Schuppenleib in der Sonne wand. Überrascht und voller Freude rief es der Sennerin zu: „Liesl, komm her und schau, bei mir ist eine wunderschöne Schlange!"

„Nimm gleich einen Stecken und jag' das Biest fort!" schrie die Frau erschrocken aus der Küche. „Und pass ja auf, dass es dich nicht beißt, vielleicht ist es giftig!"

Das Mädchen aber tat nicht, wie ihm geheißen. Es nahm seine Tasse, goss, weil sie schon fast leer war, ein wenig warme Milch nach und brockte ein Stück Brot hinein. Dann schob es sie ganz vorsichtig, um das Tier nur ja nicht zu erschrecken, der Natter hin.

„Das ist für dich, denn du hast sicher Hunger", erklärte es dabei mit freundlicher Stimme. „Nimm, und iss und trink dich satt!"

Die Schlange blickte das Kind aus ihren klugen Augen fest an, so als könnte sie jedes Wort verstehen, und fraß dann ohne Scheu die Tasse leer. Von da an kam sie jeden Tag zur gleichen Zeit und wurde von dem Mädchen, das immer schon ungeduldig auf den kleinen Freund wartete, gefüttert. Auch die Sennerin gewöhnte sich an das seltsame Haustier, vor allem deshalb, weil ihr seit dem Tag, an dem die Schlange das erste Mal als Gast eingekehrt war, kein Stück Vieh mehr abhanden gekommen oder verunglückt war und weil sie sich erinnerte, dass ihre Großmutter gesagt hatte, Schlangen brächten Segen über ein Haus, in dem sie freundlich bewirtet würden (Anmerkung 19). Im Herbst, als das Vieh von der Alm wieder ins Tal getrieben wurde, da kroch die Natter hinter dem festlich geschmückten Zug her, bis hin zu dem Bauernhof, in dem das Mädchen wohnte. Das Kind freute sich darüber sehr und fütterte sie weiterhin wie gewohnt mit Milch und Brot. Im nächsten Sommer zogen sie dann gemeinsam wieder auf die Alm.

So vergingen einige Jahre. Das Mädchen war inzwischen erwachsen, selbst schon Sennerin geworden und stand kurz vor der Hochzeit mit einem Bauernsohn aus Lenggries. Noch immer fütterte es treu die Schlange, die jeden Tag zur gleichen Stunde zur Hütte kam. Am Abend vor der Hochzeit besprachen die Brautleute noch einige Dinge miteinander. Da wünschte sich das Mädchen:

„Wenn doch die Natter auch zu unserer Hochzeit kommen würde, darüber würde ich mich ganz besonders freuen!"

„Besser nicht", lachte der Bräutigam, „sonst laufen uns womöglich die anderen Hochzeitsgäste davon!"

Lenggries. Aquarell von Leopold Rottmann um 1857

Aber am nächsten Tag, als die ganze Gesellschaft nach der Trauung fröhlich beim Festmahl saß, schlüpfte hinter einer Kellnerin, die beide Arme voller Bierkrüge hatte und deshalb die Türe nicht schließen konnte, die weiße Schlange in die Gaststube. Sie sah sehr schön aus, denn sie trug auf ihrem Kopf ein Krönlein aus purem Gold. In schnellen Windungen bewegte sie sich auf die Braut zu. Einige Hochzeitsgäste schrien entsetzt auf, stiegen auf die Stühle oder wollten weglaufen. Die Braut aber beruhigte sie sogleich mit den Worten:

„Ihr braucht keine Angst zu haben, das ist meine zahme Schlange, die tut niemandem etwas zuleide." Und zur Natter gewandt sagte die freundlich: „Ich freue mich, dass du an meinem Hochzeitstag gekommen bist, ich habe schon auf dich gewartet!"

Bei diesen Worten stellte sie ihr einen großen Teller mit warmer Milch und Bröckchen aus frischem Weißbrot hin, den sie schon vorbereitet hatte. Da fraß die Schlange die ganze Schüssel leer, als wäre sie ein geladener Gast und ließ danach die kleine Krone in den Teller fallen. Dann glitt sie wieder aus dem Raum.

Das schöne goldene Schlangenkrönlein war das Hochzeitsgeschenk der Natter, gleichsam ein Dankeschön für die vielen Jahre der Freundschaft. Sie begleitete das junge Paar auch in deren neues Heim, wo sie fortan jeden Tag zur gleichen Stunde auftauchte, genau wie früher. Und, so wird erzählt, es lag immer ein Segen über Haus und Hof der jungen Familie. Es war, als hielte die Schlange alles Unglück fern.

Der Geizhals von Lenggries

In Lenggries lebte einmal ein sehr reicher Mann, der „alte Pfund", dem das Gasthaus, das heute „beim Neuwirt" heißt, gehörte. Er galt als ehrenhafter Mann, war aber zu Menschen, denen es nicht so gut ging, wie ihm selbst, sehr hart und unbarmherzig. Bettler oder arme Leute, die ihn um Hilfe baten, wies er schroff von seiner Türe. Da geschah es, dass der Reiche eines Tages eine Krankheit bekam, die niemand erkannte, auch die besten und teuersten Ärzte nicht. Ein ganzes Jahr war er nun schon bettlägerig und es ging ihm immer schlechter. Eines Tages kam eine fremde Frau in sein Gasthaus und erkundigte sich danach, was denn mit dem Wirt los sei. Da erzählte ihr die Wirtin, dass er schon lange krank sei und niemand ihm helfen könne.

„Ich wüsste wohl etwas, das ihn wieder auf die Beine bringen würde!“ erklärte da die Fremde. „Er soll barmherzig sein gegen die Bettler und auch arme Kinder mit Essen versorgen. Wenn er Mitleid mit den anderen hat, wird es ihm bald besser gehen!“

„Schaden kann es nichts, wir haben ja genug“, dachte die Wirtin und befolgte den Rat. Da wurde der „Alte Pfund“ wieder gesund. Von da an aber wurde beim Neuwirt jeden Tag ein Tisch mit kräftigem Essen für arme Kinder, die einen weiten Schulweg hatten, bereitgestellt.

Der Schicksalsbrunnen bei Lenggries

Als „Urdel (Urtel)- oder Hungerbrunnen“, das heißt als Verankünder guter oder schlechter Ernten, waren früher manche Gewässer bekannt. Dazu zählte auch die Urdelmühle bei Lenggries. Der Sagenforscher J. Sepp schreibt 1876 darüber:

Merkwürdig hat das Tölzergebiet drei Schicksalsbrunnen in der Nähe, die Urdel bei Razzenwinkel, an der Urdel bei Längriß und bei Benediktbeuern. Aus diesen Quellen weissagt man gute und schlimme Jahre.

Die Urdel beim Walgauerfranz, eine halbe Stunde unter Tölz, ist nicht nur im ganzen Oberlande bekannt, sondern schon oft sind Unterländlerbauern heraufgekommen, in seinem Spiegel nachzuschauen, ob er vollaufe. Es sind Getraidebrunnen, nach deren

Stand sich der Ausfall der Ernte vorausschätzen läßt. Nach 1856 ist der Fluß eine Zeit ganz gestockt zum Anzeichen, dass Alles wohlfeil werde; 1861 hat der Weiher zum erstenmal einen Kahn getragen. Wenn die Urdel bei Längriß viel Wasser hat und der Längensee bei Sachsenkam, der ohne Abfluss ist, bis Reichersbeuern heraufrinnt, gibt es theure Zeit. (vgl. S. 115 und 162)

Das Totenheer von Lenggries

Etwa um das Jahr 1740 suchten die Panduren unter dem berüchtigten Freiherrn von Trenck den Isarwinkel heim, mordeten, brandschatzten und brachten viel Unheil über die Bevölkerung. Sie zogen auch nach Lenggries, um zu wüten. Als sie jedoch am Friedhof vorbeikamen, vollzog sich dort ein Schauspiel, das den harten Kriegern vor Entsetzen das Blut in den Adern gefrieren ließ:

Lautlos, wie von Geisterhand, öffneten sich mit einem Mal die Gräber ringsum und die Gerippe der Toten stiegen daraus hervor, wobei ihre Gebeine schaurig klapperten. Mit unbeirrbarer Zielstrebigkeit, die blicklosen Höhlen der Totenschädel starr auf die Panduren gerichtet, auf den fleischlosen Gesichtern das ewig unheimliche Grinsen der Gebisse, so näherten sie sich den Eindringlingen, um mit ihnen zu kämpfen. Diese machten augenblicklich kehrt und stürzten, von Grauen geschüttelt und in wilder Panik laut schreiend über den Trattenbach davon. (Anmerkung 20).

Die „Verschniebene Alm“ bei Lenggries

Früher hieß eine Alm bei Lenggries „Schönalm“, weil sie die günstigste Lage weit und breit hatte. Die Wiesen waren voll der besten Kräuter; und die Gräser, die hier wuchsen, waren so fett und

Totentanz. Holzschnitt v. Wohlgemuth um 1490

süß, dass die Kühe besonders viel Milch gaben. Die Senner und Sennerinnen mussten sich nicht anstrengen und hatten doch den schmackhaftesten Käse und die meiste und kräftigste Milch im weiten Umkreis. Da wurden sie übermütig und schätzten die Gottesgaben nicht mehr. Jeden Abend feierten sie mit Musikanten aus dem Dorf fröhlich bis in die Nacht hinein, tanzten und lachten und tranken Wein, so viel sie nur konnten.

„Jeder, der hierher kommt, soll sehen, dass er auf der schönsten Alm im Land ist!“, meinte eine der Sennerinnen. „Wir wollen unseren Kühen goldene Hörner machen!“

Darauf ließen sie die Hörner ihrer Tiere mit purem Gold überziehen, dass sie mit der Sonne um die Wette leuchteten, und hingen ihnen schwere Glocken aus echtem Silber um. Aber nicht genug, als sie eines Abends den Wunsch verspürten, zu kegeln, machten sie in ihrem Übermut aus Butter und Käse Kegelbahn, Kegel und Kugeln und kreischten vor Vergnügen bei ihrem frevelhaften Tun. Sie verschwendeten keinen Gedanken an Arme oder Kranke, die nichts zum Leben hatten und die Käse, Butter und Milch dringend zur Stärkung gebraucht hätten.

Schuhplattler. Abb. aus „Die Gartenlaube" von 1869 (Ausschnitt)

Da fegte ganz unerwartet auf einmal ein Sturm mit unwiderstehlicher Gewalt über die Alm, riss die Kegel um, ließ die Kugeln über die Wiesen ins Tal rollen und trieb Mensch und Tier in die schützenden Hütten. Gleichzeitig brach ein Unwetter los, wie es seit Menschengedenken keines gegeben hatte. Pausenlos zuckten grelle Blitze nieder, gefolgt von ohrenbetäubenden Donnerschlägen, die tausendfach im Gebirge widerhallten. Schnee- und Hagelschauer fielen so dicht, dass man die Hand nicht vor den Augen sehen konnte. Bäume und Felsbrocken wirbelten wie Kinderspielzeug durch die Luft. Die Leute im Tal hatten noch niemals ein derartiges Unwetter erlebt. Angstvoll flüchteten sie in ihre Häuser, zündeten geweihte Kerzen an und beteten die ganze Nacht.

Am nächsten Morgen, als es wieder ruhig geworden war, machten sich ein paar Männer auf, um nach den schlimmsten Schäden zu schauen und die ärgsten Verwüstungen zu beseitigen. Als sie aber in Richtung Walchensee zur Schönalm hinauf schauten, blieb ihnen vor Schrecken fast das Herz stehen: Die ganze Alm war verschwunden, samt den Sennerinnen und Burschen, den Hütten, den Kühen, dem Tanzplatz und der Kegelbahn, so als hätte es sie nie gegeben. Alles war von gewaltigen Eis- und Schneemassen bedeckt, wie von einem riesigen Leichentuch. Kein Mensch hat jemals wieder etwas von den Verschütteten zu sehen bekommen.

Seither heißt die Alm, die man von Lenggries aus sieht, wenn man Richtung Walchensee blickt, „Verschniebene Alm“ und sie ist, obwohl weit niedriger gelegen als umliegende Berge, immer von Schnee und Eis bedeckt (Anmerkung 21).

Woher der Schröttelstein seinen Namen hat

Ein Kobold, im Isarwinkel „Schratz“ genannt, soll einst den Weg von der Kotalm den Grat entlang zum Schröttelstein unsicher gemacht haben. Besonders bei einbrechender Dunkelheit erschreckte er Menschen und Tiere. Viele Sennerinnen haben sich fast zu Tod erschrocken, wenn sie dem „Schratzen“ begegneten, und manches Stück Vieh ist wegen ihm abgestürzt. Beim der Heimkunft nach dem Almabtrieb im Herbst besprengten die Bäuerinnen jedes einzelne Tier mit Weihwasser und legten ihm geweihtes Salz auf die Zunge, um es vor dem bösen Geist zu bewahren.

An diesen „Schratz" soll der Name Schröttelstein noch heute erinnern.

Der Poltergeist in der Buchenau

Auf manchen Almhütten im Gebirge ist es nicht geheuer. Unerklärliche Dinge gehen dort vor und deshalb werden sie bei Nacht lieber gemieden. W. Schmidt berichtet 1936 über eine von ihnen:

Jedes Kind weiß, wie es in der Buchenau haust, wenn ein Hüter oder sonst wer dort über Nacht ein Unterkommen sucht. Es scheppert, wie wenn man Weitlinge auf und ab trägt und den Butterkübel im Keller rührt. Der Valtel von Wackersberg ist, wie er vierzehn Jahre alt gewesen ist, mit einem erwachsenen Loder beim Viehsuchen dorthin gekommen. Um die Geisterstunde hat es einen gräuslichen Spektakel gegeben, dass sie nicht einmal mehr das Herz gehabt haben, davon zu rennen. Das Heu hat sich gerührt und am Ende haben sie einen lauten Schrei gehört.

Der Jaud von Wackersberg hat einmal beim Holzen in der Buchenau übernachtet und hat die ganze Nacht keine Ruhe gehabt. Die Tür hat er auf die Nacht fest zugemacht, aber in der Früh ist sie umso weiter offen gewesen.

Der unheimliche Buchenau-Bull

In einer kalten Winternacht, in der viel Schnee gefallen war, verschwanden einmal alle Ochsen aus dem Stall der Almhütte in der Buchenau, ohne die geringste Spur im Schnee zu hinterlassen. (Anmerkung 93). Bis auf den heutigen Tag kann sich niemand erklären, wie das zu-gegangen ist. Die Leute aber munkeln, dass sie vom „Buchenau-Bull“, einem blutrünstigen Geist geholt worden seien, der dort oben sein Unwesen treibt.

Der geisterhafte Wanderer

Auf der Alm in der Buchenau hatten drei Holzfäller einmal ein unheimliches Erlebnis. Sie befanden sich bei Einbruch der Dunkelheit in der Hütte, als sie von der Höhe, wo sie tagsüber Bäume gefällt hatten, einen Mann herabkommen sahen. Er war aber nicht, wie es wegen der grimmigen Kälte notwendig gewesen wäre, in warme Kleidung und Lodenkotze gehüllt, sondern er trug nur ein schneeweißes Leinenhemd.

„Der holt sich ja den Tod!“, meinte einer der Männer erschrocken, machte die Hüttentüre auf und schrie hinaus „hoi, hoi, hoi!“ wobei er mit den Armen heftig winkte, um den Fremden auf sich aufmerksam zu machen. Da wandte sich dieser ab, kehrte dem Rufer den Rücken zu und lief mit schnellen Schritten davon.

„Vielleicht hört er uns nicht! Wir müssen ihn retten, sonst ist er verloren!“, sprachen die drei Männer zueinander, warfen sich ihre warmen Lodenkotzen um und gingen dem Fremden nach.

„Das ist kein lebendiges Wesen“, sagte da einer von ihnen, und die Haare sträubten sich ihm vor Schrecken einzeln auf dem Kopf: „Schaut, er hinterlässt nicht die geringsten Spuren im Schnee!“

Da bemerkten auch die anderen, wie sich zwar ihre eigenen Schritte im Schnee abzeichneten, dort aber, wo der Unbekannte gegangen war, der Schnee völlig unberührt war. Die drei Männer sahen sich an und wussten, dass derjenige, den sie gesehen hatten, kein lebendiger Mensch gewesen war. Zutiefst erschrocken und schweigend kehrten sie in die Almhütte zurück.

Der Geist in der Viehhütte

Auf der Viehhütte zwischen dem Bocksleitner und dem Otten wollen die Leute nicht gerne über Nacht bleiben. Dort geht ein geheimnisvoller Geist um. Diejenigen, die ihn gesehen haben, beschreiben ihn als ein kleines Männlein, das einen Rosenkranz um die Hand gewickelt hat. Der Geist hat zwar noch nie jemandem etwas angetan, aber jeder, dem er so unvermittelt erscheint, erschrickt dermaßen, dass ihm fast das Herz stehen bleibt. Wer das Männlein ist, und warum es umgehen muss, das weiß niemand.

Der Spuk auf der Oswaldhütte

In der Oswaldhütte beim Ochsensitz hatte einmal ein Tölzer Bürger ein unheimliches Erlebnis. Willibald Schmidt schreibt:

Die Oswaldhütte am Ochsensitz ist schon uralt. Früherszeiten haben sich einmal zwei Bauern um sie gestritten und der eine hat sie dem andern unrechtmäßigerweise abgewonnen. Seitdem ist eigentlich niemand mehr darin Herr; denn von der Stunde an ist es auch nicht mehr richtig gewesen darin und kein Mensch kann es die Nacht über dort auf dem Heustock aushalten. Der Maria Einsiedel-Schneider von Tölz, der den Brombergersteig an der Kalvarienbergleiten angelegt hat und alle Jahre nach Maria Einsiedel in der Schweiz wallfahrten gegangen ist, hat es erfahren. Als Fremdenführer hat er einmal ohne böse Ahnung in der Oswaldhütten nächtigen wollen, aber die Erscheinungen haben ihm keine Ruhe gelassen. In Nacht und Nebel ist er gählings auf und davon wie ein Hase, dem der Fuchs nachtut. In Lenggries hat man ihm dann erzählt, dass es kurz vorher einem Mann gerade so gegangen ist und man ihn völlig krank hat ins Dorf schaffen müssen.

Das unheimliche Bischofhüttel

Von einer anderen Berghütte, bei der es früher auch nicht mit rechten Dingen zuging, berichtet Willibald Schmidt im Jahr 1936:

Das Bischofhüttel auf der Hangstadt im Tiefental unter der Probstenwand hat nie ein Dach geduldet. Man hat dann auch keines mehr aufgesetzt. Wenn oft Holzer oder Wildschützen die Schindel eindeckten, weil sie dort übernachten wollten, ist auf einmal wieder das halbe Dach weg gewesen. Der alte Popp und der Waldherr zum Huß an der Lain konnten davon erzählen, wie sie einmal als Wildschützen, und die fürchten gewiss nichts, mit der Schmalzpfanne vom Feuer weg auf und davon gelaufen sind auf den Längenberg.

Die Wilde Jagd im Isarwinkel

In manchen Nächten erhebt sich plötzlich, wie es scheint ohne Grund, ein furchterregender Orkan. Er braust durch die Wälder und lässt sie ächzen und stöhnen, reißt Felsbrocken aus den Bergen und schmettert sie ins Tal und peitscht das Wasser aus den Seen zu haushohen Wellen auf. Inmitten dieser Naturgewalt aber rast, so raunen die Alten, die Wilde Jagd (Anmerkung 10). Voraus stürmt der wilde Jäger, gefolgt von bewaffneten, geisterbleichen Männern in schimmernden Rüstungen und von hexenartigen Weibern in altmodischen Gewändern. Begleitet werden sie von einer Meute lärmender Hunde und von zahllosen, schauerlich heulenden Nachtvögeln. Meistens hetzen sie unbarmherzig ein Geisterpferd oder ein koboldartiges Holzweiblein (Anmerkung 22), das sie, sowie sie seiner habhaft werden, in Stücke reißen und verschlingen.

Die höllischen Mächte, die zwar den größten Teil des Jahres in den Abgründen der Unterwelt angeschmiedet sind, werden zu bestimmten Zeiten freigelassen und können ihr Unwesen auf der Erde treiben. Besonders gefährlich ist es von Allerheiligen über die Weihnachtszeit bis zum Dreikönigsfest. Aber auch sonst, unterm Jahr, ist man nicht sicher vor den unheimlichen Gesellen. Wehe dem Menschen, der den Weg des wilden Geisterheeres kreuzt! Wenn er nicht weiß, wie er sich in dieser Gefahr richtig verhalten muß, wird er ergriffen, mitgerissen und so lange in einem tollen Wirbel durch die Lüfte mitgeschleppt, bis auf Erden das Gebetläuten anhebt. Dann erst bricht die Macht der Geister, und sie müssen ihr armes Opfer freigeben. Sie lassen es meist einfach dort fallen, wo sie sich gerade befinden, ganz gleich, ob über Berg oder Tal, über Wald oder See.

Es heißt, viele seien von solch einer wilden Fahrt nicht mehr lebendig zurückgekehrt, andere hätten nach ihrem schrecklichen Abenteuer mit dem Geisterheer ihr Lebtag nicht mehr froh werden können.

Vor der „Wilden Jagd“, auch „Nachtgjaid“ genannt, fürchteten sich früher die Menschen überall. Viele Begegnungen mit dem unheimlichen Gespensterheer werden berichtet. Der Floßmeister Heiß zum Zischt im Gries erzählte in den Dreißigerjahren des 20. Jahrhunderts dem Sagenforscher Willibald Schmidt:

„Im Anfang der Zwanziger Jahre komme ich einmal von München zurück. Der Knecht ist mit einem andern um Daxen in den Berg gefahren und hätt' am Abend wieder daheim sein sollen. Es ist schon spät und Winterszeit und sie kommen eine ewige Länge nicht. Wir warten von Stunde zu Stunde voller Angst, ob ihnen am Ende etwas passiert ist. Es wird Mitternacht und die Tenne steht alleweil noch offen. Auf einmal hören wir alle mitsammen in den Stadel hineinfahren unter gewaltigem Krawall und denken nicht anders, als der Knecht ist es. Die Mutter geht gleich mit der Laterne hinaus, aber das Licht erlischt ihr und sie sieht und hört nichts mehr. Alle wundern sich nicht wenig und sagen kein Wort, als dass das spaßig ist. Erst andern Tags kommen die Knechte mit den Rossen heim, aber schon am hellen Morgen erzählt man in der ganzen Gasse, dass gestern das Nachtg'jaid durchgekommen ist.

Eine andere Geschichte über die Wilde Jagd erzählte die Niggl-Mutter von Steinbach Ende des 19. Jahrhunderts:

„Das Nachtgiura war ein Gespenst von seltener Art, vertreten mit den erdenklichsten Tiergattungen. Es nahm oft Personen vom Erdboden auf und ließ sie an ganz gefährlichen Stellen wieder fallen. Es war so gefürchtet, dass Alt und Jung schwer darunter zu leiden hatte. Wenn man dem Gespenst zuvorkommen wollte, tat man geschwind Hände und Füße übers Kreuz, dann flog es über einen hin. Manche Leute hängten sich geweihte Kreuze und Skapuliere um, die vor dieser Geisterwelt schützten.“

Die goldenen Zapfen in der Probstenwand

In einer Höhle, tief im Innern der Probstenwand, hängen goldene Zapfen von der Decke. Früher kamen die Leute bis aus München herauf, um sie zu suchen. Aber sie zu finden, ist nur einem Sonntagskind möglich. Noch heute entdeckt man glänzende Steine in den Schachtlöchern und Gängen, in denen man früher nach Gold und Silber gegraben hat. Willibald Schmidt schreibt 1936:

Der Arzbach hat davon heute noch seinen Namen. Und wenn man dem Bach vom Dorf aufwärts nachgeht, am Arzhauser vorbei bis in die Nähe der Probstenwand, so kommt man zu einem versunkenen Bergwerk. Haufen von Schlacken kennzeichnen noch den Ort, wo damals die Schmelzhütte gestanden ist. Der Schmied von der Jachenau hat sie zuletzt ausgenutzt. Dahinter sieht man haushohe Felsentrümmer.

Da ist vor mehreren hundert Jahren die Bergwand eingestürzt und hat dreißig Knappen lebendig verschüttet. Einen hat man sieben Tage lang schreien hören. Erst am zehnten ist er, mit einem Stück Schuhleder im Mund, verhungert und verdurstet ausgegraben worden.

Vom Kirchstein und der Glaswand

Der Kirchstein steht auf vier goldenen Säulen und birgt in seinem Innern unermessliche Schätze. Wer den Tag und die Stunde wüsste, wo man den Eingang findet, könnte Gold genug erheben. Davon weiß das Bauernvolk, besonders im Wackersberger-Viertel, nicht genug zu sagen.

Ein Hüterbub von 16 - 18 Jahren kam einmal unversehens zu einem güldenen Brunnengrant, wo das flüssige Gold wie Wasser heraussprudelte. Er besann sich einen Augenblick und wollte einen „Ochserer oder Gaißerer" in der Nähe herbeiholen, aber bei der Rückkehr fand er die Stelle mit allem Suchen nicht wieder.

So schreibt der Sagenforscher J. N. Sepp 1876 nach Erzählungen des Schweizer-Wirtes von Arzbach. Andere erklärten ihm, dass man die goldenen Füße deshalb nicht sehen könne, weil die Venediger (Anmerkung 23) sie „verspiegelt" hätten, dass niemand die Schätze finden könnte.

Die Glaswand beim Kirchstein soll früher auch reich an Gold gewesen sein. Wie es heißt, soll ein Brauneisenstein aus dem Gebiet, der nach München zur Untersuchung gebracht wurde, hohen Goldanteil gehabt haben. Leider weiß keiner heute mehr, wo genau dieser Stein an der Glaswand gefunden worden ist.

Der Goldfluss am Kirchstein

Aus dem Gebiet um Kirchstein, Probstenwand und Benediktenwand wird von jeher von reichen Goldschätzen berichtet. Um die Mitte des 19. Jahrhunderts schrieb der Sagenforscher J. N. Sepp nach Erzählungen des Gaißreiter aus Lenggries:

Der Kirchstein hat einen Werth, der nicht zu schätzen ist. Inner der Wand fließt ein Goldfluss; ein Bauer hoffte ihn durch Nach-

graben zu finden, ist aber nicht ganz durchgedrungen. Wer es zu Wege brächte, dürfte den König von Bayern gleich fragen, was sein Land kostet... am Kirchstein fließt ein Brunnen, der lauter goldene Kügelchen mit sich führt; der Bauer, dem die Alm gehört, hat ihn entdeckt, doch später nicht mehr gefunden. Ich weiß ihn besser: in der Jachenau hinter dem Brunnenberg bricht er aus, man findet den vielsagenden Namen selbst auf der topographischen Karte. Ob man's gerade trifft, dass er Gold rieselt, kann ich freilich nicht versprechen.

Der Abt auf dem Kirchstein

Vor langer Zeit nahmen die Klosterherren von Benediktbeuern den Bauern willkürlich alle Rechte, um ihren persönlichen Reichtum und Luxus zu vergrößern. Sie eigneten sich die besten Almen an, vertrieben die von alters her eingetragenen Besitzer und erlaubten ihnen nicht mehr, ihr Vieh hinaufzutreiben. Gegen jedes damals gültige Gesetz verlangten sie das erste Kalb einer jeden Kuh eines Bauern, sozusagen als „Gotteszins".

Da gerieten viele Leute in Armut oder gar an den Bettelstab, konnten sich aber nicht gegen die hohen Herren wehren. Der Abt jedoch, so heißt es, muss zur Strafe für sein unchristliches Verhalten, seit seinem Tod als Kalb auf dem Kirchstein umgehen. Dorthin wurden er und einige seiner Mittäter von den Jesuiten gebannt, die das Kloster im Auftrag der Obrigkeit wegen der Klagen der Bevölkerung überprüft hatten.

Seither hört man, auch wenn kein Wölkchen am Himmel zu sehen ist, oft dumpfes Poltern, als würden schwere Steine abgeladen. Auch Kettenrasseln und Kegelschieben ist zu vernehmen.

Manche wollen sogar am helllichten Tag die geistlichen Herren mit Kälberschweifen umgehen sehen haben. (Anmerkung 24)

Pontius Pilatus in der Benediktenwand

Pontius Pilatus, der Römer, der Christus zum Tode verurteilt hat, soll, der Legende nach, in der Benediktenwand umgehen. Max Rohrer schrieb im 19. Jahrhundert:

Denn auf dem Benediktenwandgipfel, müsst ihr wissen, da ist einmal der Landpfleger Pontius Pilatus gestanden nach seiner langen rastlosen Flucht aus dem heiligen Land Palästina, und wie er so gegen die weite Ebene hinschaut, mit einem Male ist ihm, die Isar wäre ein pur silberner Kreuzstamm - und schon meint er auch den Querbalken zu sehen, in seinem wirren Gewissen - und über das Land gestreckt unsern Erlöser. Und da stürzt er sich hinab über die Felsen. Seitdem ist er hinter die große Felsmauer verdammt, hockt griesgrämig in der Benediktenwand drinnen, und alle unchristlichen und schlechtsinnigen Landpfleger und Amtmänner vom ganzen Land Bayern müssen ihm Gesellschaft leisten in dem finstern Berg. Da kannst du sie diemals noch hören, wenn sie kegelscheiben und danach laut um den Best streiten mit ihrem Großmeister Pilatus.

Die Kegelspieler auf der Benediktenwand

Wenn gleich kein Wölkel am Himmel steht, hört man von der Benediktenwand her es leise grollen und kugeln, als wenn man Steine abladet, oder wie wenn die Engel beim Wetter Kegel scheiben, so pumpert's. Wie mir der blinde Schweizerwirth mitteilte – Gott habe ihn selig! – sind die Klosterherren von Benediktbeuern zu dem Spiel verdammt, weil sie selber die besten Almen in Besitz genommen, aber den armen Leuten nicht vergönnt haben, ihr Vieh aufzutreiben. Die Pater sind ihrer Rekreation nachgegangen, haben die Wand erstiegen und da droben ohne Rücksicht auf Gott und die Welt Kegel geschieben. Zuletzt hat bei einigen die Lust zum Spiel so überhand genommen, dass sie selbst an Sonn- und Festtagen die Unterhaltung fortsetzten, deshalb sind sie nach ihrem Tode verwünscht, ihr Spiel zu treiben.

Du kannst es manchmal deutlich hören, wenn du unten an der Wand stehst, wie es oben zugeht, wie die Kugeln dahin rollen und die Kegel fallen. Am jüngsten Tag werden auch sie wohl erlöst werden. So schreibt J. N. Sepp 1876.

Während also die Legende die polternden Geräusche, die man am Fuß der Benediktenwand manchmal vernehmen kann, Pontius Pilatus und anderen weltlichen Amtsinhabern, die ihre Macht missbraucht haben, zuschreibt, machen die Leute aus Arzbach und Wackersberg geistliche Würdenträger, die ihren Glauben nicht ernst nahmen, dafür verantwortlich oder aber einen Schuster wegen seines gottlosen Lebenswandels.

Auf der Höhe des Kirchstein im sog. Keller haben die Benediktbeurer Herren ihre Namen an die Wand geschrieben, der älteste ist von 1548. Da sagt ein anderer Wackersberger: die geistlichen Herren sind am Ende übermütig worden und haben an Feiertagen während des Gottesdienstes Kegel geschieben. Dafür sind sie verdammt, zu gewissen Zeiten „ihr Kegelspiel zu treiben bis zum letzten Gericht". Da ist freilich noch lang hin! Da halt ich's gerade so lieb mit dem zur Straf' umgehenden Schuster! J. N. Sepp

Es heißt, wenn die Hüterbuben in die Wand hinein schreien: „Pfaff, kehr die Wand um!", dann ertönt ein drohendes Gepolter, wie von einem Gewitter, das über dem Berg niedergeht.

Die Hoimanndln am Kirchstein

Über die Schätze im Kirchstein wachen die Hoimanndln (Anmerkung 25), unheimliche Berggeister, die Wanderer oder Goldsucher vom Weg abbringen wollen. Mit ihren plötzlichen schrillen

Rufen „hoi, hoi, hoi“ gelingt ihnen das auch nicht selten. Nur einmal im Jahr öffnet sich der Kirchstein für ein Sonntagskind und lässt es so viele Schätze mit sich nehmen, wie es tragen kann. Wem dies Glück widerfährt, der muss aber ganz besonders aufpassen, dass die Hoimänner, die auf dem Latschenkopf hausen, ihm seinen Reichtum nicht wieder abnehmen.

Unheimliche Geschichten von der Pestkapelle bei Steinbach

Die einsam gelegene Pestkapelle bei Steinbach gilt seit jeher als unheimlicher Ort. Dort sollen unerlöste Seelen umgehen. Die Niggl-Mutter von Steinbach, die 1895 im 88. Lebensjahr verstarb, erzählte der Waldherrn-Julie, was diese uns später überlieferte:

Jahraus, jahrein, an jedem Sonn- und Feiertage der vier Sommermonate, ging die Nigglmutter zur Pestkapelle wallfahrten. Auf dem Weg hin und her betete sie immer etliche Rosenkränze, aber in der Kapelle selber konnte sie nicht beten. Von Kindheit auf steckte in ihr eine geheime Furcht, aus der Schulzeit her. Damals ist der Lehrer, wie jedes Jahr, mit den Erstkommunikanten zur Pestkapelle gegangen. In der Kirche hörten sie ein unheimliches, unnatürliches Geräusch und der Schullehrer sagte: „Kinder wir gehen, wir verrichten unsere Andacht auf dem Weg. Wenn wir für diese Seelen, die noch etwas abzubüßen haben, recht beten, werden sie von ihrem Leiden erlöst und in der Kapelle ist Ruhe.“

Andere Leute aber wollten von diesem Glauben abspenstig machen und sagten: „Es sind die Fledermäus, die monatelang hinter dem Altar, im Turm und über der Weißdecke ungestört leben; wenn sie aber ein menschliches, ungewohntes Geräusch hören, werden sie rebellisch.“

Auch ein Mann aus Arzbach hatte ein seltsames Erlebnis bei der Pestkapelle, das er dem Sagenforscher Willibald Schmidt mitteilte:

Der Schirfer von Arzbach hat selber erzählt, wie er einmal spät nach dem Engelläuten noch an der Pestkapelle vorbeigegangen ist. Da ist ein zottiger schwarzer Pudel auf ihn zugesprungen. In den glühroten Augen hat ihm das helle Feuer gebrannt und die Zunge ist ihm enzlang aus dem Maul gehängt. Dem Schirfer ist angst und bang geworden, dass er nicht mehr hat beten können und seinem Hirn alle heiligen Namen abgefallen sind. Die hätten den geistlichen Hund vertrieben. Erst beim nächsten Feldkreuz, das heute noch mitten im Pfaunfeld steht, hat das Hundsluder von ihm abgelassen. Der Meßner-Vater, der 1924 gestorben ist, hat einmal im Herbst den alten Blaßl in den Freithof bei der Pestkapelle gesperrt, aber auf unerklärliche Weise ist der Blaß aus dem Gottesacker gekommen. Auch nachher hat ihm der Meßner die Gitter nicht so versperren können - das Vieh ist nicht drinnen geblieben und ohne Überspringen und ohne dass die Schlösser aufgeschlossen waren, immer wieder erlöst worden.

Der lange Arm im Pestfriedhof

Auf dem Friedhof der Pestkapelle soll es den langen Armknochen eines Mannes gegeben haben, der, obwohl mehrfach beerdigt, immer wieder aus der Erde hervorkam. Die Waldherrn-Julie berichtete Anfang des 20. Jahrhunderts darüber:

In meine Kinderjahre denke ich noch zurück, da gingen wir alle Tage zur Pestkapelle, wo damals der Gottesacker abgegraben und das Vorzeichen angebaut wurde. Immer wieder beschauten wir das lange Bein von einem Arm und konnten uns nicht genug wundern über das Geheimnis, dass dieser Arm jedes Mal wieder auf seinem Grabhügel unter dem Kreuz lag, so oft und so tief er auch vom Mesner eingegraben wurde. Da kam uns immer eine frostige Gänsehaut, aber die Neugier war noch stärker. Viele Leute sagten: „Das ist ein Arm, der seine Eltern geschlagen hat.“ Etliche Weiber sprengten Weihbrunn darauf und beteten für die Arme Seele. Unverhofft ist dann einmal das Bein verschwunden. Das ist gewesen, wie der Siebziger Krieg war und ich in die Schule ging. Wir mussten damals in der Kriegszeit mit dem Lehrer Weber alle Sonntage in der Pestkapelle einen Rosenkranz beten.“

Der Wildschütz von Arzbach

Zu Beginn des 19. Jahrhunderts lebte in Arzbach ein Wildschütz, dem ganz besondere Kräfte zugesprochen wurden. Das Wild kam, so wurde behauptet, freiwillig vor seine Büchse, und er brauchte sein Gewehr nur anzurühren, so fiel es schon tot zu Boden. Diese geheime Kraft soll er besessen haben, weil er eine geweihte Hostie in seine Hand hatte einwachsen lassen, wie es manche Wilderer tun, um sich schussfest zu machen (Anmerkung 26).

Eines Tages aber, es war kurz vor Ostern, kamen ihm deswegen Gewissensbisse und er ging zur Beichte. Der Pfarrer erschrak sehr, als er davon erfuhr und verwies ihm solch gottloses Handeln. Er verlangte, dass der Wildschütz als Buße, und um Absolution zu erhalten, nie wieder einem Wild nachstellen sollte.

Lange hielt sich der Bursche daran; eines Tages aber stand plötzlich mitten im Wald ein Hirsch vor ihm. Da konnte er nicht anders und griff schon zur Büchse, als ihm das ungewöhnliche Verhalten des Tieres auffiel. Der Hirsch lief nicht weg, sondern stand wie am Boden festgewurzelt und am ganzen Körper vor Angst zitternd vor ihm. Als der Wilderer genauer schaute, sah er, dass der Teufel selbst das arme Tier am Geweih hielt und es vor seine Büchse getrieben hatte.

Da packte ihn das kalte Grauen. Er warf sein Gewehr weg, lief davon, so schnell er konnte, und hat seither nie mehr etwas vom Wildern wissen wollen.

Die Grabschänder mit dem Erdspiegel

Ein Erdspiegel ist ein ungemein kostbares Gut. Mit ihm kann man – nach dem Glauben der Leute – die Schätze im Innern der Erde oder in Bergen sehen. Die Venediger Manndln (Anmerkung 23) waren im Besitz eines Erdspiegels und darum so unermesslich reich. Einmal ließen sie einen Zimmermann aus Wackerberg, der eigens deswegen nach Venedig gereist war, hineinschauen; da wurden die Berge durchsichtig wie Glas, und er sah alle verborgenen Schätze.

Ist ein wunderbares Ding um einen Erdspiegel, glückt selten einen richtigen zu erhalten, nutzt aber auch dann den wenigsten, die ihn haben. Wer nit an einem goldnen Sonntag in der zwölften Stunde unter einem gar seltnen Zeichen geboren worden, dem nutzen die besten nichts, der aber in solch glücklicher Stellung geboren, der vermag alles zu sehen, was er nur immer begehren will, doch muss man allzeit den Spiegel nach einer Kirchen richten, darinn Sanct Johann der Gottestaufer rastet.

Zwischen einem Erdspiegel, der aus einer runden Metallscheiben und einem Bergspiegel, der aus einem Uringlas, darin ein hochgeweihter Weihbrunnen, besteht einiger Unterschied im Gebrauch und im Anrufen, und will letzterer für den bessern gehalten werden... bemerkt Karl v. Leoprechting 1856 über den Glauben der Leute seiner Zeit.

Einen solchen Erdspiegel besaß auch der alte Holzer am Arzbach. Willibald Schmidt schreibt 1936 darüber:

Der war in der Woche vor St. Veitstag aus siebenerlei Metallen und einem eingetrockneten Jungfernpergament zusammengegossen, nachher mit einer Pfaufeder und dem Blut einer jungen weißen Taube mit allerlei seltsamen Zeichen beschrieben worden. Damals hatten es der Holzer und noch etliche Kumpane auf die Kasse des Rentamtes zu Tölz abgesehen. Damit ihnen niemand ankonnte, wollten sie sich den zweiten linken Finger einer reinen Jungfrau verschaffen, wie ja auch die Wildschützen und Diebsleute sich auf solche Weise oder mit dem Nagelglied eines unschuldigen Kindes kugelfest und unsichtbar machen. In der Mitternachtsstunde schaufelten sie das Grab auf und hielten bei der Arbeit den Erdspiegel vor sich. Aber der Teufel stand vor ihnen und schaute ihnen aus dem Spiegel zu.

Wie sie ihn sahen, ließen sie ihr Werkzeug im Stich und liefen davon. In den achtziger Jahren wollten in Tölz etliche unheimliche Leute das Grab einer reinen Jungfrau aufmachen, weil sie glaubten, mit einem Glied des Leichnams große Reichtümer zu gewinnen. Sie wurden aber versprengt.

Erzsucher im Gebirge

Die Goldsuche am Johannistag in Wackersberg

Wer in Wackersberg am Johannistag nach Kohlen gräbt, dem verwandeln sie sich, wenn er Glück hat, in pures Gold, so weiß die Sage zu berichten. J. N. Sepp schreibt 1876:

Am Johannistag gruben Knechte und Leute, die davon wussten, in Wackersberg um Kohlen. So erzählte mir ein Längrißer für gewiss, der selber seine Dirnen und Töchter zur besagten Stunde ausschickte, um Kohlen (für Gold) zu gewinnen, und es erprobt gefunden hat. Anderwärts heißt es, wenn man am Tage des Hl. Lorenz nachgrabe, finde man überall Kohlen, die man als Schutzmittel wider Feuersgefahr in den Häusern aufheben müsse.

Die Venediger und der Bauer

Eine weitere Geschichte von den geheimnisvollen Schatzsuchern aus Venedig berichtet J. N. Sepp im Jahre 1876:

Früher kam jährlich ein Männlein von Venedig nach dem Kirchstein und der Benediktenwand, um Gold zu suchen, denn er kannte alle Gänge und Minen. Beim Oberkerschbräu zu Tölz hat ein Bauer am Zechtisch ausgesagt und dieser hatte es von seinem Urahnherrn, dass einmal ein fremder Goldsucher herkam, sich eine Leiter von Daxen, womit man den Flachs stiefelt, anlehnte und das Gewänd hinanstieg. Vierzehn Tage blieb er oben; darauf brachte er in einem Tüchlein die schwere Goldausbeute herab. Als er zum letzten Mal da war, sagte er beim Abschied: „Jetzt komme ich nimmermehr, der Weg ist mir zu weit. Wenn ihr selber reich werden wollt, so grabt nur nach, denn der ganze Berg ist voll von edlem Metall.“ Noch sieht man große Gruben und Löcher, wie den sog. Keller, wo man tief einwärts wandeln kann und schwarze Kugeln im Gestein hergehen. Ein Bursche merkte sich wohl die Stelle und stieg in die Höhle hinein, sah auch Fingerspuren im Sand, wo der Zwerg das Gold herausgearbeitet hatte, musste aber das Jahr darauf sterben, hat also nichts von seinem Glücke gehabt. Später haben es die Zigeuner mit einer Zeigrute versucht. Und auch die Bauern getrauten sich mit der Wünschelrute anzuschlagen und haben schon öfter Proben von den edlen Erzadern des schatzreichen Kirchstein nach München geschickt... Seitdem die Venediger fort sind, findet sich gleichwohl nichts Rechtes mehr.

Das Irrlicht an der Wackersberger Leiten

Am Waldrand auf der Wackersberger Leiten, da, wo früher das „Untere Stiegel" war, galt es als nicht ganz geheuer. Bauern, die erst spät in der Nacht vom Wirtshaus heimgingen, sahen dort ein seltsames Licht die Leiten hinauf und herab huschen. Schnell wie ein Pfeil war das Licht, bald war es hier, bald war es dort. Oft blieb es über der Friedhofsmauer stehen, manchmal gab es den Bauern das Geleit bis zum oberen Gatter beim Fürholzer.

Wie es heißt, war das Irrlicht der ruhelose Geist einer österreichischen Soldatenfrau, die im Jahre 1800 von ihrem Mann hier erschlagen worden war. Das Marterl, das an dieser Stelle an den Mord erinnerte, war zwar schon längst verfault und zerfallen, das Licht aber war noch lange Jahre danach zu sehen.

Die Langenbrunnenkapelle bei Wackersberg

Es war etwa zur Zeit des Bauernaufstandes gegen die Österreicher, also etwa um 1705, da hatten ein paar Kinder aus Wackersberg eine kleine Holzfigur des Auferstandenen auf einen Leiterwagen geladen und zogen ihn zum Dorf hinaus. Als sie aber beim Schusterhäusl angelangt waren, konnten sie den Wagen nicht mehr weiter voranbringen, so sehr sie sich auch mühten. Er ließ sich nicht mehr von der Stelle bewegen.

Diesen Vorfall nahmen die Wackersberger als Fingerzeig Gottes, an dem Ort eine „Urständkapelle“ zu errichten. Jedes Jahr, am Osterdienstag, wurde von da an eine Hl. Messe dort gelesen. An den Samstagen der Sommermonate machten die Kinder und die alten Leute von Wackersberg immer Bittgänge zu dieser Kapelle und beteten für die Armen Seelen oder um eine gute Ernte.

Die Entstehung der Pestkapelle auf dem Lehen

Im Dreißigjährigen Krieg, nachdem endlich die mordenden und plündernden Horden der Schweden abgezogen waren, suchte neues Unheil das bayerische Oberland heim, der Schwarze Tod, wie die Pest genannt wurde. Orte, die bislang von der Seuche verschont geblieben waren, schlossen ihre Tore und ließen keine Fremden mehr ein. So verfuhr man auch in Tölz.

Kein Mensch durfte mehr in den Markt zu Tölz, nicht zu Fuß und nicht mit den Rössern. Nicht einmal die Zehentfuhren auf den kurfürstlichen Kasten durften gefahren werden. Zum ersten Mal hätten es die Untertanen der vier Viertel schier gern getan. Aller Handel und Wandel hörte auf. Ein jeder fürchtete sich vor seinem Nebenmenschen. Besonders hauste die leidige Sucht im Wackersberger Viertel. Die Leute sperrten sich in ihre Häuser ein und Arbeit tat nur mehr der Totengräber. Der wusste sich freilich kaum mehr zu helfen. Die Leute fielen um wie die Fliegen und er verscharrte sie auf einem wilden Freithof auf dem Lechen, weil bei der Kirche kein Platz mehr war. Auch aus dem Markt, heißt es, brachte man die Toten dorthin.

In dieser Not versprachen die von Tölz und von Wackersberg den St. Sebastianstag auf ewige Zeiten in der ganzen Pfarrei zu feiern und die Wackersberger gelobten dem Heiligen eine Kapelle zu errichten, wenn er dem Sterben durch seine Fürbitte Einhalt täte. Als der große Todfall wirklich aufgehört hatte, gingen die Wackersberger an die Einlösung ihres Gelübdes und suchten unten am Bach einen Platz aus, wo der Heilige sein neues Haus kriegen sollte. Wie sie aber die Bäume zuhauten, da waren die Scheite ganz blutig. Tauben flogen herzu und trugen sie in ihren Schnäbeln bachabwärts in den wilden Freithof. Deswegen wurde das Kirchlein in den Pestfriedhof gebaut (Anmerkung 2).
Willibald Schmidt 1936

Der Hexenmartl von Wackersberg

In Wackersberg stand am Ertlhof einmal ein Knecht im Dienst, der aus Tirol stammte. Er war überall gefürchtet und man sagte ihm nach, ein Hexer zu sein und Zauberkräfte zu besitzen:

Er hat himitzen und toren und rieseln lassen, dass es grad eine Freude gewesen ist. Dabei hat er die Fenster zugemacht. Auch die Mäuse hat er gebleicht und die Buben haben ihm dabei zugeschaut. Wenn sie aber so eine weiße Maus umbracht hätten, wär' es gefehlt gewesen um den Martl.

In der Kirch hat der Martl unter der Wandlung in seinen Stecken ein Loch gemacht und ein Trumm von einer Kuhklaue hineingesteckt. Mit dem Stocke hat er auf der Alm gleich alles Vieh zusammenholen können, und wenn es noch so weit auseinander gewesen ist. Er hat bloß seinen Hut auf den verhexten Stecken hängen und ihn oben rund herum treiben brauchen; gleich ist ihm das ganze Vieh zugelaufen.

Willibald Schmidt 1936

Von den Wetter- und Milchhexen

Der Glaube der Leute, dass Hexen Hagel, andere Unwetter oder sonst ein Unglück herbeiwünschen könnten, war weit verbreitet. Was die Menschen im Isarwinkel darüber dachten und wie sie sich gegen den bösen Zauber zu schützen versuchten, beschrieb Willibald Schmidt im Jahr 1936:

In Benediktbeuern hat einmal der stärkste Schauer geschlagen. Da hat ein Jäger die Hexe aus den Wolken geschossen. Ein andermal betete ein Klosterherr den Wettersegen, da musste die Unholdin, die schrecklichen Schaden angestiftet hatte, splitternackend auf die Erde herunter. In Thanning hatten sie auch einmal recht einen wettergerechten Herrn. Der hat eine Hexe zum Sturz aus den Wetterwolken auf den Misthaufen gebracht.

Als Mittel gegen die von den Hexen gemachten Wetter galten vor allem die Glocken; aber sie waren nicht alle gleich stark. Wenn der Geistliche bei einem schweren Gewitter den Wettersegen nicht gut geben konnte, weil ihm das Allerheiligste in den Händen fast niedergedrückt wurde, dann sagten die Leute: „Wenn nur das Bairawieser hochheilige Glöckerl läuten tät!“ (Anmerkung 27)

Einem Wallgauer Flößer waren an einem Tag drei Kühe vom Blitz erschlagen worden. „Wenn damals der neue Herr Benefiziat dagewesen wär', hätte ich meine Kühe noch“, sagte der Flößer. „Oh! D e s ist ein frommer Herr, der betet alle schweren Wetter weg. Seit d e r da is, kommt gar keins mehr herein nach Wallgau. Wir beten auch alle Tage, dass d e r dableibt“.

In Lenggries ist ein Kooperator gewesen, dem haben die Hexen arg zugesetzt, dass er ganz aufmarig geworden ist und unter der Predigt einmal geschrien hat: „Jetzt lasst's mich doch einmal in Ruh! Ich kenn' euch schon. Neun seh ich allein in e i n e r Bank!“

Der Pater Gusterer von Benediktbeuern ist einmal bei der Prozession und ein andermal bei der Hl. Messe in die Luft gehoben worden. Wenn er nicht ein so frommer Mann gewesen wäre, hätte ihm der böse Feind gewiss angekonnt.

Wenn eine Kuh keine Milch gibt, ist eine Hexe daran schuld. Verkaufte Milch, die beim Kochen übergeht, gibt den Hexen Macht und sie lassen dann die Milch im Kuheuter gerinnen. Deshalb wollten früher die Bäuerinnen keine Milch verkaufen.

Zum Schutz gegen die Hexen werden auf den Flachs- und Getreideäckern geweihte Palmzweige, die „Hexenbesen" aufgesteckt und Hexenkräuter in die Stallecken gesteckt oder es wird ein stinkender schwarzer Bock eingestellt, damit die Hexen das Vieh nicht krank machen können. Wenn ein Bauer eine Reise in die Stadt nach München machte, fütterte er das Vieh zuerst mit geweihtem Salz oder geweihten Kräutern, damit ihm die Hexen nicht ankonnten, solang er fort war.

Wer einen Hexenverdacht hat, soll drei Tage nichts aus dem Haus leihen. Die Person, die nach drei Tagen zuerst ins Haus kommt, um etwas zu borgen, das ist eine Hexe. Wer sich in der Christmette auf einen Schemel kniet, der aus neunerlei Holz gemacht ist (Anmerkung 28), *erkennt die in der Kirche anwesenden*

Hexen, weil sie alle umschauen müssen.

Wenn man Tischsalz umschüttet, wirft man etwas davon hinter sich und sagt dazu: "Hex' bleib' hinter mir!"

Wenn einen die Trud drückt, hilft der Spruch:

„Alle Steine klauben!
Über alle Wasser schwimmen!
Auf alle Bäume klimmen!"

Wie die Gaißacher Kirche gegründet wurde

Wie von vielen anderen Kirchen, so erzählt man auch von der Gaißacher Kirche, dass sie zuerst woanders hätte erbaut werden sollen, und zwar in Wetzel. Doch das Vorhaben wollte nicht recht vorangehen. Immer wieder verzögerten Unfälle und andere Widrigkeiten den Bau. Bald schlug sich einer mit der Axt in die Hand, bald sprang einem anderen ein Scheit an den Kopf und verwundete ihn, oder es trat einer mit bloßen Füßen in einen Nagel. Die Holzspäne, die bei der Arbeit abfielen, waren schon geradezu getränkt mit dem Blut der Bauleute (Anmerkung 2).

Da flogen plötzlich ein paar Tauben nieder, nahmen mit ihren Schnäbeln die blutigen Scheite auf und trugen sie höher den Hügel hinauf, an den Platz, wo heute die Kirche von Gaißach steht.

Das Donnerloch bei Gaißach

„Drahl" oder „Donnerloch", so wird eine unheimliche Wegstelle bei Gaißach genannt, über die der Sagenforscher J.N. Sepp 1876 schreibt: *Auf der hohen Wiese, links vom alten Hohlweg, der von Tölz über den Schuss nach Gaißach geht, ist ein unergründlicher*

Erdschlund. Manchmal liegt dies unheimliche Loch ganz trocken, zuweilen aber läuft die Gumpe voll an und bildet, wie im Mai 1873, einen kleinen See. Wehe dem, wer sich dann hineinwagt, denn der Trichter zieht ihn hinunter. In meinen Knabenjahren sind da zwei Bürgersöhne miteinander ertrunken, und doch war das Wasser nicht nennenswert.

Vor Zeiten, wer weiß, wie lange das her ist, hat hier der Blitz eingeschlagen und ein Weib mit einer Kuh ist spurlos versunken. Man hat schon Wiesbäume an einander gebunden und mit den längsten Stangen hinabgestoßen, trifft aber keinen Boden: es ist Grausen erregend. (Anmerkung 86)

Wie die Pest nach Gaißach kam

Am alten Fahrweg von Tölz nach Gaißach, der auf der rechten Seite von mächtigen Linden gesäumt ist, steht am Ortsausgang ein Gedenkstein in Form eines Kreuzes. Er ist erneuert; das ursprüngliche Kreuz wird in der Gemeinde aufbewahrt. Auf einer Tafel daneben steht:

Zur Erinnerung an den Bittgang der Tölzer Bürgerschaft nach Gaißach im Pestjahr 1634. Die Gaißacher vertrieben die Wallfahrer mit Heu- und Mistgabeln und Dreschflegeln. Die Tölzer flüchteten zur Kapelle am Mühlfeld und hielten dort Gottesdienst. Es wird berichtet, dass die Seuche in Tölz zurückging, das Pfarrdorf Gaißach jedoch starb aus.

Wohl hatten die Gaißacher verzweifelt versucht, durch ihre Abwehr der Tölzer Wallfahrer, in deren Ort die Pest so verheerend hauste, die schreckliche Seuche von ihrem Ort fernzuhalten, aber es war umsonst gewesen! Durch einen Hund wurde, so berichtet die Sage, der Todeskeim nach Gaißach getragen und löschte dort die gesamte Bevölkerung aus. Anstatt der Kapelle, in der die Wallfahrer ihre Messe gehalten und die Hilfe der Gottesmutter zur Beendigung der Seuche erfleht hatten, wurde aus Dankbarkeit für die Erhörung im Jahre 1654 die Kirche Mariahilf am Mühlfeld errichtet und 1735-1737 nochmals neu aufgebaut. Im Deckengemälde des Chorraumes, das von dem berühmten Freskanten Matthäus Günther gemalt wurde, ist der Tölzer Wallfahrtszug ebenso dargestellt wie der Hund, der das Verderben über Gaißach gebracht hat.

Die Kapelle „Zum abgebrannten Kreuz" in Gaißach-Puchen

Eine unversehrt gebliebene Madonna und ein verkohlter Kreuzrest erinnern im Altarbild der Kapelle „Zum abgebrannten Kreuz" an ein Wunder in einer schrecklichen Zeit in der Geschichte Bayerns, insbesondere des Ortes Gaißach. Während des Österreichischen Erbfolgekrieges hatte der Isarwinkel schwer unter der feindlichen Soldateska zu leiden. Nikolaus Bergmayr schreibt 2002 in der Festschrift zum 250-jährigen Bestehen der Kapelle:

Die Panduren unter Freiherr von der Trenck, der in habsburgischen Diensten stand, wüteten und brandschatzten überall im Land. Am 12. April 1742 zog Trencks Adjutant, Hauptmann Christian von Gondola, genannt „Gundl" mit einer Kompanie von 30 Panduren von Tölz über Dietramszell nach München, um die im Isarwinkel geplünderte Beute in die Residenzstadt zu bringen. Im Zellerwald, an der sogenannten Zwieselbrücke (vgl. S. 119 u. 122 und Anmerkung 30), *wurde der Tross von Isarwinkler Bauern angegriffen. Gondola, der mit Trencks Gesellschaftsdame in seiner Kutsche fuhr, wurde von dem Gaißacher Bauern Josef Heimkreiter „Zum Bacher an der Straß" erschossen* (Anmerkung 28). *Außer Gondola wurden noch 5 weitere Panduren getötet. Der Rest ergriff die Flucht unter Zurücklassung der gesamten Beute, einschließlich der Kriegskasse. Trencks Gesellschaftsdame ließ man gnädig laufen. Für diesen Überfall nimmt Trenck am 22. Mai furchtbare Ra-*

che. Er stürmt mit seinen Horden von Wolfratshausen kommend nach Gaißachrain und legt den Ort in Brand. 28 Häuser brennen ab und 11 Menschen sterben. Sie werden erstochen, erschlagen, bzw. in ihre Häuser gesperrt, um bei lebendigem Leib zu verbrennen. Mit Pechkränzen zünden die Panduren auch ein Feldkreuz an. Die Figur der Schmerzhaften Muttergottes aber bleibt wie durch ein Wunder verschont.

Schon im Jahre 1743 wurde an dieser Stelle eine hölzerne Kapelle errichtet, denn von da an kamen viele Wallfahrer „Zum abgebrannten Kreuz“, um der Gottesmutter ihre Nöte und Bitten vorzutragen. 1751 wurde die Kapelle vom Gergenbauer Christoph Schöttl, dem der Grund gehörte, mit Hilfe der Opfergelder, die von den zahlreichen Pilgern gespendet worden waren, in Stein aufgebaut und im Jahr 1865 sogar noch erweitert. Eine Gedenktafel an der Südseite der Kapelle erinnert an den Pandureneinfall. Auf ihr sind die Namen der getöteten Opfer aufgeführt.

Der Corona-Kelch in der Gaißacher Pfarrkirche

Früher bestand in Gaißach eine Wallfahrt zur Hl. Corona, deren Verehrung, so wird vermutet, von Flößern aus der Gegend von Wien in den Isarwinkel gebracht worden war. Ihre Kapelle soll etwas außerhalb des Ortes Gaißach an dem Weg von Gaißach nach Attenloh oder Greiling gestanden sein, wo noch heute die Flurnamen „Koronafeld“ und „Kapellfleck“ daran erinnern.

Früheste Urkunden lassen annehmen, dass schon Ende des 15. Jahrhunderts hier eine Kapelle zur Verehrung der Hl. Corona stand, die im 17. Jh. renoviert und erweitert wurde, wohl wegen der steigenden Zahl der Pilger. Sie wurde im 18. Jahrhundert im Rokokostil neu errichtet, wobei unter anderen auch der berühmte Wessobrunner Baumeister und Stuckateur Joseph Schmuzer tätig war. Leider wurde diese Kirche während der Säkularisation auf die Liste der „entbehrlichen“ Kirchen gesetzt und, nachdem sie 1804 durch einen Blitzschlag schwer beschädigt worden war, 1807 völlig abgebrochen. An die Kapelle und die ehemalige Wallfahrt erinnern heute nur noch der Corona-Kelch und die Statue des Schmerzensmannes rechts vom Hochaltar in der Gaißacher Kirche sowie der alte Flurname „Koronafeld“.

Verhextes Vieh. Zeichnung v. A. van der Venne. Gartenlaube 1875

Das verhexte Ross bei Gaißach

Ende der Zwanziger- oder Anfang der Dreißigerjahre im vorigen Jahrhundert fuhr einmal ein Bauer aus Gaißach vierspännig zur berühmten Leonhardifahrt nach Tölz. Als er aber über die Isarbrücke wollte, führte sich eines der Pferde plötzlich wie verrückt auf, schlug um sich, versuchte auszubrechen und war nicht zu bändigen. Mit Hilfe seiner Knechte gelang es dem Bauern endlich mit großer Mühe, das Tier auszuspannen und ein anderes Pferd, das eiligst herbeigeschafft worden war, anzuschirren, sonst hätte die ganze Familie im Feiertagsstaat und das schön geschmückte Gespann nicht an der Leonhardifahrt teilnehmen können.

Das Pferd musste später geschlachtet werden, weil es sich weiter wie verrückt aufführte. Die Bauern glaubten, dass es verhext worden war und fragten darum eine Wahrsagerin, die damals in Walchstadt bei Icking lebte und weithin als Hellseherin bekannt war, die „Ickinger Traudl", (Oskar Maria Graf erwähnt sie in einem seiner Bücher) um Rat. Sie erklärte, dass ganz in der Frühe des Festtages, noch vor dem Einspannen, eine alte Frau im Stall gewesen sei und dem Ross ein Haar aus der Mähne gerissen habe. Was die Frau damit anstellen wollte, sagte sie nicht. Die Leute aber glaubten, dass das Pferd auf diese Weise verhext worden sei.

Die verlorene Kalbin von Gaißach

Auch in einem anderen Fall wandte sich der Mann an die „Ickinger Traudl". Am Lehener Berg fehlte eines Tages eine Kalbin und konnte, obwohl sie eine Glocke um den Hals hatte, nicht gefunden werden. Die Hellseherin sagte dem Bauern auf den Kopf zu: „Jetzt sucht sie gerade ein Kleiner." Wie sich nachträglich herausstellte, war der halbwüchsige Cousin der Bäuerin tatsächlich gerade auf der Suche nach der verlorenen Kalbin. Weiter erklärte ihm die Ickinger Traudl: „Wenn du am Sonntag aus dem Fenster schaust, siehst du diejenigen, welche die Kalbin gestohlen haben, nach Lenggries zum Markt gehen. Sie kommen an deinem Hof vorbei. Die Kalbin ist hinter einem Holzhaufen versteckt."

Der Bauer aber getraute sich nicht, zur genannten Zeit aus dem Fenster zu schauen, weil er Angst vor den bösen Mächten hatte. Gefunden wurde die Kuh später am Greilinger Vorberg hinter einem Holzstoß.

Das gebrochene Versprechen

Früher wurde in der Gaißacher Pfarrkirche St. Michael jedes Jahr eine Messe gelesen, die auf ein Gelübde zurückging, das die Bewohner von Obergries einmal gemacht hatten. Bei schweren Regenfällen war nämlich vom höher gelegenen Ortsteil Rain immer wieder der Hang Richtung Isar hinunter abgerutscht (Bundesstraße 13 von Gaißach nach Lenggries) und hatte große Zerstörungen angerichtet. Da hatten die Bauern die Wetterheiligen Johannes und Paulus, deren Feste in Gaißach zusammen am 26. Juni gefeiert wurden, um Hilfe gebeten und versprochen, jedes Jahr in der Kirche besagte Messe lesen zu lassen, wenn ihre Gärten und Häuser künftig verschont bleiben würden. Dies wurde schriftlich in einer Stiftung festgehalten. Ihre Bitten wurden erhört.

Als aber lange kein Erdrutsch mehr stattgefunden hatte, vergaßen die Leute in schweren Kriegszeiten einmal, die Messe lesen zu lassen. Vielleicht glaubten sie auch, den himmlischen Schutz nicht mehr nötig zu haben. Da rutschte beim nächsten schweren Unwetter der Hang wieder ab und richtete viel Schaden an. Reumütig wurde von da an die Messe zu den Wetterheiligen wieder gelesen. Dieses Ereignis erzählte Pfarrer Martin Fischer in den vierziger Jahren des vergangenen Jahrhunderts den Kindern in der Schule.

Das Marterl der Jungfrau Partenhauser in Tölz

An der Gaißacher Straße in Tölz steht ein Holzmarterl zum Gedenken an einen schrecklichen Mord, der genau an dieser Stelle stattgefunden hat. Im Jahre 1832 wurde Rosina Partenhauser, ein junges Mädchen aus Gaißach, grausam ermordet und hier wurde ihre Leiche gefunden.

Noch heute, über 180 Jahre später, ist die Ballade, die an dieses Verbrechen erinnert, in der Gegend lebendig und wird nach einer bekannten Melodie gesungen:

Lied über Rosina Partenhauser

vom Reutbauern in Gaißach

Wo man von Tölz nach Gaißach geht
da wo am Weg ein Kreuzlein steht,
da fand ein Mädchen früh ihr Grab
weil es für Gott sein Leben gab.
Es war der schönste Tag im Mai
geschmückt mit Blumen mancherlei
es tönt die neu verjüngte Flur
in Gottes herrlicher Natur.
Da ging des Weg's so ganz allein
des Landmanns frommes Töchterlein,
ihr Blick der war so anmutsvoll,
die Trän' ihr aus dem Auge quoll.
Sie hat seit früher Jugendzeit
ihr Leben Gott dem Herrn geweiht
und bei Verlockung jeder Art
der Unschuld Kleinod stets bewahrt.
Der Vögel munterer Gesang
ertönte durch das Tal entlang
und durch der Bäume zartes Grün
der Sonne letzter Strahl erschien.
Der Mörder sprach: „Jetzt sei bedacht,
du stehst jetzt ganz in meiner Macht,
es steht dir frei in deiner Not
zu wählen Sünde oder Tod."
Die Jungfrau sprach: „Nur Gott allein
kann meiner Unschuld Retter sein.
Denn der, der mir das Leben gab,
dem bleib ich treu bis in das Grab.
Steht auch mein Leben auf dem Spiel.
der Tod ist sicher jetzt mein Ziel!
Oh, Himmel leihe mir Geduld,
die Sünde ist die größte Schuld."
Und ganz betäubt von wilder Lust,
sich selber nicht mehr ganz bewußt,
gab ihr der Mörder Schlag auf Schlag,
bis sie vor ihm zu Boden lag.
Sie kämpfte lang mit Heldenmut
bis ihr dann das helle Blut
triefend von den Fingern rann,
doch rührt es nicht den wilden Mann.
Jetzt drang der Mörder auf sie ein,
schlug tot die Jungfrau fromm und rein,
als wie ein Wolf ein Schaf erwürgt,
das ängstlich sich vor ihm verbirgt.
Nun ist sie von der Erd' entrückt
wo sie die Engel froh erblickt
und wo ihr vor dem höchsten Thron
die Seligkeit einst wird ihr Lohn.
Doch der Mörder, frech und kalt,
erfährt nun Gottes Rache bald
und vor Verzweiflung eingeschränkt
hat er im Kerker sich erhängt.
Drum üb' stets redlich deine Pflicht
bis dann der Tod dein Auge bricht,
dann hast du Ruh' auf Erden schon
und einst die Seligkeit zum Lohn.

Das ehemalige Marterl, das im Laufe der Jahre verfallen war, wurde durch das jetzige, auf dem die Ermordete am Boden liegend dargestellt ist, im Jahre 1926 erneuert.

Der Lexenkasper

Einer der berühmtesten Wildschützen seiner Zeit war Caspar Haslinger, „Lexenkasper" genannt. Er wurde am 30. Juni 1858 in Gaißach geboren. Als junger Mann wurde er vom Jagdfieber gepackt und er wollte oder konnte nicht einsehen, dass das Wild nur für Adelige, Geldleute oder andere im Leben bevorzugte Menschen da sein sollte, und ging unverdrossen in verbotenen Revieren auf die Pirsch. Dabei gelang es ihm immer wieder der Obrigkeit zu entwischen.

Einmal aber, am 1. Dezember 1883, als er gerade mit einem Freund am Tegernsee im Jagdgebiet von Herzog Karl Theodor wilderte, stellte ihn der Jagdgehilfe Hansei Scheidter und brannte ihm ohne langes Federlesens eine Ladung Schrot auf die Brust und ins Gesicht. Der Lexenkasper nahm schleunigst Reißaus und zog sich in einen Schlupfwinkel zurück. Dort versteckte er sich lange Zeit, denn mit seinem von Schrotkugeln zernarbten Gesicht konnte er sich nicht gut blicken lassen, das wäre einem Schuldeingeständnis gleichgekommen. Aber die Lenggrieser Gendarmen fanden ihn schließlich doch. Er wurde vor Gericht gestellt und im Jahre 1884 zu zwei Jahren Haft verurteilt. Kaum, dass der Wilderer wieder in Freiheit war, wurde kurz darauf der Gendarm Neuner während einer Nachtpatrouille erschossen. Der Mordverdacht fiel unter anderen auch auf den Lexenkasper und er wurde erneut verhaftet.

Es konnte ihm aber nichts nachgewiesen werden und so kam er wieder auf freien Fuß. Nun konnte der Lexenkasper nicht mehr in Bayern bleiben und musste nach Amerika auswandern, denn er war

Fotografie vom „Lexenkasper“ (Privatbesitz)

für vogelfrei (Anmerkung 31) erklärt worden. Seine Nichte Elisabeth, die spätere Hoferbin, erzählte, dass sie sich noch erinnern könne, wie ihre Mutter heimlich in der Dunkelheit dem Schwager oder einem von ihm gesandten Mittelsmann im nahen Waschhaus das Heiratsgut ausgehändigt habe. Dann habe der Lexenkaspar sich mit einer Kutsche auf den Weg nach Venedig gemacht, um sich dort einzuschiffen. Das letzte Mal in seinem Leben soll ihn ein Bekannter in Innsbruck mit „Lexenkasperl“ angesprochen haben. „Casper Hirschmann" nannte er sich von nun an. Wie es ihm in der Neuen Welt ergangen ist, darüber weiß man nicht viel. Er hat geheiratet und sich in der Fremde, trotz großen Heimwehs, eine neue Existenz aufgebaut. In dem Gedicht auf seinem Sterbebild, das in die Heimat gelangte, sind Frau und Kinder erwähnt. Dort stehen auch seine Lebensdaten:

Christliche Erinnerung
an Herrn
Casper Hirschmann
welcher, geboren zu Gaisbach bei Tölz, Oberbayern, am 30. Juni 1858, nach langem, schmerzlichem, mit Geduld ertragenem Leiden und Empfang der heil. Sterbesakramente zu Terre Haute Indiana, Nordamerika, am 19. Juli 1921 sanft
im Herrn verschied.
Er ruhe in Frieden!

Das unheimliche Moorweiblein vom Lettenweiher

Rechts neben der Straße von Gmund nach Tölz lag früher das Lettenholz. Das moorige Waldgebiet galt von jeher als unheimlicher Ort, wegen der Irrlichter, die über den Wasserlöchern dort zu sehen waren, und auch wegen der Holz- oder Moorweiblein, die der Sage nach darin hausten (Anmerkung 22).

Es ist sicher schon weit mehr als hundert Jahre her, da fuhr einmal der Kupferschmied Weber aus Tölz, der mit seiner Tochter auf dem Tegernseer Markt gewesen war, noch am Abend in seinen Heimatort zurück. Es war schon spät, die Dämmerung senkte sich schon über das Land und über die sumpfigen Stellen rechts und links vom Weg. Als sie am damals noch bestehenden Lettenholz und am Lettenweiher vorüber kamen, fing plötzlich der Hund, den sie dabei hatten, jämmerlich zu winseln an und drückte sich ängstlich an seinen Herrn. Auch diesem wurde ganz unheimlich zumute und als er um sich schaute, um die Ursache zu ergründen, erblickte er im Lettenweiher eine seltsame Frauengestalt, die ganz von Nebel umwoben war. Sie stand bis zur Hüfte im Wasser und trug einen Strohhut auf dem Kopf und einen Rechen in der Hand, so, als käme sie eben vom Heumachen auf einer sonnigen Wiese.

„Schnell weiter", drängte da der Kupferschmied erschrocken und sagte zu seiner Tochter, „schau ja nicht um!".

Rasch, mit unerklärlicher Angst im Herzen, verließen sie den unheimlichen Ort und waren froh, als sie endlich glücklich und ohne Schaden genommen zu haben, daheim angelangt waren.

Wie es heißt, war die gespenstische Erscheinung im Wasser ein Moorweiblein gewesen, die oft von der Wilden Jagd verfolgt wurden und daher, obwohl selbst harmlos, nach dem Glauben der Leute eine Gefahr darstellten.

Der verwegene Wilderer von Reichersbeuern

Ein ganz berüchtigter Wilderer, von dem man sogar meinte, dass er mit dem Teufel im Bunde sei, war der Lampl von Reichersbeuern. Verwegen bis zur Tollkühnheit und mit scheinbar übernatürlichen Kräften ausgestattet, gelang es ihm immer wieder, den Jägern zu entwischen, auch wenn sie ihn schon sicher zu haben glaubten. Einmal war er auf dem Leonhardstein bei Kreuth von Verfolgern umringt und an die senkrecht abfallende Felswand zurückgedrängt worden. Doch auch in dieser ausweglosen Situation ergab er sich nicht, sondern drehte sich um und sprang in den Abgrund hinab.

Als die Jäger zutiefst betroffen, denn den Tod des Mannes hatten sie nicht gewollt, an den Rand traten und ein „O Herr, gib ihm die ewige Ruhe!" beteten, antwortete ihnen aus der Tiefe eine spöttische Stimme:

„Na, den Gefallen tut ER ihm no net!"

Wohl eilten die gefoppten Jäger daraufhin so schnell sie konnten vom Berg herunter, zum Richter nach Tegernsee und mit diesem nach Reichersbeuern, aber dort konnten sie den Lampl nicht verhaften, denn er war bereits vor ihnen zurück gewesen.

Und so trafen sie ihn ohne geschwärztes Gesicht an, wie er ganz unschuldig vor seinem Hof Mist auf einen Wagen lud, wie es ein redlicher und arbeitsamer Bauer eben so macht. Zähneknirschend vor Wut mussten sie unverrichteter Dinge wieder abziehen, weil sie ihm nichts nachweisen konnten.

Wie es heißt, war der Lampl vom Leonhardstein aus nicht in die Tiefe hinab, sondern nur in den Wipfel einer riesigen Tanne gesprungen, hatte sich dort festgehalten, war dann daran hinuntergeklettert und auf dem schnellsten Weg, quer durch Wald und Gebirg, nach Reichersbeuern zurückgelaufen, so dass er es geschafft hatte, vor der Obrigkeit zurück zu sein.

Das kopflose Gespenst bei Reichersbeuern

Der Sigritz von Reichersbeuern, der im 19. Jahrhundert lebte, soll, so heißt es, „Grundstücksmauscheleien" gemacht und Grenzsteine versetzt haben (Anmerkung 83). Wie viele andere Grenzfrevler, deren Untaten zu Lebzeiten nicht aufgekommen waren, musste er nach seinem Tod zur Strafe umgehen. Noch heute, so wird berichtet, treibt er im „Schupfloch", das zwischen Reichersbeuern und Waakirchen liegt, linker Hand, wenn man von Reichersbeuern her kommt, sein Unwesen. Der Unheimliche geht mit dem Kopf unter dem Arm um. Anstatt des Kopfes hat er ein Brett voller Moos auf dem Hals.

Reichersbeuern Holzschnitt von Jost Amman nach Philipp Apian 1561/1568

Die Burg unter Schloss Reichersbeuern

Rihherispuria, ein Lehen von Kloster Tegernsee gab es schon um 915. Wahrscheinlich etwa 200 Jahre später wurde die erste Burganlage, eine Wasserburg, die an drei Seiten, im Süden, Osten und Westen, von breiten Wassergräben geschützt war, errichtet. Sie war nur von der Nordseite her zugänglich. Im Jahr 1519 erfolgte der spätgotische Neubau auf gleichem Platz durch Veit Tänzel von Tratzberg.

Der Sage nach wurde der mittlere Teil des Schlosses, der die beiden Höfe voneinander trennt, auf den Fundamenten des Bergfrieds der alten Burg (Anmerkung 17) errichtet. Unterirdische Gänge sollen dabei erhalten geblieben sein (vgl. S. 107).

Der Poltergeist im Schloss zu Reichersbeuern

In dem uralten Schloss Reichersbeuern, das rechts neben der Straße von Gmund nach Bad Tölz liegt, ist es seit Menschengedenken nicht geheuer. Immer wieder wird von Spukerscheinungen berichtet, beispielsweise im Wolfratshauser Wochenblatt von 1891. Dort kann man nachlesen:

Noch wird bestimmt versichert, man habe an den Quatembern (Anmerkung 32) *und zu anderen heiligen Zeiten innerhalb der weiten Räume einen gewaltigen Krach vernommen, ohne dass sich jemand über das Entstehen des Knalles Rechenschaft zu geben wusste.*

Eine frühere Schlossverwalters-Frau übergab auf dem Sterbebette ihrer Tochter Margaretha die Summe von hundert Gulden zur Stiftung einer Messe für ihre abgeleibte Seele, diese aber verwendete das Geld auf die Hoffart und den Kleiderluxus. Darum ist sie verdammt, umzugehen.

Einem vorübergehenden Hofbauern erschien die Margareth einmals als Klopfgeist am Fenster und bat jämmerlich, ihr zu helfen, worauf man einen Jesuiten kommen und sie in Gegenwart von drei anderen Männern beschwören ließ. Seitdem ward am Tage der unschuldigen Kinder in der Schlosskapelle ein Jahrtag für die obige Mutter abgehalten. Der Gerichtshalter (Anmerkung 33) *wohnte fortan im Schmiedhaus, wo eine besondere Kapelle hergestellt ward.*

Der letzte Schlossherr wollte zwar jenen Jahrtag abstellen, indeß ereignete sich allerlei, dass er ihn gerne wieder feiern ließ.

Nach anderen Quellen soll die Tochter die Messen nicht mehr habe bestellen können, weil sie in München ganz unvermutet verstarb, ehe sie das Vermächtnis der Mutter erfüllt hatte.

Das „Geschlärf“ und der Geisterhund zu Reichersbeuern

In Reichersbeuern geht nicht nur der Geist der unerlösten Margaretha um, auch andere unheimliche Gespenster lassen sich von Zeit zu Zeit hören oder gar sehen. So ist des Öfteren auf der alten Wendeltreppe ein seltsames Geräusch zu vernehmen, gerade so, als würde jemand, der von einer ungeheuren Last niedergedrückt würde, in Pantoffeln und ohne die Füße zu heben, darüber hinweg schlurfen. Bei den Leuten wird diese Erscheinung das „Geschlärf“ genannt.

Es wird behauptet, dass es sich dabei um den unseligen Geist der Sophie von Pinzenau handelt, einer Frau, die in der Zeit, als sie auf Reichersbeuern lebte, ihre Dienstboten überaus streng und unbarmherzig behandelt hatte und deshalb zur Strafe nach ihrem Tod umgehen müsse. Gehört haben das Geschlärf viele, gesehen hat es aber niemand, denn immer, wenn jemand ein Licht machte, war der Spuk auf einmal spurlos verschwunden.

Anders verhielt es sich mit einem unheimlichen Hund mit riesigen glühenden Augen, den ein alter Diener des Schlosses häufig gesehen haben will. Im Wolfratshauser Wochenblatt, Jahrgang 1891 stand über diese Spukerscheinungen zu lesen:

In dem Alt-Preisingischen Schlosse zu Reichersbeuern ist es nicht geheuer. Man hört das Geschlärf die Stiegen auf und ab und muss sich fürchten, ob man will oder nicht. Oft, wenn ein Knecht in nächtlicher Weile die Treppe hinan stieg, lief ihm ein Hund mit feurigen Augen von oben herab zwischen den Beinen durch; dazu hörte man in den Gängen ein schlappendes Gehen, beim Lichte besehen, war alles verschwunden...

Seit 1848 stand das Schloss unheimlich verlassen da und nur Uhu und Dohlen mochten unter dem Dache wohnen. Frägt man, warum niemand die großen herrlichen Räume bewohne, so antwortet der Bauer: „Weil 's d'rin umgeht.“

Von der Schlossbrücke weg sieht man auf dem Damm bis zur Sägmühle mitunter denselben Pudel, von dessen grauenvoller Erscheinung der alte Sagschneider nicht schrecklich genug zu erzählen wusste; oft ist es ein flackerndes Feuer, das aber in der Nähe erlischt. Ich wüsste keinen noch so mutigen Mann, der es langehin wagte, in diesem Schlosse auch nur eine Nacht zuzubringen. Der Besitzer baute sich daneben an.

Als unheimlicher Gasta- oder Gasteigpudel soll der Schlosshund auch am Gasteig, einer steil von dem Bach zur früheren Landstraße von Reichersbeuern bei Greiling ansteigenden Wegstelle (Anmerkung 34), sein Unwesen getrieben und spät vom Wirtshaus heimkehrende Zecher fast zu Tode erschreckt haben, weil er sie angesprungen und nicht selten umgeworfen habe.

Die Schatzhüter in Schloss Reichersbeuern

Ganz tief unten in den Kellergewölben des Schlosses, dort, wo sich in früheren Zeiten das geheime Gericht zusammenfand und über die Leibeigenen bei kleinsten Vergehen streng und unbarmherzig urteilte, in diesen unheimlichen Gemäuern sollen auf drei eisernen Truhen drei Jungfrauen sitzen und die Schätze darin bewachen.

Manche behaupten auch, dass der Teufel höchstpersönlich, begleitet von jämmerlich klagenden weißen Gestalten (Anm. 35) und einem furchterregenden Geisterhund, den Schatz im Schloss bewacht, so dass niemand ihn holen kann. Wie es heißt, können die weißen Gestalten noch erlöst werden und einst die Seligkeit erlangen, der Schatzhüter in Hundegestalt dagegen ist auf ewig verdammt.

Schloss Reichersbeuern. Stich von Michael Wening um 1700

Die unterirdischen Gänge von Reichersbeuern

Wie in vielen anderen Schlössern soll es auch in Reichersbeuern unterirdische Gänge gegeben haben. Wolfratshauser Wochenblatt, Jg. 1891 Nr. 15:

Ein unterirdischer Gang führt durch den Gemüsegarten bis zum Frauenkloster Reutberg. Wirklich ging ein H. v. Meggendorfer mit dem Amtsknechte darin fort, doch erlosch ihnen bald das Licht; seitdem ist der Eingang zugemauert.

Ein anderer unterirdischer Gang soll einst Reichersbeuern mit der Burg in Tölz verbunden haben.

Die singenden Schlossfräulein von Reichersbeuern

Die drei verwunschenen Schlossfräulein von Reichersbeuern, die in den Kellergewölben sitzen und den Schatz bewachen, kommen in manchen hellen Mondnächten heraus, waschen am Wiesenbach, nahe der Bachkapelle, ihre Wäsche und hängen sie zum Trocknen auf. Wie es heißt, singen sie dabei betörende Lieder und werden von unzähligen Irrlichtern begleitet, die ihnen bei dieser Arbeit helfen. Manchmal soll man den Gesang der Schlossfräulein auch aus den unterirdischen Gemäuern herausklingen hören.

Die Geisterbeschwörung in Reichersbeuern

Im Jahre 1644, noch während des Dreißigjährigen Krieges, wurde auf Schloss Reichersbeuern, dessen unheimliche Spukerscheinungen sich weit im Umkreis, sogar bis nach München, herumgesprochen hatten, eine Geisterbeschwörung durchgeführt. Willibald Schmidt berichtet nach zwei Originalbriefen von Conrad Rueffl, der daran teilnahm, darüber:

Damals war der Hochwohlgeborene Herr Johann Maximilian, Freiherr von Preising auf Altenpreising, Herr auf Hohenaschau und Söllhuben etc. in München Rechnungskommissarius seiner Churfürstlichen Durchlaucht Maximilian, als sich in seinem verwaisten Schloss zu Reichersbeuern seltsame Dinge zutrugen. In der ganzen Hofmark, im Markt zu Tölz und auf und ab im Isarwinkel redeten die Leute kaum mehr vom Krieg... Und gleich kam die Rede wieder darauf, wie es im Schloss zu Reichersbeuern nicht mehr mit rechten Dingen zugehe.

Conrad Rueffl, des Herrn Rechnungskommissarius untertänig gehorsamster Diener, hatte schon im September an den Türen des unteren Herrenzimmers das Kräutlein „flagella diaboli“, die kräf-

tigen „Teufelsgeißeln", angeheftet, allem bösen Spuk den Zutritt zu wehren; aber der Geist war nicht zur Ruhe gekommen. Der Rueffl gebrauchte deshalb jeden Boten, seinem Herrn in München wissen zu lassen, wie es um sein Schloss stand, so dass dem Herrn Rechnungskommissarius, wenn seine Augen die langen Regiments-Sold- und Fouragelisten hinauf- und hinabglitten, gar oft erschreckliche Teufelsfratzen aus den kritzlichen, krausen Schriftzeichen stiegen.

Am heiligen Abend langten nun zwei Weibsleute in Begleitung eines Maurers im Schlitten aus der Residenzstadt in Reichersbeuern an und wiesen dem Rueffl einen Befehlsbrief seiner freiherrlichen Gnaden, er habe den Weibern, von denen vorzüglich die Rosina sich auf das Geisterbannen verstehen wolle, allen Vorschub zu tun. Am Christfest, nach getaner Beicht und empfangener heiliger Kommunion, als der Tag sich neigte und die Uhrzeiger auf sieben rückten, führte der Rueffl die drei fremden Personen ins Schloss. Den Hofbauer Georg Gering, Hansen Reiserer, den gewesten Schlosspfleger, sowie den Amtmann nahm er mit. Alle verrichteten zuerst in der Kapelle ein Gebet. Als sie von da in das untere Herrenzimmer herabstiegen, gab der Geist durch einen Bretterwurf im Hof das erste Zeichen. Auf der Rosina Begehren wurde das Zimmer mit einem Crucifix, mit drei brennenden geweihten Kerzen und Weihbrunn, desgleichen mit anderen brennenden Lichtern und Laternen aufs beste versehen. Nach einer halben Stunde ließ sich der Geist mit Schnaufen und stillem Blasen vernehmen bis gegen Mitternacht. Etliche Male hörte man ihn auch hin und wieder gehen. – Dieweilen die Rosina nicht in der Kapellenkammer, sondern in der Stuben schlafen wollte, löste der Rueffl die flagella diaboli von den Türen, damit die arme Seel unverhindert aus und ein könnte. Alle legten sich in der Stuben, aber die erste Nacht vollendete sich ohne weiteres Getümmel.

Am nächsten Abend um die gleiche Stunde ging man wieder ins Schloss. Während der gewesene Hauspfleger den Hofbauern in seiner Behausung abholte, der Amtmann mit dem anderen Weib im Hofe redete und Rueffl mit der Rosina in die Stube treten wollte, geschahen zwei Würfe an die Kammertür, wie wenn man in den

Klöpflesnächten mit Erbsen an die Fenster wirft. Und dann fiel ein kleines Tuffsteinl neben der Tür zur Kapellenkammer zur Erde und in der Stube präsentierte sich der Geist wieder mit etlichem Krachen, aber ohne alles Ungestüm. Vermeinend, dass die Sache vor der dritten Nacht doch nicht zu ihrem Hauptwesen komme, begab sich der Rueffl nach Hause. Aber je länger je stärker meldete sich die arme Seel den Zurückgebliebenen mit Schnaufen, Gehen und Tischklopfen. Nächst gegen zwölf Uhr begann das Weib Rosina mit der Beschwörung. „Ein jeder guter Geist lobt Gott, seinen Herrn". Wohl meldete sich der Geist, aber das Blasen war so stark, dass die Anwesenden sich nicht einig wurden, ob er mit „Ja" oder „Ich auch" geantwortet. Als die Rosina ihn weiter fragte: „Was ist Dein Begehr?" sagte die arme Seel, sie sei die Aelterfrau vom Schloss und habe ein einziges Kind gehabt. Sie sei schon so lange verstorben, dass dieserorten schwerlich mehr jemand ihrer gedenken werde. Und sie bat zwei Messen zu München in Unserer Lieben Frauen Gruft, eine heilige Messe in U. L. Frauen Kirche zu Reichersbeuern und die vierte in der Schlosskapelle lesen zu lassen; auch bei jeder Messe ein Maß Wein und ein Kreuzerbrot zu opfern, folgends allen, die es annehmen, in dieser Hofmark um einen Kreuzer Brot zu spenden, dann werde sie erlöst. Den Namen des Geistes erfuhr man nicht, weil die Rosina bei der Beschwörung gar sehr erkrankt und an die anderthalb Stunden siech gelegen. Die ganze Anzeig ging aber auf Frau Sophia von Pienzenau, eine geborene von Closen, so der Frau Papafabin Mutter gewesen, welche zu Reichersbeuern einen ewigen Jahrtag gestiftet, davon die Brief, von Johann Baptist Guidobon nach ihrem Ableben anno 1588 aufgerichtet, noch vorhanden.

Am Morgen des 28ten Dezembris lief eine große Menge Volkes in Reichersbeuern zusammen, so dass sie in der Schlosskapelle und in der Pfarrkirche, wo der Pater Christian von den Franziskanern in Tölz und der Ortsvikarius heilige Messen lasen, nicht Platz fanden. Nach verrichtetem Gottesdienst hat der Pater das ganze Schloss an allen Enden mit den drei gesegneten Wassern besprengt und dabei den Psalm „Qui habitat in adjutorio Altissimi" (Anmerkung 36) *gebetet. Um sieben Uhr zur Nacht gingen der Benefiziat, der Hof- und Widenbauer, auch der geweste Schlosspfleger und Amtmann mit Conrad Rueffl und der Rosina wieder ins Schloss. Als sie dort bis zehn Uhr gebetet hatten, fing es unter ihrem Tisch an zu klopfen, dass es eine Resonanz gab, als wenn Pech tropft, ungefähr eine halbe Stunde lang. Dann zeigte sich der Geist, dass alle vermeinten, sie müssten ihn sehen, und er fing an zu reden. Sie verstanden aber nichts außer den Jahrtag und dass sie an Allerheiligen so sehr geweint habe, dieweilen ihre Tochter nach München gereist und verstorben sei. Jetzt habe sie Ruhe gefunden, doch solle man alle Jahre am Tag ihrer Erlösung im Schloss einen Jahrtag halten und die angefangene Spend austeilen. - Auf die Frage der Rosina, ob sie Sophia heiße und allein im Schlosse umgangen sei, gab die arme Seel zur Antwort, sie wäre die Sophia und sei ganz allein umgangen, und wolle Gott für die bitten, so an ihrer Erlösung Beförderung getan. Der Geist kam hinter dem Ofen hervor und fuhr mitten in der Stuben über sich, welches aber die Rosina alleinig gesehen und ihre Augen unverwandt dahingerichtet hat.*

Am 29ten Dezembris wurde wieder eine Lobmesse gelesen und das Te deum laudamus gesungen. Die Rosina und der Maurer waren mit der Verehrung, die ihnen der Conrad Rueffl präsentierte, wohl zufrieden. Das andere Weib wollte bei ihrer freiherrlichen Gnaden untertänig um dero ersprießliche Vorbitt einlangen, damit sie das Schankrecht auf das churfürstliche weiße Bier erhalte. Die drei hatten sonsten wohl essen und trinken mögen und sich mit guter Labung versehen lassen, auch alle Nacht neben dem Bier ein Viertl Wein sich ins Schloss geben lassen. Also hat es der Conrad Rueffl seinem gnädigen Herrn am 29ten Dezembris gehorsamlich und in untertäniger Schuldigkeit berichtlich überschrieben, auch sich ihm zu allergnädigsten Hulden empfohlen.

Hundert Jahre später saß wieder ein Graf von Preising an seinem Schreibtisch, eine intarsierte Truhe vor sich und die Briefe des Conrad Rueffl in Händen. Als er sie gelesen, nahm er nachdenklich seinen Gänsekiel und setzte an das Ende: „*Den 26. Fbr. anno 1742 mit Verwunderung gelesen*".

Der Name Sachsenkam

Das Gebiet von Sachsenkam war zwar schon lange vor der Zeit von Karl dem Großen besiedelt, der Name Sachsenkam wird nach der Überlieferung darauf zurückgeführt, dass der mächtige Herrscher nach den Kämpfen mit den Sachsen, Kriegsgefangene dieses Stammes dort um das Jahr 769 ansiedeln ließ.

Die versunkene Burg von Sachsenkam

Einst soll südwestlich vom Dorf Sachsenkam eine Burg gewesen sein, die im Kirchsee versunken ist, warum, darüber schreibt Willibald Schmidt 1936 nach alten Erzählungen:

In alter Zeit haben auf der Burg in Sachsenkam böse Herren regiert. Ein richtiges Raubgesindel ist das gewesen. Überhaupt haben die Leute dort recht lasterhaft gelebt. Deswegen ist der ganze Ort im See versunken. Auch die drei Fräulein (Anmerkung 37) *sollen dort eine Burg, eine Kirche und Häuser gehabt haben.*

Die Herren von Sachsenkam besaßen am Eglsee (*der Egelsee bei Tölz hat bei seinem Abbruch am Margarethentag 1770 einen Teil des Schlosses fortgerissen und nun sind beide verschwunden.* J. Sepp 1876) vom 11. bis zum 15. Jahrhundert eine aus Holz errichtete Burg, wobei die Fundamente wohl aus Stein und nur die Obergeschoße aus Holz bestanden. Sie wurde im Dreißigjährigen Krieg zerstört. Im 19. Jahrhundert wurde die ehemalige Burgstelle mit einem Bauernhof überbaut. Der Hausname „Beim Burggraber“ erinnert noch heute daran, ebenso wie der ehemalige Burggraben und der einstige Brunnen der Burg, die teilweise noch vorhanden sind. Einst wurden hier uralte, handgeschmiedete Schlüssel gefunden und dann wieder vergraben, weil sie nach Ansicht der Finder ohnehin nicht mehr zu gebrauchen waren.

Die unterirdischen Gänge von Sachsenkam

Es soll ein unterirdischer Gang von der Klausnerhöhle am Kalvarienberg in Tölz zu dieser alten Burg geführt haben. Ein weiterer soll sie mit der ehemaligen Burg von Reichersbeuern verbunden haben.

Die drei Fräulein von Sachsenkam

Noch vor der Christianisierung des Gebietes um Sachsenkam sollen dort am Kirchsee drei Fräulein aus gräflichem Geschlecht – andere sprechen von drei keltischen Priesterinnen – eine Burg, umgeben von Tempeln und Gehöften sowie großen Landbesitz ringsum und bei Piesenkam besessen haben.

Diese vermachten ihn nach ihrem Tod, so weiß es die Sage, den Dorfbewohnern.

J. N. Sepp schrieb 1872 über diese sagenhaften Fräulein aus der Heidenzeit:

Der alte Hilgenrainer, Steffenbauer und Obmann von Sachsenkam, ein aufgeräumtes Männlein, erzählte 1839 oder 1840 über das Krätzach, den ganzen Winkel von Holz und Weidenschaft hinüber bis Elbach und Kirchbichl, auf Befragen, wie die Gemeinden zu so großen Waldbesitz gekommen:

„Ja wisst Ihr denn das nicht? Habt Ihr nie von den drei Fräulein in der Heidenzeit gehört? Ihnen hat der ganze Landstrich herum gehört, und sie haben die Ortseinwohner zu Erben eingesetzt!“

Ein Austrägler beim Weber am Burggraben, dem auch lang kein Zahn mehr weh tut, bestätigte die Aussage.

Kloster Reutberg mit Kirchsee. Aquarell v. J. Dorner, 19. Jh.

Der Kirchsee und der „goldene Elbach“

Der Kirchsee, ein Moorsee bei Reutberg, soll unergründlich tief sein und in ihm soll einst, wie schon berichtet, Altsachsenkam versunken sein. Wie es heißt, kann man an ganz besonders hellen Tagen noch die Kirchturmspitze im Wasser sehen, daher hat der See den Namen „Kirchsee“.

Vom Elbach, der aus dem Kirchsee fließt, erzählt J. Sepp 1876:

Gelegen an der Wasserscheide zwischen Isar und Inn bildet er die geheimnisvolle Quelle des g o l d e n e n E l b a c h, der Lebensader von Tölz, während anderseits der Stumbach zur Mangfall abfließt.

Man sieht mit Bangen eine Zeit kommen, wo auch der Elbach gegen Ost hin abbrechen könnte, dann Wehe dem Markte! Der Name dürfte auf Elben oder Wassergeister deuten.

Der Längensee bei Sachsenkam

An manchen Gewässern lässt sich die Fruchtbarkeit des kommenden Jahres ablesen (Anmerkung 38). Ein solches ist der Längensee bei Sachsenkam. Wenn dieser See, der keinen erkennbaren Abfluss hat, so anschwillt, dass er bis Reichersbeuern reicht, dann, so heißt es, kommen teure Zeiten.

Dies soll im Jahre 1865 geschehen sein und daraufhin habe es schlechte Ernten gegeben.

Der Wasservogel von Sachsenkam

In Sachsenkam war es an Pfingsten früher Brauch, dass der sog. „Wasservogel" durch den Ort zog. J. Sepp schrieb 1892 darüber:

So war bis gegen Anfang unseres Jahrhunderts in Sachsenkam zur größten Belustigung des Volkes auf Pfingstmontag der Wasservogel herkömmlich. Er hatte ein aufgemachtes Werg über dem Kopf, zog vom Wirtshaus aus, eine Menge Leute kamen zusammen, der Sprecher tat sich in Knittelversen hervor. – Die Hauptsache war das Untertauchen im Wasser, dies machte den Pfingstvogel oder Sonnenschwan aus. (Anmerkung 39)

In manchen Orten, wie etwa in Sauerlach, wurde an Pfingsten noch bis 1840 ein großer Festzug abgehalten und auch ein lustiges Schauspiel mit Wasservogel und Sonnenschwan aufgeführt (Anmerkun 40).

Kloster Reutberg der Franziskanerinnen 1617 gegründet

Wie Kloster Reutberg gegründet wurde

Im Jahre 1608 wurde auf einem Hügel nahe Sachsenkam, der eigens für diesen Zweck gerodet worden war – daher der Name Reutberg – eine Loreto-Kapelle errichtet. Stifterin war, ihrem Versprechen getreu, die fromme Gräfin Anna, geb. v. Pienzenau. Sie hatte das Gelübde abgelegt, weil sie einen kostbaren Schmuck, der ihr in Schloss Reichersbeuern gestohlen worden war, wiederbekommen hatte. An der Stelle, wo der Dieb gefasst wurde, ließ sie die Kapelle bauen, zwei Jahre später noch zwei Nebenkapellen, eine dem heiligen Kreuz, die andere der hl. Anna, der Mutter Mariens und der Namenspatronin der Gräfin, gewidmet.

Damit war eine der ältesten Loreto-Kirchen in Deutschland gegründet worden. Der Loreto-Kult erfreute sich Ende des 16. Jahrhunderts und im 17. Jahrhundert sehr großer Beliebtheit in ganz Europa. Viele Wallfahrer kamen jährlich (und kommen auch heute noch) nach Loreto in der Provinz Ancona in Italien zur hier verehrten Santa Casa, dem Hl. Haus der Jungfrau Maria, das der Legende nach am 7. Sept. 1295 nach Loreto gebracht worden war (Anmerkung 85).

1615 ließ Gräfin Anna mit ihrem Gatten, dem Grafen Johann Jakob Papafaba, auch das kleine Kloster der Franziskanerinnen erbauen, in das damals sechs Nonnen einzogen.

Das feurige Männlein bei Reutberg

Es war früher nicht ratsam, nach dem abendlichen Gebetläuten noch unterwegs zu sein. Wer sich zu dieser Zeit außerhalb des Bannkreises seines Dorfes oder gar bei einem Wegkreuz aufhielt, dem konnten seltsame Dinge widerfahren. Er konnte der Wilden Jagd, feurigen Männern oder anderen unliebsamen Erscheinungen begegnen. Fuhrleuten halfen dann oft nur Stoßgebete oder „Kreuzschnalzer“ (Anmerkung 41), wieder heil mit ihrem Fuhrwerk nach Hause zu kommen.

Unterhalb von Reutberg lebte im 18. Jahrhundert der Müller Kaspar Höger, der schon bei der Sendlinger Bauernschlacht (vgl. S. 215) dabei gewesen war. Einmal befand er sich mit seinem Fuhrwerk auf dem Heimweg von München, wo er zu tun gehabt hatte. Er hatte sich etwas verspätet und die Dunkelheit war schon hereingebrochen, als er am Reutberg vorbeikam. Plötzlich sah er auf dem Handpferd seines Gespannes ein feuriges Männlein sitzen.

Der Müller Höger war ein furchtloser Mann, der sich dadurch nicht beirren ließ, sondern unverdrossen weiterfuhr, wobei er ein paar Gebete für die Armen Seelen sprach.

Kloster Reutberg, copiert um 1886

Kurz vor der „Tennenbruck“ sprang das seltsame Männlein wieder vom Pferd und sprach:

„Vergelt ’s Gott, du hast mich erlöst! Wickle dir dein Schnupftuch um die Hand, dann wirst du sehen, was ich ausgestanden habe!“

Als Kaspar Höger das getan hatte, gab ihm das feurige Männlein die Hand und verschwand. In dem Tuch hatten sich aber fünf Finger eingebrannt.

Die Pestkapelle bei Sachsenkam

Die etwas außerhalb des Ortes an der Straße nach Tölz gelegene Dreifaltigkeitskapelle wurde in der schweren Pestzeit um 1632-36 im Dreißigjährigen Krieg (möglicherweise auch schon vorher) zur Aufbewahrung der an der Seuche verstorbenen Sachsenkamer benützt. Acht von den nur noch wenigen Einwohnern des Dorfes, fielen damals der Pest zum Opfer.

Die Mörderbrücke

In einer tiefen, engen Schlucht des Zellerwaldes soll im Dreißigjährigen Krieg eine schreckliche Schlacht zwischen aufständischen Bauern aus Tölz und Lenggries auf der einen Seite, sowie schwedischen Besatzern auf der anderen Seite stattgefunden haben. Bei hohen Verlusten beider Parteien wurden die ortsunkundigen Schweden dort in eine Falle gelockt und in der Enge, wo ihnen ihre zahlenmäßige Übermacht nichts nützte, nahezu aufgerieben.

Seither heißt die tiefste Stelle dieser Schlucht im Zellerwald „Mörderbrücke“ (Anmerkung 42). Dieser Aufstand der Oberländer blieb wahrscheinlich nur deshalb ungerächt, weil sich Gustav Adolf in München bereits im Aufbruch nach Wallenstein befand.

Die verschwunden Soldaten in Sachsenkam

In der furchtbaren Zeit des Dreißigjährigen Krieges herrschte sogar im bäuerlich geprägten Sachsenkam große Not, besonders im Pestjahr 1632. Feindliche Soldaten zogen durch den Ort, plünderten und raubten, was sie nur tragen konnten. Wohl hatten die Bauern die letzten der ihnen verbliebenen Tiere versteckt und bewachten sie abwechselnd, doch selbst hatten sie fast nichts mehr zu essen, denn die Schweden hatten ihnen alles genommen und sogar mehrfach versucht, Kloster Reutberg abzubrennen. Sie holten gegen den grimmigen Hunger Kräuter im Wald und verwendeten sie als Salat oder bereiteten sich Tee davon.

Noch schlimmer wurde ihre Lage, als die Feinde in jedes Gehöft einen ihrer Soldaten einquartierten. Diese peinigten die Bauern und ihre Familien derart, dass es die Sachsenkamer nicht länger ertragen wollten. Da verabredeten sich die Männer – der mündlichen Überlieferung nach – eines nachts an einem geheimen Ort, den nur die Einheimischen selbst kannten, vielleicht im Wald oder im sumpfigen Gelände um den Kirchsee. Dort beschlossen sie, auf ein Glockenzeichen hin alle gleichzeitig zu handeln und jeder den Besatzungsoldaten in seinem Haus zu erschlagen. Dieses Abkommen wurde durch einen feierlichen Schwur bekräftigt.

Als kurz darauf zu später Nacht ganz plötzlich die Glocke läutete, führten die Sachsenkamer ihr blutiges Vorhaben durch und jeder vergrub den Erschlagenen im Boden unter seinem Haus, mitsamt dessen Habseligkeiten.

Da alle gleichzeitig spurlos verschwunden waren, wurde wohl von der Obrigkeit der Schweden angenommen, die Soldaten hätten sich marodierenden Banden angeschlossen, denn von weiteren Repressalien oder einer Strafaktion gegen die Sachsenkamer ist nichts bekannt.

Noch im 19. Jahrhundert aber wurden unter den Häusern in Sachsenkam, unter denen gegraben wurde, weil bauliche Änderungen anstanden oder aus sonst einem Grund, Skelette gefunden. Wie es heißt, wurde in drei Gehöften, die zum Ort gehörten,bis heute nicht nachgegraben, obwohl im Dorf bekannt ist, dass auch dort ein schwedischer Soldat erschlagen worden war. In einem von diesen, an einer Wegkurve gelegen, soll der Ermordete sogar unter der Wohnstube verscharrt worden sein.

Wie ein Sachsenkamer der Sendlinger Mordweihnacht entkam

An der blutigen Schlacht der Oberländer gegen die Österreicher vor dem Sendlinger Tor in München 1705 (vgl. S. 215), bei der so viele Bauern aus dem Oberland, die den Münchnern zu Hilfe kommen wollten, ihr Leben lassen mussten, waren auch einige Männer aus Sachsenkam, unter ihnen Kaspar Höger, der „Müller unterm Reutberg“ (vgl. S. 118), beteiligt.

Er entging nur knapp dem furchtbaren Gemetzel der erfahrenen Krieger an den nur mit Sensen und Äxten bewaffneten Bauern, weil es ihm gelang, sich in einen nahegelegenen Heustadel zu flüchten und sich dort zu verstecken, bis das Massaker vorüber war, das er durch ein Astloch mitansehen musste. Auch danach verließ er sein Versteck aus Angst, gefasst zu werden, längere Zeit nicht. Ein letztes Stück trockenen Brotes, das er dabei hatte, diente ihm für drei Tage als Nahrung. Erst dann wagte er sich im Dunkel der Nacht aus seinem Zufluchtsort hervor und trat den Heimweg, jeweils nur bei Nacht und im Schutz der Wälder, an.

Als er endlich in Sachsenkam anlangte, war die Freude groß, denn alle hatten ihn für tot gehalten. Kaspar Höger wurde später Heumüller in Tölz. Ein anderer Teilnehmer an der Schlacht, der ledige Maurer Kaspar Huber, starb einige Tage nachher an den dort erlittenen schweren Verletzungen. Zwei Brüder aus dem Ort, genannt Pauli, deren Familie schon über zweihundert Jahre in Sachsenkam ansässig war, ließen ihr Leben vor den Toren Münchens.

Die Panduren und die Kriegskasse

Der Überlieferung in Sachsenkam nach soll bei dem Überfall der Isarwinkler Bauern an der Zwieselbrücke im Zellerwald am 12. April 1742, wobei die Bauern von den Panduren die in Tölz geraubte Kriegskasse und einen Pulverwagen erbeuteten, den tödlichen Schuß auf Trencks Adjutanten Hauptmann Christian von Gondola nicht der Bauer Josef Heimkreiter aus Gaißach – er selbst und sein Heimatdorf, wurden dafür furchtbar grausam bestraft (vgl. S. 92) –, sondern der „Prumerer" aus Sachsenkam, der sich auch sonst bei dem Überfall sehr tapfer gezeigt hatte, abgegeben haben.

Kloster Reutberg. Stich von Michael Wening um 1700

Wie es weiter heißt, schütteten die Bauern den Inhalt des Pulverwagens in den Pomersee bei den Kirchseefilzen, die Kriegskasse wurde nach Sachsenkam gebracht. Fünf Panduren waren bei dem Überfall getötet wurden, zuletzt einer, der sich nach Sachsenkam geflüchtet hatte.

Bei der anschließenden Racheaktion kam Freiherr von der Trenck selbst nach Sachsenkam; der Schmied und einige andere Einwohner wurden verhaftet und sollten unter Folter gestehen, wer noch alles an dem Überfall beteiligt gewesen war. Mehrere Tage lang hatten sie viel zu leiden.

Die Räuber in Reutberg und Sachsenkam

In den ausgedehnten und unwegsamen Wäldern zwischen Dietramszell, Holzkirchen und Tölz hielten sich in früheren Zeiten oft Räuber auf. Besonders berüchtigt war Mitte des 19. Jahrhunderts die Haberlbande, beheimatet in Marschall bei Holzkirchen, die besonders in den Jahren 1837-1842 im ganzen Oberland ihr Unwesen trieb. Damals wurde der Spruch bekannt:

Wen d' Arbat net gfreit,
wer an Deifi net scheit,
der geht zu de Haberl,
der Haberl braucht Leit!

Zu der Bande gehörte ihr Anführer Simon Nonnenmacher, sein Vater, der „Haberlbauer" von Marschall, Simons Bruder Niklas und auch seine Schwestern Amelie, Regina und Therese. Ihnen hatten sich andere Verwandte und etliche zwielichtige Gestalten angeschlossen, die häufig schon von der Justiz gesucht wurden. Warum eine ganze Familie, die einen Bauernhof, Vieh und Äcker besaß und eigentlich gut davon hätte leben können, in diese Verbrecherszene abrutschte, ist nicht bekannt.

Die Räuber verübten ihre Überfälle am helllichten Tag, meist an Sonn- und Feiertagen zur Zeit der Frühmesse, wenn die Bauern in der Kirche waren. Die Bewohner der Gegend hatten mehr Angst vor den Banditen, die keine Skrupel kannten, einen Bauernhof anzuzünden, wenn sie glaubten von dessen Besitzer angezeigt oder verraten worden zu sein, als vor den Gendarmen. So blieben sie lange unbehelligt. Ihre geraubten Schätze vergruben sie im Haberlhof in Marschall. Aber nicht alle Schandtaten, die ihnen zugeschrieben wurden, hatten sie auch wirklich begangen. Andere Verbrecher schoben ihre eigenen Missetaten oft der Haberlbande in die Schuhe, wie etwa derjenige, der in der Kirche von Sachsenkam, wo einer Marienstatue eine kostbare Perlenkette gestohlen worden war, einen Zettel hinterließ, auf dem geschrieben war:

I bin der Haberl Simmerl
a Geld hab' i nimmer!
unsere Frau „Maria" braucht koa Geld
aba i muaß leb'n auf dera Welt"

Dieser Diebstahl entsprach allerdings in keiner Weise der Art, wie die Haberbande vorging und ist wohl auch nicht von ihr begangen worden, ebensowenig wie zahlreiche Opferstockaufbrüche, die ihr zugeschrieben wurden.

In der Kirche von Roggersdorf hängt eine Votivtafel, gestiftet von der Hortbäuerin Maria Kunzenberger, gemalt 1872 von dem Kirchenmaler Josef Griebl aus Feldkirchen. Im Iahr 1855 war Maria bei einem Überfall auf ihren Hof durch eine Räuberbande, entweder durch Mitglieder der ehemaligen Haberlbande oder durch ihre ebenso verrufenen Nachfolger, fast zu Tode gekommen und hatte in ihrer höchsten Not das Gelübde getan, zum Dank für ihre Errettung eine Votivtafel für die Roggersdorfer Kirche anfertigen zu lassen. Die Szene, wie die Frau in den Keller gesperrt und bedroht wird, ist auf dem Bild dargestellt.

Mehrmals wurde der „Haberl Simmerl", wie er überall genannt wurde, verhaftet, doch es gelang ihm immer wieder die Flucht, sowohl aus dem Gefängnis in Miesbach wie auch aus dem von Reichenhall. Darum galt er als „Ausbrecherkönig".

Am 25. November 1839 wurde bei Freising der Gendarmerie-Brigadier Schmid von Unbekannten durch einen Kopfschuss ermordet. Die Tat wurde der Haberlbande zugeschrieben, worauf knapp zwei Wochen später, am 7. Dezember, Simon und Niklas

Der neue Stutzen. Zeichnung von Karl Haider um 1879

Nonnenmacher und ein Mitglied ihrer Bande, Lorenz Strengl, nahe Bayrisch Zell unter Mithilfe von dreißig Bauern festgenommen werden konnten.

Nach einem Lokaltermin in Tirol im Juni 1842 gelang dem Räuberhauptmann aber auf dem Rückweg abermals die Flucht. Als bei Zorneding die Pferde des Gefangenentransportwagens gewechselt werden mussten, bemächtigte er sich, in einem unbewachten Augenblick – trotz seiner mit Eisenketten gefesselten Hände – der Zügel und raste mit dem Gespann uneinholbar davon. Später fand man im Parsdorfer Wald den Wagen und eines der Zugpferde, daneben einen scharfkantigen, blutigen Stein mit Hautfetzen daran. Mit dessen Hilfe hatte der Flüchtige sich seiner Fessel entledigt und war auf einem der beiden Pferde davongeritten. Erst einen Monat später, am Nachmittag des 29. Juli 1842, konnte er nach einer großangelegten Verbrecherjagd auf ihn und seine Bande, bei der er sich als Letzter von allen noch auf freiem Fuß befand, bei

Kloster Reutberg zwischen der Winkelfilzen und „am Dorn“ trotz heftigster Gegenwehr von dem Gendarm Adam Frieser und seinen Kollegen festgenommen werden.

Zu einem Geständnis was der „Haberl Simmerl“ lange nicht bereit. Einige der Verbrechen konnten ihm jedoch durch Funde von Schmuck, Uhren, Münzen und dergleichen Beutestücken, die im Anwesen der Haberlfamilie, etwa „drey Schuh“ (ca 90 cm) tief vergraben entdeckt worden waren und eindeutig verschiedenen Raubzügen zugeordnet werden konnten nachgewiesen werden.

Zu welchen Strafen er und seine Mittäter verurteilt wurden, welche Missetaten ihnen im Einzelnen nachgewiesen werden konnten, ist nicht bekannt, denn das Urteil ist in den Polizei- und Gerichts-Akten nicht auffindbar.

Der „Schwarze Hans“ bei Sachsenkam

In Sachsenkam und den umliegenden Wäldern trieb sich zur Zeit des II. Weltkriegs in den Vierzigerjahren ein lange polizeilich gesuchter Wilderer und des Diebstahls und versuchten Totschlags verdächtigter Mann herum. Er hieß Hans Hofer, genannt der „Schwarze Hans“. Er war Mitte Dreißig und hatte wohl keinen Wohnsitz. Bei einem Bauern von Sachsenkam soll er sich des Nachts versteckt haben und dafür mit dem Fleisch des von ihm erlegten Wildes bezahlt haben. In der kargen Kriegszeit, wo man für alles Lebensmittelmarken brauchte, war das für manch einen zum Überleben oft bitter nötig.

Untertags soll Hans Hofer oft ganz ungeniert durch das Dorf gegangen sein, sich freundlich mit den Leuten unterhalten haben oder beim Neuwirt mit Einheimischen, die nichts von seinen Verbrechen ahnten, Karten gespielt haben.

Einmal aber ertappten der ehemalige Bürgermeister Johann Huß, Altwirt von Sachsenkam, und sein Bruder Benedikt den „Schwarzen Hans“ beim Wildern in ihrem eigenen Jagdrevier beim Reutberger Stadl. Dabei schoss der Verbrecher auf die beiden Brüder, verletzte Johann an der Brust und konnte entkommen.

Nun setzte geradezu eine Hetzjagd auf den „Schwarzen Hans“ ein, er wurde nicht nur von der Polizei sondern auch vom Militär verfolgt, bald darauf nahe Penzberg gestellt und nach erbitterter Gegenwehr gefasst. Nach seiner Verurteilung zum Tod durch den Strang wurde er anschließend hingerichtet.

Das schwarze Kreuz und das Haberermarterl

Mitten im Zellerwald steht an dem Weg, der von Dietramszell über Maria Elend weiter nach Kloster Reutberg führt, an einem kleinen Seitenweg ein schlichtes schwarzes Kreuz. Schon sehr lange wird diese Stelle im Wald von einem Kreuz markiert. Manche behaupten, es gehe bis auf die Pestzeit zurück.

Einst verwüstete ein verheerender Brand den Zellerwald. Am schwarzen Kreuz kam er endlich zum Stillstand. Das Kreuz, das gewissermaßen das Feuer aufgehalten hatte, wurde am Querbalken noch angesengt, blieb aber stehen. Vor etlichen Jahren wurde das ursprüngliche schwarze Kreuz durch ein neues, aber ebenso schlicht gehaltenes Kreuz ersetzt, weil es schon ganz morsch war.

Hier sollen sich im Jahre 1886 die Haberer getroffen haben, um ein Haberfeldtreiben in diesem Gebiet vorzubereiten, wie in „Holzkirchen, Markt zwischen München und Gebirg“ zu lesen ist.

Das eigentliche Haberermarterl aber steht etwa zwanzig Meter vom schwarzen Kreuz entfernt. Dort wurden früher die Haberer „eingeschworen“. Auf dem Haberermarterl im Zellerwald ist dargestellt, wie ein neues Mitglied den Schwur ablegt. Dieses „Einschwören“ soll im Jahre 1886 zum letzten Mal dort stattgefunden haben.

Haberfeldtreiben

Das „Haberfeldtreiben“, an dem nur die „Eingeschworenen“, durchwegs unbescholtene Männer von hohem Ansehen und untadeligem Lebenswandel, teilnehmen durften, die versprochen hatten, nichts über Personen oder Ziele zu verraten, war ursprünglich eine geheime Gerichtsbarkeit des Volkes, die durchaus neben der oft sehr willkürlichen und bestechlichen öffentlichen Gerichtsbarkeit ihre Berechtigung hatte. Der Sagenforscher Joh. Nep. Sepp schrieb Ende des 19. Jahrhunderts dazu:

Die Sitte hat sich nur in Altbayern im Gebirge erhalten, und zwar zunächst im Mangfalltale und den alten Grafschaften Hohenwaldeck, Maxlrain und Valley, mit der weiteren Erstreckung über die Gerichte Aibling, Miesbach, Tegernsee, Tölz und Rosenheim, sogar mitunter bis Ebersberg und Anzing.

Die Haberer trafen sich an einer vereinbarten Stelle, zu der sie vom Haberermeister geladen worden waren, und hielten im Geheimen Gericht über die Missetat oder ein Fehlverhalten eines Dorfbewohners. Dann zogen sie in der Nacht mit geschwärzten Gesichtern oder vermummt vor das Haus des von ihnen Verurteilten und taten ihm „im Namen Kaiser Karls im Untersberg“ ihren Richtspruch kund, wobei ohrenbetäubender Lärm gemacht wurde.

Im Auftrag vom Kaisa Karl in Untaschberg,
der nix Schlechts ko leidn,
müaßma haint wieda ins Howafehid traib'n.
Nachdem werd'n wieda Plakatn ausg'hängt,
da kanns nacha iada no alls extri oschreib'n
In Kaisa Karolus Nam' werd iatza voles'n..."

Mit diesem Spruch begann jeweils die öffentliche Verlesung der angeprangerten Missetat, dazu ergänzt F. Lüers in „Bayerische Stammeskunde“:

Solange der „Angeklagte“ sich nicht widersetzt, läuft alles harmlos ob, weder Menschen noch Sachen wird irgendein Schaden zugefügt; schlimm dagegen kann es werden, wenn der Gerufene nicht erscheint. Aber auch dann, wenn unter solchen Umständen ihm die Fenster eingeschlagen oder eingeschossen wurden, erhielt er noch in der gleichen Nacht den Sachschaden in barem Geld ersetzt, das man ihm auf die Fensterbank legte.

„Sie fahren wieder heim zu ihrem Herrn, dem Kaiser Karl im Untersberg“ hieß es, wenn die Haberer nach dem Urteil jeweils in alle Richtungen ins Dunkel der Nacht verschwanden, denn wenn sie bei Ausübung dieses alten Brauches erwischt wurden, wurden sie wegen Landfriedensbruch vor Gericht gestellt. Manch ein Haberer saß lange Zeit hinter Gittern, weil er, seinem Schwur getreu, seine Mitverschworenen nicht verriet. Schon vor dem ersten urkundlich festgehaltenen Haberfeldtreiben, das 1717 der Ursula beim Hannsen Steindl, Kistler aus Fagen bei Valley, galt, sollen der Überlieferung zufolge, andere stattgefunden haben. Josef Brunhuber schreibt in seiner „Chronik des oberen Leitzachtales“ 1928:

1675, den 13. Januar, erschlug der Wirt Christoph Hafner von Marbach den Fischbachauer Hofmarksamtmann Kaspar Bichler in seiner Wirtschaft. Die Sage erzählt nun, Hafner hätte den Amtmann in Zorne darüber niedergeschlagen, weil Bichler auf einen Haberer geschossen habe. (Anmerkung 43)

Haberfeldtreiben wurden auch an vielen Orten in der Umgebung, auch im Tölzer Land, abgehalten. Dabei nahmen manchmal bis zu 150 Haberer teil. In späteren Zeiten artete der alte Brauch leider oftmals in Geheimbündelei aus, die sowohl zu politischen Zwecken wie auch für private Feindschaften unter einzelnen Familien mißbraucht wurde.

Die letzten Haberfeldtreiben in Sachsenkam

Auf dem Eisenberg, einem Hügel östlich von Sachsenkam, versammelten sich in der Nacht vom 29. auf den 30. Oktober 1840 etwa hundert Mann, um dem Stierer Jackl, einem Kleinbauern aus

Sachsenkam, der es sich mit den Burschen der Umgebung verscherzt hatte, weil er ihre „Weiberg'schichten", die ihn nichts angingen, öffentlich gemacht hatte und auch sonst seine Nase überall hineinsteckte, allen ungebeten und besserwisserisch Ratschläge erteilte und im Wirtshaus ständig das große Wort führte, eine Lektion zu erteilen.

Wie bei solchen Geheimverabredungen üblich, gingen einige der Männer mit Sensen oder Rechen über der Schulter, so, als kämen oder gingen sie gerade zur Arbeit, am Abend von Hof zu Hof und klopften jeweils dreimal ans Stubenfenster des Mitverschworenen. Dann setzten sie ihren Weg zum Eisenberg fort. Kurz darauf kamen aus den verschiedenen Häusern jeweils Männer mit Dreschflegeln, Mistgabeln und verborgen getragenen Schusswaffen und machten sich ebenfalls auf den Weg zum Eisenberg.

Um Mitternacht zogen die Haberer dann mit geschwärzten oder durch Masken verborgenen Gesichtern zum Haus des Stierer Jackl. Sie verursachten einen Höllenlärm; wie es heißt, wurden bei dem Spektakel etwa 500 (!) Schüsse in die Luft abgegeben.

Der Stierer Jackl, wird weiter berichtet, war so eingeschüchtert, dass er mehrere Jahre lang kaum mehr in einer Wirtschaft gesehen wurde, wo er doch früher dort immer das große Wort geführt hatte.

Etwa 50 Jahre später kamen am 27. Oktober 1893 etwa zwanzig Burschen von Sachsenkam am Eisenberg zusammen, um ein Haberfeldtreiben gegen den Bürgermeister Josef Merkl von Sachsenkam, dem Unsittlichkeit vorgeworfen wurde. Sie hatten sich gut vorbereitet und die Schlüssellöcher der Sachsenkamer Kirche verstopft, dass niemand aufschließen und die Glocken zur Warnung vor den Haberern läuten und dadurch die Landpolizei benachrichtigen konnte.

Weil der Bürgermeister sehr aufgebracht und erbost zu schimpfen begann und sich dem Richtspruch der Haberer nicht beugen wollte, schossen fünf der Burschen, die Gewehre dabei hatten, durch die Fenster in die Stube. Eine Kugel traf in die hölzere Zimmerdecke, wo die Spuren noch Jahrzehnte später zu sehen waren. Einige der Burschen wurden später beim Wirt von Piesenkam, wo sie sich nach ihrem nächtlichen Abenteuer versammelt und randaliert hatten, von der Gendarmerie verhaftet und wegen Landfriedensbruch angeklagt.

Andere Haberfeldtreiben in der Gegend fanden 1857 an der Kreuzstraße, 1890 in Piesenkam, 1895 in Schaftlach statt.

Die Burg Schönegg bei Dietramszell

Nordwestlich vom heutigen Kloster Dietramszell im Ortsteil Schönegg befand sich – laut Sage – vor sehr langer Zeit eine Burg aus Stein, wohl wegen ihrer Lage „Burg Schönegg genannt. Von ihr sind nur noch ein paar überwucherte Ruinenreste vorhanden. (Anmerkung 44)

Wie Kloster Dietramszell entstanden ist

Gegen Ende des 11. Jahrhunderts zogen sich zwei Edelleute, die Otto und Berengar hießen, in den damals noch sehr dichten und einsam gelegenen Zellerwald von der Welt zurück. Etwa dort, wo heute das Klostergut Reuth liegt, führten sie ihr Einsiedlerleben. Bald darauf gesellte sich ein Priester namens Dietram zu ihnen, und die drei dienten Gott mit Gebeten und guten Werken. Einträchtig lebten sie dort an der Eglingerfurt, bis in einer Zeit der Trockenheit der See, der zwischen Klosterhof und Gastwies lag, versumpfte, und sie kein frisches Wasser mehr hatten.

Da mussten sie sich einen neuen Platz für ihre Klause suchen. Sie wollten oben auf dem etwa zwei Stunden weiter westlich gelegenen Kreuzbichl eine Kapelle zu Ehren des Hl. Martin und ihre Einsiedelei bauen. Das war nach Meinung der Zimmerleute, die mit dem

Bau beauftragt waren, ein völlig falscher Ort für das Unternehmen, denn dort gab es noch weniger Wasser wie in der Eglingerfurt.

Aber die heiligen Männer, die zwar viel von Theologie, aber vielleicht nicht ganz so viel vom Bau verstanden, beharrten hartnäckig auf ihrem Entschluss, oben am Kreuzbichl zu bauen. Unwillig machten sich die Zimmerer an die Arbeit. Doch es wollte nicht so recht vorangehen. Immer wieder verzögerten Unfälle und andere Widrigkeiten den Bau. Bald schlug sich einer mit der Axt in die Hand, bald sprang einem anderen ein Scheit an den Kopf und verwundete ihn oder es trat einer mit bloßen Füßen in einen Nagel. Die Holzspäne, die bei der Arbeit abfielen, waren geradezu getränkt mit dem Blut der Bauleute.

„Es ist wie verhext", schimpfte einer wütend, „wir haben ja gleich gesagt, dass hier nicht der geeignete Platz ist, aber die edlen Herren wissen ja immer alles besser!".

Kloster Dietramszell. Stich v. Michael Wening um 1700

Wie zur Bestätigung dieser Rede flogen plötzlich ein paar Raben nieder, nahmen mit ihren Schnäbeln die blutigen Scheite auf und trugen sie zum Zellbach hinunter. Als sich dieser ungewöhnliche Vorgang mehrmals wiederholte, liefen die Leute zu den Bauherren und berichteten ihnen davon. Man sah in dem merkwürdigen Verhalten der Tiere einen Fingerzeig Gottes, dass der Bau an der von den Vögeln angezeigten Stelle errichtet werden sollte. Daraufhin wurde er dort begonnen, und die Unfälle hatten ein Ende (Anmerkung 2).

„Martinszell" wurde die kleine Einsiedelei genannt, als sie fertig war. Bald schlossen sich den drei Klausnern andere fromme Männer an, und es wurde ein kleines Kloster daraus. Nach dem Tod des Priesters Dietram, der als erster Abt dieser Gemeinschaft vorgestanden hatte, wurde Martinszell in Dietramszell umbenannt.

Der Fingerstein in der Kreuzbichlkirche von Dietramszell

Ganz oben auf dem Kreuzbichl von Dietramszell steht die Friedhofskirche „Maria Einsiedel". Über sie gibt es eine sonderbare Überlieferung, die Hans Seebauer, Rektor i. R. und Archivar von Dietramszell, beschreibt:

An der linken Seite des Altarraumes der Kreuzbichlkirche ist in der Wand eine Steinplatte eingemauert. Sie zeigt drei Kreise. Im mittleren Kreis befinden sich, kreisförmig angeordnet, fünf fingerdicke Löcher. Die Kreise links und rechts davon enthalten je ein Relief eines Vogels (Raben).

Über die Herkunft und Bedeutung dieser Platte ist nichts bekannt. Im Volksmund heißt es, wer die fünf Finger seiner Hand beim ersten Versuch, ohne anzustoßen, in diese Löcher bringe, komme ganz gewiss in den Himmel. Die zwei Vögel auf der Steinplatte symbolisieren möglicherweise Raben, was auf die Raben des

Hl. Meinrad von Einsiedeln in der Schweiz hindeuten könnte (Anmerkung 46).

Hans Seebauer erzählt dazu:

Der heilige Meinrad von Einsiedeln (797 - 861) lebte zuletzt in einer Klause im „Finstern Wald“ in der Nähe des Züricher Sees.

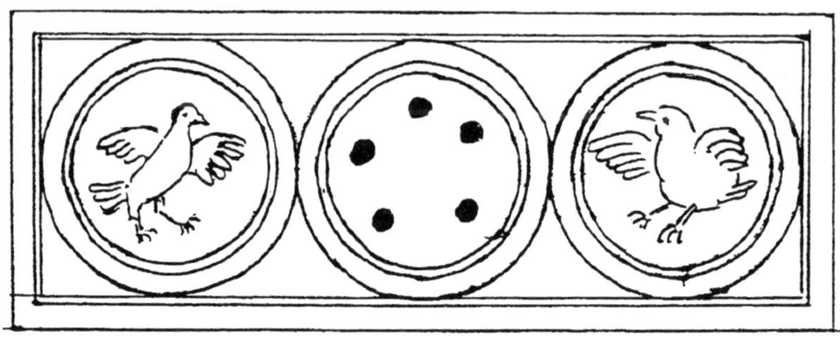

Zeichnung Hans Seebauer

Er führt als Attribut zwei Raben. Mit diesen hat es der Legende nach folgende Bewandtnis: Zwei landfahrende Diebe erhofften sich bei diesem Einsiedler, der vom gläubigen Volk großen Zulauf hatte, reiche Beute zu machen. Sie überfielen den Heiligen und töteten ihn. Als aber ihr Suchen nach Schätzen vergeblich war und die Kerze zu Häupten des Erschlagenen plötzlich von selbst zu brennen begann, flüchteten sie. Die zwei Raben, Meinrads unzertrennliche Begleiter, verfolgten die Mörder und schwirrten mit aufgeregtem Kreischen um ihre Köpfe. Die Züricher Stadtknechte nahmen die Verdächtigen fest. Sie gestanden den Mord und wurden hingerichtet. Entsprechend einer Nachricht des Stiftsarchivs Einsiedeln gibt es ferner die Legende, wonach Christus, als er die Kapelle des heiligen Meinrad weihte, gleichsam als Zeichen der Beglaubigung seine Finger in den steinernen Türsturz eingedrückt habe. Auf alten Bildern dieser Kapelle sieht man jeweils fünf Löcher. Dieser Stein sei 1798 verschwunden. Die Pilger, die in die Kirche eintraten, hätten bis dahin immer ihre Finger in dieses „Handzeichen

Christi" gesteckt. Trotz dieser Übereinstimmungen ist von einer Verbindung zwischen Maria Einsiedel auf dem Kreuzbichl bei Dietramszell und der berühmten Wallfahrtskirche Maria Einsiedeln in der Schweiz nichts bekannt.

St. Leonhard mit Umzug: Kalender für katholische Christen 1861

Der wortbrüchige Propst von Dietramszell

Nicht weit von der Straße zwischen Dietramszell und Linden liegt – inmitten von Wiesen und Wäldern – eine herrliche Rokokokirche, die dem Hl. Leonhard geweiht ist. Zur Zeit des Dreißigjährigen Krieges soll hier nur eine schlichte Pestkapelle gewesen sein, und niemandem wäre es eingefallen, dort in der Einsamkeit, weitab von jedem Ort, ein derart prächtiges Gotteshaus zu bauen. Wie es dennoch dazu kam, erzählt die Legende:

Als der Dreißigjährige Krieg mit seinen Grausamkeiten und Gräueltaten und auch die damit verbundenen Schreckenszeiten von Pest und Cholera endlich vorüber waren, brach, als wäre es des Unheils noch nicht genug, in der Gegend von Dietramszell eine verheerende Pferdeseuche aus. Die für Transport, Feldarbeit und Wiederaufbau des Landes nach den schweren Jahren so notwendig gebrauchten Tiere wurden reihenweise krank und starben dahin wie die Fliegen. In dieser Zeit der Bedrängnis legte Propst Marzellin Obermayr von Dietramszell das Gelübde ab, dem Hl. Leonhard, dem besonders für die Pferde zuständigen Heiligen, eine Kapelle zu bauen, wenn durch dessen Fürsprache bei Gott die Seuche ein Ende hätte.

Und wirklich, wie durch ein Wunder, kam sie kurz darauf zum Erlöschen, die Leute konnten wieder aufatmen und hoffnungsvoller in die Zukunft blicken. Aber, wie es häufig zu gehen pflegt, kaum war das Unglück vorüber, war es auch schon wieder vergessen und mit ihm das Gelübde, das abgelegt worden war.

„Ich hätte den Hl. Leonhard gar nicht mehr anrufen müssen", dachte der Propst, froh, eine Sorge los zu sein, und ging zur Tagesordnung über. Sein schlechtes Gewissen dem Hl. Leonhard gegenüber beschwichtigte er dadurch, dass er sich selbst einredete:

„Die Seuche war ohnehin schon im Abklingen und hätte sicher bald von selbst aufgehört. Der Hl. Leonhard hat also eigentlich gar nichts bewirkt. Außerdem ist für eine Kirche jetzt kein Geld vorhanden."

Und somit unterblieb der Kapellenbau. Der Heilige aber dachte anscheinend anders über das Versprechen. Von Stund an war es nämlich Propst Marzellin Obermayr, der häufig nach München reisen musste, nicht mehr möglich, dies ohne Scherereien zu tun. Jedes Mal, wenn er den Berg zwischen Dietramszell und Linden hinauffuhr, ereignete sich etwa in Höhe der alten Pestkapelle ein Unfall. Einmal hatte die Kutsche aus unerfindlichen Gründen einen Achsenbruch, ein andermal fiel plötzlich ein Rad ab, dann wieder drängte ein entgegenkommendes Fahrzeug den Wagen des Propstes in den Graben, dass er umstürzte, und dergleichen Vorfälle mehr.

Anfangs dachte sich der Geistliche nichts weiter dabei, als aber jedes Mal etwas passierte, und immer an der gleichen Stelle, wurde ihm doch etwas sonderbar zumute und er erinnerte sich voll Unbehagen an sein noch nicht erfülltes Gelübde. Aber dann schüttelte er trotzig den Kopf und murmelte wider besseres Wissen: „Es wird Zufall sein". Als er jedoch eines Tages bei einem weiteren Unfall an besagter Stelle nur um Haaresbreite ohne körperlichen Schaden davonkam, siegte seine Angst über seinen hartnäckigen Geiz. Derart nachdrücklich an sein Gelübde erinnert, ließ er dort, wo die Pestkapelle stand, wie versprochen eine Leonhardkapelle erbauen. Von Stund an konnte er wieder unbehelligt die Straße nach München benutzen. Es widerfuhren ihm keine rätselhaften Unfälle mehr.

Das geschah im Jahre 1686. Knapp achtzig Jahre später wurde die Kapelle wieder abgerissen, weil sie baufällig geworden war. In den Jahren 1756 bis 1769 wurde dann die herrliche Rokokokirche erbaut, die wir heute bewundern können. Im Sommer eines jeden Jahres findet ein Leonhardiritt dorthin statt. (Anmerkung 45)

Kloster Dietramszell. Aquarell v. Cantius Dillis, Anfang 19. Jh.

Wie Maria Elend bei Dietramszell entstand

Mitten in der Einsamkeit des Zellerwaldes bei Dietramszell steht auf einer Lichtung die schöne achteckige Barockkirche „Maria Elend“. Über ihre Entstehung erzählt man folgende Legende:

In schlimmen Kriegszeiten, wahrscheinlich im Dreißigjährigen Krieg, als die Bevölkerung schwer unter den Feinden zu leiden hatte, wurde ein Mann von berittenen Soldaten gejagt. In wilder Flucht hastete er durch Wald, Sumpf und Gestrüpp. Aber obwohl er die Gegend besser kannte als die Verfolger, gelang es ihm doch nicht, ihnen zu entkommen, denn es waren ihrer zu viele und sie hatten Pferde. Wie Bluthunde blieben sie auf seiner Spur und näherten sich ihm immer mehr.

In einem Waldgebiet nahe Dietramszell war der Gehetzte endlich so erschöpft, dass er glaubte, nicht mehr weiter zu können. Sein Atem ging pfeifend, stechende Schmerzen peinigten ihn in der Seite und er taumelte nur noch wie blind durch die Gegend. Als er aber das bedrohliche Lärmen seiner Verfolger schon ganz nahe vernahm, raffte er sich mühsam und mit letzter Kraft noch einmal auf und lief stolpernd weiter, bis er auf eine kleine Waldlichtung kam. Dort packte ihn völlig die Verzweiflung.

„Oh du heiliges Elend“, fuhr es ihm durch den Sinn, „hier kann ich ihnen nie entkommen, weil nichts mich ihren Blicken verbirgt! Liebe Muttergottes, rette mich!“

Mutlos torkelte er noch ein paar Schritte, dann sank er völlig entkräftet und sich selbst aufgebend nieder. Doch er fiel nicht nur zu Boden, sondern geradezu in ihn hinein, denn dort, wo er sich gerade befand, war eine Grube in der Erde, die vom hohen Gras verdeckt gewesen war. Erdboden, Steine, Grasbüschel prasselten auf ihn nieder und bedeckten ihn mit einer dünnen Schicht, wie in einem Grab.

Das aber war seine Rettung.

Im gleichen Augenblick, da er in die Grube fiel, war er den Blicken seiner Feinde entzogen. Er verhielt sich mäuschenstill, so, als wäre er wirklich tot, und gab auch keinen Laut von sich, als er die Verfolger unmittelbar über sein Versteck hinwegreiten und fluchen hörte:

„Der Kerl ist weg, wie vom Erdboden verschluckt! Zum Teufel, er kann sich doch nicht in Luft aufgelöst haben! Sucht weiter!“

Aber es gelang ihnen nicht, ihn zu entdecken, obwohl sie noch längere Zeit in alle Richtungen ausschwärmten. Als es immer dunkler wurde und die Nacht hereinbrach, gaben sie die vergebliche Suche auf und ritten schimpfend und fluchend zurück.

Der Mann war gerettet. Als er es endlich ohne Gefahr wagen durfte, schüttelte er die Steine und Erdbrocken von sich ab und stieg aus der flachen Grube. Dann fiel er auf die Knie, dankte Gott und gelobte, an dem Ort seiner Errettung eine Kapelle zu bauen. Soweit die Legende.

Bis zum Jahr 1686 stand an dieser Stelle im Zellerwald eine kleine gemauerte Felskapelle. Von den Gnadenbildern darin, dem „Christus im Kerker“ und der „Schmerzhaften Muttergottes“, zwei aus Holz geschnitzten Skulpturen, erzählt man sich, sie seien in der Erde vergraben aufgefunden worden. Weil der Andrang der Gläubigen zu dieser Gnadenstätte immer größer wurde, erbaute man im Jahre 1687 die heutige Wallfahrtskirche „Maria Elend“.

Noch immer befindet sich hinter dem Altar eine Erdgrube, die jetzt aber abgedeckt ist. Früher stiegen die Leute in die Vertiefung oder berührten mit kranken oder verletzten Armen, Händen oder Beinen den Boden. Das soll Linderung und Heilung bei vielerlei Leiden bringen, vom Kopf- über Kreuz- bis hin zum Fußweh, weil in dieser Grube die Gnadenbilder vergraben gewesen waren. Auch darf, wer in der Grube steht, drei Wünsche tun, die in Erfüllung gehen, weiß die Überlieferung zu berichten.

Der Andrang zu der Grube war so groß, dass einmal ein Heilungsuchender hineinstürzte und sich den Fuß brach. Seither ist sie abgedeckt.

Die unterirdischen Gänge von Dietramszell

Einst soll ein unterirdischer Gang vom Kloster Dietramszell bis zu der Stelle im Zellerwald geführt haben, wo heute die grüne Marter (Anmerkung 47) steht. Ein Ausgang dieses Fluchtweges soll unterhalb des Klosters, gleich nach der Brücke links gewesen sein.

Vor mehreren Jahren stießen Arbeiter, als sie die Straße am Kloster vorbei aufgruben, auf einen Gang. Sie untersuchten ihn aber nicht weiter, und wahrscheinlich wurde er im Zuge der Arbeiten an dieser Stelle zugeschüttet. Ein Installateur, der einst im

Klosterkeller mit Reparaturen beschäftigt war, behauptete, auch den Eingang in den Fluchtweg vom Kloster aus entdeckt zu haben.

Noch vor 50 Jahren gingen Schulkinder von Dietramszell, die den Ausgang an der Brücke links kannten, noch ein paar Meter weit in den Gang hinein. Er soll, zumindest in Klosterhöhe, aus Tuffstein gemauert gewesen sein. Von der Schlossschenke führte ein unterirdischer Gang zum Kloster. Den jetzigen Bewohnern des Klosters ist es aber nicht gelungen, den Eingang wiederzufinden.

Der Sagenforscher J. Sepp berichtet im 19. Jahrhundert noch von einem weiteren unterirdischen Gang, der *von der Klausnerhöhle am Kalvariberg oder der nahen Kluft im Nagelfluh* bis Dietramszell verlaufen soll. Es soll auch ein Gang vom ehemaligen Klosterrichterhaus (bestand bis zur Säkularisation um 1803), wo heute die Gemeindeverwaltung untergebracht ist, hinauf zum Kreuzbichl geführt haben. Vom Parkplatz unterhalb des Schulhauses gibt es eine Verbindung zu den Kellern der Gemeindeverwaltung. In diesen Gewölben wurde früher Bier gelagert. Der Weg von den Kellern zum Kreuzbichl hinauf wurde bisher nicht entdeckt.

Das Sühnekreuz bei Einöd

In Einöd nahe Dietramszell stand mindestens bis 1867 ein altes Sühnekreuz aus verwittertem Stein in einer Wiese bei der Grabenmühle. Auf einer Vermessungskarte aus dem Jahr 1856 trägt diese den Namen „Bei der Martersäule". Welche Bluttat hier stattgefunden hat, wegen der das Sühnekreuz hatte aufgestellt werden müssen, ist heute nicht mehr bekannt.

Früher wurde ein Mord oder ein Totschlag nicht zwangsläufig mit der Todesstrafe geahndet, vielmehr musste jemand, der solch eine Blutschuld auf sich geladen hatte, eine hohe Geldsumme an die Hinterbliebenen seines Opfers zahlen und an der Stelle des Verbrechens ein Sühnekreuz aus Stein errichten.

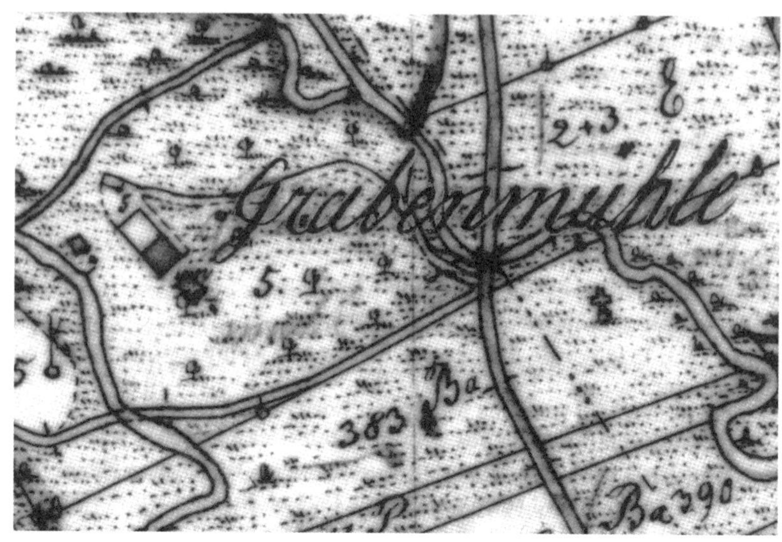

Standort des Sühnekreuzes auf einer Vermessungskarte von 1856

Hochgestellte und reiche Leute, die solch ein Verbrechen begangen hatten, kamen aber nicht mit einem Sühnekreuz davon. Sie mussten auf Kreuzzüge gehen oder aber Kirchen oder Klöster stiften.

Solche Sühnekreuze durften nicht versetzt werden, auch wenn sie mitten in einem Feld oder an sonst einem ungünstigen Platz waren, weil nach dem Glauben der Leute sich der Tote dann rächen würde. Aus diesem Grund wurden viele Sühnekreuze, die besonders störend im Weg standen oder in unseren Tagen den Betrieb der landwirtschaftlichen Maschinen beeinträchtigten, an der Stelle, wo sie sich befanden, in der Erde vergraben.

Dieses Schicksal traf bereits in der 2. Hälfte des 19. Jahrhunderts das Sühnekreuz bei der Grabenmühle; es wurde an seinem Standort in der Erde vergraben und vergessen. Anfang der dreißiger Jahre des 20. Jahrhunderts wurde es beim Umpflügen der Wiese wieder entdeckt und am Straßenrand nahe der Einfahrt zur Grabenmühle aufgestellt. Bei der Verbreiterung der Straße von München nach

Tölz im Jahr 1956 riss ein Bagger es aus der Erde, weil es die Arbeiten behinderte. Kurz darauf war es verschwunden und wurde lange nicht mehr gefunden. Heute befindet es sich wieder bei der Grabenmühle.

Das Keltenheiligtum in Thankirchen

Das Baptisterium in Thankirchen stammt noch aus dem Jahr 795. Der Sage nach befand sich an gleicher Stelle vorher ein keltisches Heiligtum, wie an vielen anderen Orten, wo bei der Christianisierung ein Platz, der den Leuten von jeher als heilig galt, beibehalten und mit Symbolen oder Bauten des neuen Glaubens versehen wurde (Anmerkung 84). Sigrid Heuck bemerkt dazu:

Der Name Thankirchen kommt vermutlich aus dem Keltischen. Idun ist das keltische Wort für Anhöhe. Mit Tannen hat die Bezeichnung nichts zu tun, da es damals überwiegend Laubwald gab.

Die Erscheinung bei der Kapelle von Punding

Mitte des 20. Jahrhunderts ging einmal eine Frau auf dem Fußweg durch den Wald von Bairawies nach Thankirchen, wo sie in die Kirche wollte. Als sie bei der kleinen Kapelle nahe Punding angelangt war, hatte sie ein höchst seltsames Erlebnis. Ganz deutlich sah sie mit einem Mal dort ihre Schwägerin.

Das wäre nicht weiter verwunderlich gewesen, doch war die Schwester ihres Mannes bereits tot, vor kurzem verstorben, und nun stand sie da, als wäre sie aus Fleisch und Blut! Als sich die Frau von ihrem ersten Schrecken erholt hatte und die Gestalt ansprechen wollte, war diese ebenso plötzlich, wie sie erschienen war, wieder verschwunden.

Das Wappen des Mauren

Der Sage nach sollen Einwanderer aus Böhmen, von der einheimischen Bevölkerung „Wenden“ genannt, im 14. Jahrhundert mehrere Mühlen im Isartal gebaut und auch betrieben haben. Seit dem Jahr 1615 – also noch vor dem Dreißigjährigen Krieg – befand sich an einem der Mühlenhäuser, in Einöd, das Porträt eines fremdartigen Fürsten – wohl aus dem Land der Mauren – und daneben sein Wappen mit einem Elefantenrüssel, dazu die Jahreszahl 1615. Bis zum Jahr 1870 war die Malerei zu sehen, dann wurde sie aus unbekannten Gründen entfernt. Niemand weiß, wer dieser geheimnisvolle Fürst war, auch nicht, warum sein Bildnis über Jahrhunderte hinweg an der Mühle zu bewundern war.

Der Sage nach soll es sich bei dem Porträtierten um einen sehr bedeutenden Mann aus dem Orient, einen reichen Kaufmann, einen hohen Offizier oder sogar einen Fürsten gehandelt haben. Er soll hier mit einem Floß gelandet sein und Hilfe erhofft haben, weil er schwer herzkrank war. In der Mühle soll er bis zu seinem Tod, der bald danach eintrat, gepflegt worden sein. Wie es heißt, wurde das Gemälde an dem Haus zu seinem Gedenken angebracht.

Eine unheimliche Begebenheit aus Bairawies

Zur Zeit des 2. Weltkriegs arbeitete ein junges Mädchen, das von auswärts stammte, in Bairawies. Als es eines Tages nach Tölz unterwegs war, wurde es bei Unterleiten erschossen.

Wie es heißt, fand das so jäh und unerwartet mitten aus dem Leben gerissene Mädchen keine Ruhe im Grab. Im Haus der Nachbarin, in dem es sich zu Lebzeiten oft aufgehalten hatte, ereigneten sich von Stund an seltsame Vorfälle. Wann immer die Rede auf die Ermordete kam, blieb entweder plötzlich die Uhr stehen oder fiel ganz von der Wand, ging das Licht aus und ähnliche Dinge mehr. Es dauerte geraume Zeit, bis die merkwürdigen Ereignisse ganz plötzlich wieder von alleine aufhörten.

Die seltsamen Lichter und der Kreuzschnalzer

Wie in vielen anderen Gegenden Bayerns, erzählten auch die Leute von Bairawies, dass Bauern oder Rossknechte, die sich vor nichts fürchteten und noch nach Einbruch der Dunkelheit mit ihren Fuhrwerken unterwegs waren, plötzlich seltsame flackernde kleine Lichter über dem Kummet ihres Pferdes tanzen sahen. Manch einem ist dann doch „ganz anders" geworden und er hat sich rasch bekreuzigt, ein Stoßgebet gemurmelt und, wie es von alters her der Brauch ist, einen „Kreuzschnalzer“ (Anmerkung 41) gemacht. Dann waren die unheimlichen Erscheinungen gewöhnlich ebenso plötzlich wieder verschwunden, wie sie erschienen waren.

Die feurige Kugel bei Habichau

Noch in seiner Schulzeit, etwa um 1950, so berichtet der Erzähler, war zu bestimmten Zeiten, besonders um die Maienzeit oder im Advent, in dem Moorgebiet zwischen Habichau und Leiten eine hellleuchtende feurige Kugel von etwa 30 cm Durchmesser zu sehen, die manchmal, ohne sich zu bewegen, über einer bestimmten Stelle schwebte, manchmal sich langsam fortbewegend im Moor verschwand. Er selbst und andere Schulkinder haben dort die Kugel mehrmals beobachten können, wenn sie beispielsweise am Abend von der Maiandacht heimkehrten; auch sein Vater und andere Männer, die bei Dunkelheit nach dem „Schafkopfen“ (Kartenspiel) nach Hause gingen. Bis heute weiß aber niemand, was sie zu bedeuten hatte. Es wird vermutet, dass es sich vielleicht um eine Arme Seele gehandelt hatte, die nun erlöst ist, denn die feurige Kugel wurde nun schon sehr lange nicht mehr gesehen.

Schloss Hechenberg. Stich von Michael Wening um 1700

Burg Hechenberg

Auf einem Felssporn hoch über der Isar stand einst die Burg Hechenberg. Schon 1033 wird ein Ricker de Hohanberg, 1045 ein Dietmar de Hohanberg (Hohinperk) in Urkunden erwähnt. Der Sage nach starb das Rittergeschlecht der Hohanburger zur Zeit der Kreuzzüge aus. Die Burg wurde an die Herren von Hohenburg und Tölz vererbt. Im 15. Jahrhundert wurde sie zerstört oder abgebrochen. Vom 15. -17. Jahrhundert war Hechenberg im Besitz verschiedener Ordensgemeinschaften, etwa der Dominikaner oder der

Jesuiten. Aus dieser Zeit stammt der spätgotische Burgbau, der auf dem Stich von M. Wening zu sehen ist. Heute befindet sich an gleicher Stelle ein Barockschloss.

Der Burgstall der ehemaligen Burg befindet sich etwa 100 Meter westlich von der St. Valentinskirche des heutigen Ortes Hechenberg, ein Turmhügel und ein etwa 5-7 Meter breiter Wassergraben sind noch etwa 100 Meter nordnordöstlich der Kirche zu erkennen.

Der Reut-Schimmel

Der damals 75 Jahre alte Erzähler dieser Geschichte berichtete mir im Jahr 2015, was ihm seine Tante, geboren im 19. Jahrhundert in Habichau, in seiner Kindheit mitgeteilt hatte: An einem Baum am Weg von Habichau nach Hechenberg (zu Lebzeiten der Tante war es eine Tanne, später einer Buche) hing früher ein überdachtes Taferl mit einem Spruch, das Vorübergehende mahnen sollte, ein kurzes Gebet für die Armen Seelen zu sprechen (Anm. 89).

Der Sage nach sollen an dieser Stelle drei Ritter vergraben liegen. Wer sie waren und warum sie hier bestattet sind, weiß aber niemand mehr.

Wie es weiter heißt, treibt hier der geisterhafte „Reut-Schimmel“ sein Unwesen (Anmerkung 90). Man soll ihn zu bestimmten Zeiten durch den Wald und über die Wiesen galoppieren sehen können. Als der Bruder des Erzählers einmal am Abend zum Ministrieren ging und durch das Gebiet vom Reut-Schimmel musste, vernahm er plötzlich ein seltsam rhythmisches Klopfen, das er sich nicht erklären konnte und das ihm große Angst einjagte. Die verließ ihn erst wieder, als er den Wald erreicht hatte.

Der Reut-Schimmel soll zwar unheimlich und wie nicht von dieser Welt wirken, hat aber bisher niemandem etwas Böses zugefügt, auch wenn er früher als Kinderschreck galt.

Vom Fieberabbeten im Isarwinkel

Das Abbeten von Krankheiten war früher im Isarwinkel überall gebräuchlich und hat – aus welchen Gründen auch immer – häufig Erfolg gezeigt, auch wenn aufgeklärte Geister diesen „Humbug" noch so sehr verteufelt haben. C. J. v. Sazenhofen schreibt 1967:

Noch heute kennen die Leute Fieberabbeter, die die erstaunlichsten Erfolge haben. Eines ist ihnen jedoch allen gemeinsam: für ihre Hilfe nehmen sie kein Geld, höchstens einmal ein kleines Geschenk an. Sie wissen um ihre besonderen Fähigkeiten und hängen sie nicht an die große Glocke. Eine alte Bäuerin auf einem wohlhabenden Hof bei Lenggries beherrschte vor Jahren diese Kunst, heute versteht auch die Tochter etwas vom Fieberabbeten, sie hat das Erbe der Mutter übernommen und wird es wieder weitergeben.

Einige der uralten Gebete oder seltsamen Riten, die dabei verwendet wurden, schrieb Willibald Schmidt im 1. Drittel des 20. Jahrhunderts auf, um sie dadurch vor dem Vergessenwerden zu bewahren:

Gegen das Schwinden

(Gegen das Schwinden wird ein Stein unterm Dachboden genommen, in der Hand behalten und dabei folgender Spruch gebetet:)„O Stein! Ich habe Klagen über Nerven und Pein! Schwindest aus Fleisch und Blut! Schwindest aus Haut, Nervenmark und Bein! Du, N. N. sollst schwinden so wenig als das Wort Gottes schwindet und wie dieser Stein. Es helfe Dir + Gott Vater + Gott Sohn + Gott hl. Geist +++"(Dann wird der Stein wieder gerade so hingelegt, wie er war).
Aus Bairawies

Gegen Gicht

N. N! Gicht und Gichtern waren über einer grünen Auen; begegnete ihnen St. Anna und unsere lieben Frauen. Hl. Anna sprach: „Gicht und Gichtern, wo wollt ihr hin?"
Die Gichtern sprach: „Wir wollen dahin zu N. N. in des Menschen Leib fahren und wollen ihm in sein Fleisch und sein Blut aussaugen". Da sprach die Hl. Frau Anna: „Gicht und Gichtern! Ich gebiete Euch bei der Kraft Gottes und bei dem höchsten Banne. Du laufende Gicht! Du stete Gicht! Du raffende Gicht! Du habende Gicht! Du kalte Gicht! Du hitzige Gicht! Du Hirngicht! Du Hauptgicht! Du Fleischgicht! Du Blutgicht! Du Markgicht! Du markolische Gicht! Du über alle Gicht und Gichtern! Ich gebiete Euch bei der Kraft Gottes und bei dem höchsten Banne in das wilde Granat, daraus Ihr gekommen seid! Dahin sollt Ihr wieder gehen. Dies wähle ich Dir zu einer Buße! +++ (Drei Kreuze)"
Aus Bairawies

Gegen das Fieber

Fieber hin, Fieber her,
Laß dich blicken nimmermehr!
Pack dich in die wilde Au!
Dies schafft dir eine alte Frau;
Sonst mußt weichen in die Kuderfleck,
Wirst dann sehen, wie dir die Herberg schmeckt!
(dreimal zu wiederholen)

aus Hechenberg

Bei Geburtsblutungen

Heiligste Wunde, heiligste Stunde, heilig ist der Tag, an dem Jesus geboren ward. So wahr diese drei heiligen Worte sind, N.N., so still ich dir dein Blut. Blut steh still und rinn nimmermehr! +++
aus Hechenberg

So jemand Würmer hat

Petrus und Paulus fuhren aus gen Acker; ackerten drei Furchen, ackerten auf drei Würmer, der erste war weiß, der andere schwarz, der dritte roth; da waren alle Würmer todt. +++ (Dreimal zu beten.)

Vor die Geschwulst

Es gingen drei reine Jungfrauen; sie wollten eine Geschwulst und Krankheit beschauen. Die eine sprach: „Es ist Heisch (=unrein)“; die andere sprach: „Es ist nicht!“ und die dritte sprach: „Ist es denn nicht, so komm’ unser lieber Herr Jesus Christ!“ +++

Gegen die Mund-Durchfäule

So ein Mensch die Mund-Durchfäule hat, so spreche man Nachfolgendes, es hilft gewiss:
Job zog über Land, der hatte den Stab in der Hand; da begegnete ihm Gott der Herr und sprach zu ihm: Job, warum trauerst du so sehr? Er sprach: Ach Gott, warum soll ich nicht trauern? Mein Schlund und mein Mund will mir abfaulen. Da sprach Gott zu Job: Dort in jenem Thal, da fließt der Brunn, der heilet dir, N. N. (hier bläst man dem Kinde dreimal in den Mund) dein Schlund und dein Mund. +++
(Wird dreimal morgens und abends gebetet.)
Wahrscheinlich aus Hechenberg, wohl aber im ganzen Oberland bekannt.

Die geisterhaften Schöffleut

Die Flößer, die auf Isar und Donau oft bis Wien unterwegs waren, erzählten früher, dass sie dabei öfter den „wilden Schöffleut“, besonders unheimlichen Geistern, begegnet sind.

Willibald Schmidt erklärt 1936 dazu:

Die ziehen bei der Nacht ihre Schiffe am Hufschlag neben dem Wasser von Wien herauf und schinden sich mit ihren Rössern ab. Dabei schreien sie und tun, wie wenn ein richtiger Schiffzug daherkäm. Wer ihnen nicht ausweicht, um den ist es geschehen. Der wird von ihnen mitgenommen. Wie wenn das wilde Gejaid über einen hinwegfährt, muss man sich schnell auf den Boden werfen und Hände und Füße über's Kreuz tun. Dann können sie einem nichts anhaben.

Der zauberkundige Schinder

In früheren Zeiten war der Beruf des Schinders oder Abdeckers (Anm. 48) verachtet, und wer ihn ausübte, musste weit außerhalb eines Ortes leben. Zu Beginn des 19. Jahrhunderts fuhr einmal das Tölzer Marktfloß, „Ordinari" genannt, mit mehreren Personen und voll beladen mit Bierfässern nach München hinunter. Als sie unterhalb des Taubenloches vorbeikamen, erblickte einer der Leute den Schinder und schrie höhnend zum Ufer hinüber: „Schindersknecht! Schindersknecht!"

Der aber, so wurde gemunkelt, stand mit dem Teufel im Bund und hatte Zauberkräfte. Ohne ein Wort zu erwidern, hängte er seine Joppe auf einen Ast und fing an mit einem Prügel auf sie einzudreschen.

Jeden Schlag aber spürte derjenige auf dem Boot, der ihn verspottet hatte, auf seinem Rücken. Er schrie laut, es verging ihm Hören und Sehen vor Schmerz und er fiel wimmernd zu Boden. Der Spuk hörte erst auf, als der Schinder aufhörte auf die Joppe einzuschlagen.

Der Hausgeist im Glas

Willibald Schmidt erzählte 1936 eine Geschichte, die sich Ende des 18. Jh. zugetragen haben soll:

Vor der Klosteraufhebung hielt einmal ein fremder Mann mit seinem Wagen in Tölz beim untern Kerschbräu an und bot auf offenem Markt einen „spiritus familiaris" feil. Das war ein kleiner Geist, den er in sein Glasl eingesperrt hatte, und wie sie auch von den Venedigern in den Handel gebracht wurden. Wer ihn kaufte, sollte von dem Geist jeden Tag acht Kreuzer bekommen und obendrein noch Glück haben im Spiel und in allen seinen Geschäften.

Die Tölzer hielten das für sündhaft und trauten sich nicht recht zugreifen. Aber ein Knecht auf dem Buchberg hätte gern einmal einen „Teufel im Glasl“ gehabt. Sein Freund wollte sich einen Spass mit ihm machen und versprach, einen solchen „Spiritus“ zu besorgen. Er hatte es gar nicht so ernst gemeint, und als er schon gar nicht mehr daran dachte, mahnte ihn der andere. Da brachte er ihm einen Mistkäfer, den er unter dem Schweif eines Rosses gefunden hatte. Der andere setzte den Käfer in ein Glas und badete ihn alle Tage, wie es sein muss. - Nach einiger Zeit fragte ihn der Loder nach seinem Spiritus. - „Zwei Kreuzer bringt er mir halt alle Tage ein; jedesmal, wenn ich aufstehe, habe ich sie im Sack.“

Da wurde es dem zweierlei und er beichtete die Sache bei den Franziskanern. Der Pater wollte ihn nicht absolvieren, bis er nicht den Käfer wieder an seinen Platz getan hätte. Mit Mühe bekam er das Tier wieder zurück. Als er den Käfer unter den Schweif des Pferdes setzte, tat es einen Knall, wie wenn das ganze Haus zusammenfiele.

Noch vor hundert Jahren hat ein Krämer und Tändler zu Tölz einen solchen Spiritus gehabt, hat ihn jeden Tag gebadet und dann unter seine Waren gestellt. In dem Glas war ein daumengroßes, dopfenartiges Teufelchen.

Das Bild von Adalbert und Otkar im Franziskanerkloster

Mitte des 8. Jahrhunderts lebten am Hofe von König Pippin in Frankreich zwei Brüder aus fürstlichem Geblüt, Adalbert und Otkar. Sie waren mit dem König blutsverwandt und ihre Mutter entstammte dem mächtigen Geschlecht der Agilolfinger in Bayern. Da geschah es eines unseligen Tages, dass der Sohn Pippins den Sohn des Otkar, mit dem er gerade Schach spielte, aus Jähzorn mit dem Brett erschlug.

Adalbertus et Otkarius fundatores. Renov. 1667 et 1782

Wie vermieden wurde, dass diese ungewollte Bluttat einen Krieg, der vielen Menschen Verderben gebracht hätte, nach sich zog, erzählte im Jahre 1822 M. v. Freyberg:

Pippin, die Rache jener Brüder fürchtend - denn sie waren so groß an Macht als an Gesinnung und reich begütert in Bayern und Burgund - wusste durch eine weise List dem Ausbruch ihres Schmerzes zu begegnen. Noch ehe der Totschlag ruchbar geworden war, versammelte er seine Großen und unter diesen Herrn Otkar bei sich. Als sie erschienen, sprach Pippin zu jenen:

„Wie bedünkt auch wohl, dass einem Übel, dem auf keinen Fall abzuhelfen ist, zu begegnen sei?"

Nicht ahnend das Ziel dieser Rede, erwiderte Herr Otkar:

„Solches Übel wahrlich ist mit Gleichmut zu ertragen." Als ihm der König hierauf den entsetzlichen Unfall entdeckte, verhüllte der unglückliche Vater seinen grenzenlosen Schmerz in ein tiefes, anhaltendes Schweigen. Nach langer Trauer aber kamen beide Brüder zu dem Entschluss, der Welt auf immer zu entsagen.

Die Brüder gründeten das Kloster in Tegernsee, dessen erster Abt Graf Adalbert wurde. J. N. Sepp schreibt 1876:

Im Franziskanerkloster zu Tölz befindet sich ein kolossales Holzgemälde mit zwei neun Fuß hohen Standbildern. Es sind die beiden Stifter des Klosters Tegernsee, wie die Inschrift sagt. Der eine trägt als Abt den Bischofstab, der andere eine romanische Kirche mit zwei Türmen, doch hat die wiederholte Renovierung das aus Tegernsee herstammende Bild um allen Kunstwert gebracht.

Die Geistermesse in der Franziskanerkirche

Von vielen Kirchen wird berichtet, dass dort Geistermessen stattfinden würden (Anmerkung 49), so auch von der Franziskanerkirche in Tölz. Zu Beginn des 19. Jahrhunderts wollte eine Frau, „die alte Luidlin" zur Frühmesse in die Franziskanerkirche. Es war noch stockfinstere Nacht, als sie dort anlangte. Als sie die Kirchentüre öffnete, war das Gotteshaus gesteckt voller Leute, was sonst bei der Frühmesse nie der Fall war.

„Was ist denn da los“, wunderte sich die Luidlin. Wie sie sich aber genauer umschaute, lief ihr ein kalter Schauer über den Rücken: Alle Anwesenden waren ganz altertümlich gekleidet, hatten noch die hohen schmalen Hüte mit den breiten Krempen und Halskrausen, wie sie vor langer Zeit Mode gewesen waren. Trotzdem entdeckte sie auch einige bekannte Gesichter, doch es waren die von Menschen, die schon lange gestorben waren.

Voller Schrecken machte die Frau kehrt und lief aus der Kirche heraus. In dem Augenblick schlug die Turmuhr die zwölfte Stunde. Da erkannte sie, dass sie sich in der Zeit „verschaut“ hatte und nicht am frühen Morgen, sondern vor Mitternacht zur Kirche gegangen war und eine Geistermesse miterlebt hatte.

Der schwarze Riese im Friedhof von Tölz

Zu Beginn des 19. Jahrhunderts ging der Gärtner Streidl von Tölz, wie jeden Abend, über den Friedhof nach Hause. Als er um die Ecke bei der Franziskanerkirche bog, stand plötzlich, wie aus dem Boden gewachsen, ein baumgroßer schwarzer Mann vor ihm, neben einem offenen Grab. Die Kreuze des Friedhofs leuchteten trotz der Dunkelheit in einem ganz eigenartigen Licht, so als würden Totenlichter brennen. Der Unheimliche fragte mit dumpfer, hohler Stimme:

„Wo muss ich heute bleiben?“

„Wo du nur willst, nur nicht bei mir!“, antwortete der Gärtner, obwohl ihm vor Schrecken fast das Herz stehen blieb und er nicht imstande war, auch nur den kleinen Finger zu bewegen. Dann aber betete er ein Stoßgebet nach dem andern und lief, als er endlich wieder Macht über seine Beine hatte, so schnell er konnte aus dem Friedhof. Als er, daheim angekommen und in Sicherheit war, schaute er noch einmal aus dem Fenster und sah, dass der Unheimliche noch immer da und noch viel größer geworden war.

Auch der Karfseer hat den riesigen schwarzen Mann einmal dort gesehen. Es war zu der Zeit, als er noch Knecht am Sauersberg war. In einer stockdunklen Nacht war er einmal mit seiner Liebsten bei der Franziskanerkirche unterwegs. Als die beiden um die Friedhofsecke bogen, sahen sie den unheimlichen Riesen vor der Kirchentüre stehen. Er trug einen schwarzen Rock mit großen Knöpfen. Neben ihm kniete eine Frau, die ganz andächtig betete.

„Da geh ich nicht hinein!", flüsterte der Knecht voller Schrecken seinem Mädchen zu. „Wenn du hinein willst, musst du selber aufmachen!" Da warnte sie der Schwarze mit drohendem Unterton in seiner tiefen Bassstimme:

„Mach nur ja nicht auf, mach bloß nicht auf!"

Im gleichen Augenblick schlug die Kirchenuhr Mitternacht. Die zwei jungen Leute rannten davon, als wäre der Leibhaftige hinter ihnen her. Künftig mieden sie den unheimlichen Ort bei ihren nächtlichen Treffen.

Die seltsame Totenmesse in der Franziskanerkirche

Ein besonders unheimliches Erlebnis hatte einmal eine Bäuerin, die in der Nacht zur Franziskanerkirche ging. W. Schmidt erzählt:

Wie die Stotzenlena noch beim Hahnbauern diente, wollte sie einmal auf Tölz zu den Franziskanern ins Engelamt gehen und weckte den Buben, der mitgehen sollte. Da sie nun den Hohlweg herabtappen, sehen sie in der Ferne ein Licht, das immer näher auf sie zukommt. Endlich fährt ein Totenwagen mit einem Sarge herauf und die Seelnonne geht mit der Laterne hinten nach. Wie sie an die Stiegel bei der Freithofsmauer gelangen, schlägt gerade die Kirchuhr und die hohen Fenster sind hell erleuchtet.

„Die Kirche ist schon angegangen", sagen die zwei zueinander, und wie sie die Türe aufmachen, steht wirklich der Geistliche schon am Altar. Die Kirche ist voll schwarzer Leute und vor dem Chor ist der Katafalk aufgerichtet. Sie wissen nicht, wie sie daran sind.

Da dreht sich ein Mann zu ihnen um und winkt ihnen mit aufgehobener Hand, fortzugehen, was sie sich nicht zweimal deuten lassen.

Wie sie das Franziskanergässl hinabrumpeln, meinen sie, kaum von der Stelle zu kommen und es ist ihnen, wie wenn sie im tiefsten Wasser waten müssten, und ist doch kein Faden an ihrem Gewand nass. Es war aber gerade Mitternacht, und als sie über die Brücke waren, klopften sie beim Maxlbeck an und blieben da bis in der Früh.

Flößer auf der Isar. Gezeichnet von O. Rostosky um 1865

Vom Wolfratshausener Krautlöffel und vom Tölzer Prügel

Im Heimatmuseum von Wolfratshausen wird der „Krautlöffel“ aufbewahrt. Es handelt sich dabei um einen bemalten Holzlöffel von 89 cm Länge und 21 cm Breite, dessen Löffel 2 Liter Flüssigkeit fasst. Er trägt die Jahreszahl 1772 und ist am Ende des Stiels auf der Vorderseite mit dem Ortswappen und auf der Rückseite mit dem Adelswappen der Grafen von Wolfratshausen verziert.

Wie es heißt, haben die Tölzer Flößer diesen übergroßen Löffel den Wolfratshausern im genannten Jahr zum Geschenk gemacht, weil, so die Begründung, diese eine solche Vorliebe für das von ihnen in großen Mengen angebaute Kraut hätten, dass sie es mit dem Löffel statt mit der Gabel äßen.

Die Bürger von Wolfratshausen nahmen zwar den Krautlöffel dankend entgegen, sandten aber ihrerseits ein Geschenk an die Tölzer, einen derben, knorrigen Prügel, der zwei Meter lang war. Es handelte sich um eines der Triftscheite, die oft die Isar abwärts an Wolfratshausen vorbei schwammen und schon seit jeher als „Tölzer Prügel“ bezeichnet wurden. Er sei, so formulierten es die Überbringer spöttisch, geradezu ein Sinnbild für Charme und Lebensart der Tölzer, da im ganzen Land ihre ungehobelte und grobe Wesensart bekannt sei.

Durch einen Spaßvogel angestiftet, machten sich die Tölzer kurz darauf mit ihrem Prügel und die Wolfratshausener mit ihrem Riesenlöffel auf, trafen beim Postwirt in Königsdorf aufeinander und fingen mit ihren „Wahrzeichen“ eine handfeste Prügelei an.

Wer als Sieger hervorging, ob Löffel oder Prügel, ist nicht bekannt.

Der ursprüngliche „Tölzer Prügel“ ist zwar verloren gegangen, aber in Tölz werden seither Trinkgefäße aus knorrigem Holz in Form von Prügeln als „Tölzer Prügel“ verkauft.

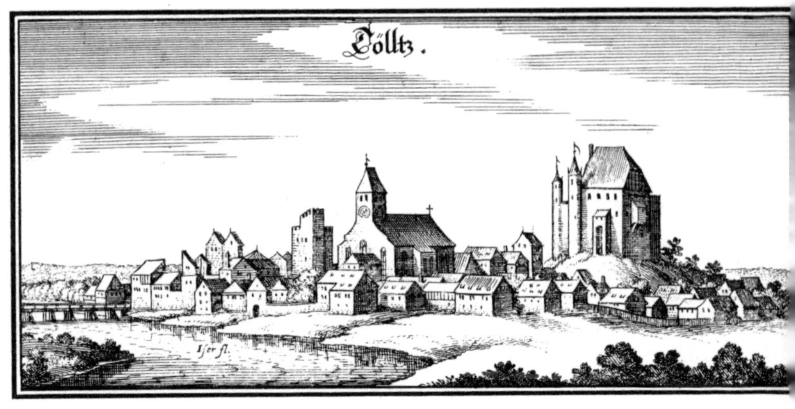

Tölz und Schloss. Matthaeus Merian 1644

Der verhexte Färber

Eine ganz unheimliche Geschichte, die ein Mann aus Tölz zu Beginn des 19. Jahrhunderts erleben musste, überliefert uns ein Bericht von Willibald Schmidt um 1936:

Zu Tölz schafften zwei Brüder und Junggesellen in ihrer Färberei, der Thaddä und der Hieronymus Sonderer. Der ältere, der Thaddä, stand im besten Mannesalter, als ihn eine unerklärliche Sucht überfiel. Es war gerade, wie wenn ihm jemand die Brust zusammenschnürte. Allerhand Mittel wurden ihm verraten und er probierte sie der Reihe nach aus, aber nichts wollte helfen und das Uebel wurde nur immer größer. Das dauerte acht Jahre.

In einer Nacht, als er wieder nicht schlafen konnte vor Enge und Druck auf der Brust - es war im Jahr 1824 - kam ihm beim Sinnieren der Gedanke, jemand habe es ihm angewunschen. Am andern Morgen sagte er das seiner Schwester. Die bat den Kooperator Wagner um geistigen Beistand für ihren Bruder. Der Herr bestellte den Kranken auf ein Uhr in den Pfarrhof, aber der Thaddä wollte jetzt auf einmal von geistlicher Hilfe nichts wissen.

„Ich kann und darf nicht hingehen", sagte er hartnäckig, „niemand bringt mich hin." Endlich gab er doch nach.

Der Herr heißt ihn niedersitzen, fragt ihn nach der Krankheit, wie lang er das Übel schon spürt und so und fängt an zu benedizieren; er bekreuzt ihn mehrfach und murmelt seine Gebete. Lang rührt sich nichts, aber auf einmal packt es den ganzen Körper des Thaddä und hebt ihn vom Stuhl auf. Dabei fängt der Kranke an, mit einer ganz fremden, unnatürlichen Stimme zu toben und schreien und vermeint, völlig ersticken zu müssen. Dann spürt er, wie es in die Zehen und Fingerspitzen hinausrückt.

„Da muss es hinaus!" sagt der Kooperator und hört nicht auf mit beten und benedizieren. Wirklich zieht es hinaus, aber auf einmal ist es wieder da und so leicht viermal. Darauf geht der Thaddä ganz gut nach Haus, muss aber am zweiten und dritten Tag wieder kommen. Der Herr schaffte ihm auch an, daheim im Bett nachzuschauen. Wie er es auftrennte, war es voller Kränzl und Ringl, die aus den Federn gar künstlich zusammengedreht waren und an langen, roten Haaren hingen; dazu allerhand glänzende Sachen, Beindl und beidseitig angezündete Schwefelhölzer.

Das klaubten sie alles sauber aus und brachten es in einem Sack mit Hobelscheiten in Beisein von zwei Männern auf die Wiehr beim Langgaißerer. Ganz verstohlen taten sie es bei der Nacht, aus Furcht vor einer gerichtlichen Anzeige. Dort zündeten sie den Sack an; aber erst, als sie Weihbrunn spritzten und Geweihtes hinzutaten, fing er nach langer Zeit an zu brennen. Was übrig blieb, warfen sie in die Isar. –

Der Kooperator machte noch öfter auf seinen Gängen nach den Filialen Wackersberg und Fischbach im Färbergraben neben der Wackersberger Leiten und im Bürgerhölzl bei Hoheneck die Benediktion über den Thaddä. Weil aber das Uebel nicht auslassen wollte, schauten sie nach vierzehn Tagen noch einmal im Bett nach. Da fanden sie wieder vier oder fünf Hexenkränzl, mit roten Haaren zusammengebunden, und das andere war auch wie früher. Sie steckten alles samt den Federn in einen Farbensack und warfen ihn bei einem großen Sturm von der Brücke in die Isar.

Von der Zeit an war es mit dem Thaddä gut und fand sich auch nichts mehr in seinem neuen Bett, nachdem es der geistliche Herr auf Dreikönig mit Weihrauch und heiligen Sprüchen gesegnet hatte.

Dafür ist aber bald darauf das Ross im Stall heimgesucht worden. Die ganze Nacht hat es gewütet und getobt und in der Früh ist ihm der Schweiß gelaufen wie ein Bach. Die Haare waren ihm seltsam ineinander verflochten und verfilzt, wie wenn es die Trud geritten hätte. Hat auch alles Räuchern und Anhängen von geweihten Sachen nichts geholfen.

Die Isar auf der Krugseite und die Urdelbrunnen

Ein Spruch, der älter ist als die Isarbrücke, bei deren Bau man ei[n] Eck vom „Krughaus" wegnahm, besagt:

„Wenn die Isar auf der Krugseite, d. i. markthalb fließt, gibt es gut[e] Jahre, wenn beim Noler vor der Bruck, sind sie minder gesegnet."

An der Stelle, wo heute die Isarbrücke steht, war zur Zeit der Römer die Stelle der Überfuhr über den Fluss, das Haus dort heißt „Zum Noler". So nahmen die Tölzer früher den Wasserlauf der Isar als Vorzeichen für gute oder schlechte Jahre. Willibald Schmidt nennt noch andere Gewässer, die als Omen gelten:

In der Nähe von Tölz sind drei Weisbrunnen. Das Trudenbacherl oder die Urtel (Urdel) *im Ratzenwinkel ist früher im ganzen Oberland bekannt gewesen und wie zum Riegsee bei Murnau sind oft Bauern bis vom Unterland heraufgekommen, um nachzuschauen, wie der Brunnen läuft. Nach der Stärke des Wasserflusses hat man den Ausfall der Ernte abgeschätzt. Vom Jahr 1856 an hat er eine Zeit lang ganz gestockt zum Zeichen, dass alles wohlfeil wird.*

Die Urtelmühlen in Lenggries und in Benediktbeuern haben auch solche Getreidebrunnen. Wenn die Urtel bei Lenggries viel Wasser gibt und der Längensee bei Sachsenkam, der keinen Ab-

fluss hat, bis Reichersbeuern heraufrinnt, kommen teuere Zeiten. Ein schlechtes Jahr steht auch vor der Tür, wenn der Hungerbrunnen (Anmerkung 38) *zwischen Kochel und Pessenbach stark fließt. Wenn aber der Hackensee in der Teufelsgrube bei Holzkirchen austrocknet, dann wird der Treid billig.*

Blick auf Tölz. Aquarell von Cantius Dillis, Anfang 19. Jh.

Das Männlein mit dem Eisenfuß

Zu Beginn des 19. Jahrhunderts war auf jedem Jahrmarkt in Tölz der „Eisenfuß" zu sehen. Das war ein alter Bettler von kleiner Gestalt, der einen eisernen Stelzfuß hatte. Weil er so unheimlich aussah, fürchteten sich ängstliche Leute und vor allem die Kinder vor ihm, aber jeder gab ihm etwas in seinen Hut, wenn auch nicht gerne. Einmal bat er nach dem Jahrmarkt einen Bauern um ein Quartier für die Nacht.

Der gutmütige Mann ließ ihn im Heu schlafen. Plötzlich jedoch, mitten in der Nacht, gebärdete sich das Vieh im Stall ganz aufgeregt, die Kühe brüllten laut, die Pferde rissen an den Ketten. Erschrocken schaute der Bauer nach.

Sein unheimlicher Gast war spurlos verschwunden, nur der eiserne Stelzfuß stand noch da.

„Den hat der Teufel geholt!“, mutmaßten die Leute daraufhin und bekreuzigten sich erschrocken.

Die Burg von Tölz

Von der Burg von Tölz, erbaut um 1180 von Hainricus de Tolze, die ihre Bedeutung von ihrer Lage an der hier die Isar querenden Salzstraße hatte, sind nur noch Reste des Burgstalles (Anmerkung 50) vorhanden. Sie befand sich unmittelbar bei der 1262 erbauten Kirche und wurde im Jahr 1453 durch einen verheerenden Brand in Schutt und Asche gelegt; mit ihr fielen diese erste Kirche und der gesamte Ort, der sich ab 1200 um die Burg gebildet hatte, den Flammen zum Opfer.

Auf dem Bild von Merian (vgl. Abb. S. 160) wird die Burg – westlich der Kirche – noch mit Zinnen dargestellt. Der Burgturm soll später als „Gefängnisturm“ gedient haben. Er wurde im Jahr 1810 abgerissen. Die heutige Pfarrkirche steht auf dem ehemaligen Burgplatz, wodurch dieser nur schwer auszumachen ist.

Der Sage nach sollen die *gotischen Rippengewölbe auf achteckiger Mittelstütze im Keller des „Metzgerbräuhauses“ in der Klammergasse* (Weithmann S. 392) zur einstigen Burg gehören.

Ab 1460 ließ Herzog Albrecht III. das neue *„fürstliche Schloss“* südöstlich der Pfarrkirche errichten.

Der Einsturz des Tölzer Schlosses

Einst lebte im Schloss zu Tölz (Anmerkung 51) ein Pfleger, der sehr hochmütig war und ein unbarmherziges, kaltes Herz hatte. Er dachte nur an sich selbst und sein Wohlergehen und presste seine Untergebenen bis aufs Blut aus. Er hieß Graf von der Waal und war überall verhasst. Selbst fuhr er in einer Kutsche, die von vier Schimmeln gezogen wurde und aß jeden Tag die feinsten Speisen, seine Untertanen aber ließ er hungern und arbeiten bis sie umfielen vor Müdigkeit. Auch Gott dem Herrn gab er nicht die Ehre, sondern verhöhnte ihn und spottete über seine Heiligen.

Er hielt auch nicht die Feiertage ein, die den Leuten von alters her zustanden. Einmal, am Tag der Hl. Margarete, als alle sonst in der Kirche waren, mussten seine Untergebenen aufs Feld hinaus zum Heumachen. Da nahm eine alte fromme Magd ihren ganzen Mut zusammen und mahnte ihren gestrengen Herrn:

„Heute müssen wir aber in die Kirche und die Hl. Margarete um ihre Fürsprache bei Gott für gutes Wetter bei der Ernte bitten!“

„Humbug!“, rief da Graf von der Waal herrisch. „Schau, dass du an deine Arbeit kommst, was kümmert mich die alte Wetterhexe!“

In der gleichen Nacht aber ging über dem Isarwinkel ein Unwetter nieder, wie es seit Menschengedenken keines gegeben hatte. Ununterbrochen fuhren Blitze nieder, gefolgt von ohrenbetäubenden Donnerschlägen, sintflutartig fiel der Regen stundenlang vom wolkenverhangenen Himmel.

Da lief der Egelsee über seine Ufer und der Elbach brach wie ein reißender Fluss über den Schlossberg herein, untergrub ihn und brachte das Schloss zum Einsturz. Nun war es mit der Herrlichkeit des Pflegers zu Ende. Dies soll im Jahre 1770 geschehen sein. Im Jahre 1800 wurde der Schlosshügel abgetragen und 1830 die letzten Reste beseitigt und an der Stelle der Bürgerbräugarten angelegt (Anmerkung 52).

Die sagenhafte Burg auf dem Höhenberg

Auch auf dem Höhenberg bei Tölz soll einst eine Burg gewesen sein. Pauline Brückl schreibt nach alten Chroniken:

Wie von Schloss Reichersbeuern, so besteht auch bezüglich Sachsenkam und Tölz die Sage, dass die Tölzer Burg mit der von Sachsenkam durch einen unterirdischen Gang verbunden war. In Tölz habe man bei der sogenannten Klausen an der Kalvarienbergleiten zu derselben gelangen können.

Der Kalvarienberg, er hieß früher „Hechenberg" (nicht zu verwechseln mit der weiter isarabwärts gelegenen Burg Hechenberg), hat aber keine mittelalterlichen Befestigungen und seine Sakralbauten stammen aus der Zeit um 1730, nicht aus dem Mittelalter.

Der heilige Baum auf dem Höhenberg

Tausend Jahre bevor der Markt zu Tölz sich erbaute, wohl fünfhundert, bevor es einen Ort mit dieser Benennung am Vorsprung der Isaralpen gab, erhob das Volk sein Auge zum heiligen Baum auf dem Höhenberge. Bei 250 Schritte hinter dem Leonhardskirchlein liegt ein seltsam behauener, gekropfter Stein: hier stand eine mächtig starke Edeltanne, wie es jetzt wenige mehr gibt...

Wie heute jedes Dorf sein Kreuzholz am Eingang ausstellt, so hatte in der Heidenzeit jede Gemeinde ihren heiligen Baum... Von jeher und so lange bis die Zimmerleute das erste hölzerne Bethaus auf dem Berge errichteten, wallfahrtete das Volk hinauf zum heiligen Baume, der mit Bildnissen und Verlöbnistafeln bis auf Menschengedenken behangen und besteckt, den Ausläufer vom Pfannholze bildet. Wie schon der Name sagt, war dies vormals ein gebannter Bezirk oder geweihter Hain, ein Pann- oder Heiligenholz... (Anm. 53) *Der heilige Baum muss majestätisch auf der Hö-*

he geprangt haben und war im Isarwinkel auf drei Stunden weit bis über Längriß hinauf sichtbar. J. N. Sepp im Jahr 1876.

Nachdem der mächtige Baum vom Blitz getroffen und ein unter ihm rastender Mann erschlagen worden war, verdorrte der heilige Baum. Da wurde er Anfang des 19. Jahrhunderts umgesägt. Den Wurzelstock aber, der auch als heilig galt, ließ man nicht verrotten, sondern man grub ihn sorgfältig aus. Ein Mann, dem der Verlust des heiligen Baumes ganz besonders nahe ging, hat einen gekropften Stein an die Stelle setzen lassen, wo er einst stand, und seine Initialen F. H. darauf einmeißeln lassen.

Der Markt Tölz im Jahr 1700

Die unterirdischen Gänge und der Schlupfstein bei der Klausnerhöhle am Kalvarienberg

Senkrecht abwärts vom heiligen Baum und einstigen Tanzplatz um das Sonnwendfeuer an der Bergleite zu Tölz, fast auf halber Höhe, wo die Nagelfluhwand gegen die Isar abschießt, hängt die Kanzel mit der Klausnerhöhle. Die Grotte fasst nur wenige Menschen, auf der Südseite pflegten früher die Kinder durch das Felsloch zu kriechen... schreibt J. N. Sepp 1876.

Andachtsbild mit dem Kalvarienberg aus der Mitte des 18. Jh.

Der Sagenforscher aus dem 19. Jahrhundert vermutete auch, dass in der Höhle, in der früher eine Zeit lang ein Eremit lebte, bei dem Felsenloch ein Brauch geübt wurde, wie bei vielen anderen sogenannten Schlupfsteinen (Anmerkung 54): Solchen Steinen wird Heilkraft bei Kreuzschmerzen oder auch bei Kinderlosigkeit nachgesagt. In früheren Zeiten galten solche Schlupfsteine auch als Zaubersteine, bei denen der Mensch beim Hindurchzwängen gleich einer Schlangenhaut seine körperlichen Mängel oder seine charakterlichen Fehler abstreifen konnte.

Von der Klausnerhöhle am Kalvariberg oder der nahen Kluft im Nagelfluh soll ein Gang bis Dietramszell, anderseits nach der alten Burg von Sachsenkam verlaufen.

Dies berichtet J. N. Sepp im 19. Jh. weiter über diesen uralten, von Geheimnissen umwobenen Kultplatz.

Die Schlacht im Farchant und das verschwundene Dorf

Ein uralter Tiefweg, bis Mannshöhe unter der heutigen Bodenfläche ausgefahren, führt vom heiligen Baume geradeaus die Galgenleite hinab, an deren Fuß die Richtstätte war. Hier breitet sich die Au mit dem Farchent (Farchant) *aus, wo einst eine Schlacht geschlagen ward; man wollte in meiner Jugendzeit noch Grabhügel der Erschlagenen umherzeigen. Der Vater erzählte oft davon, und wie wir noch kaum recht zur Schule gingen, hieß er uns deshalb hinuntergehen...* schreibt J. N. Sepp 1876.

Dort im Farchant soll einstmals auch ein Dorf gewesen sein, das aber im Dreißigjährigen Krieg vollständig dem Erdboden gleich gemacht worden sein soll. Eine Gedenktafel an einem Baum neben dem Weg zum Walgerfranz kennzeichnete lange den Ort, wo es einst stand.

Markt Tölz mit Schloss.
(Ausschnitt) Stich von Michael Wening um 1700

Die Kette um die Leonhardikapelle

Um die Leonhardikapelle, die bei der Kirche auf dem Kalvarienberg von Tölz steht, 1718-1722 erbaut, schließt sich seit 1743 eine eiserne Kette (Anmerkung 55) aus lauter Hufeisen. Schon Mitte des 19. Jahrhundert hat Professor J. N. Sepp selbst 460 Hufeisenringe gezählt. Es handelt sich dabei um Votivgaben, die von den Bewohnern der Gegend bei Viehunfällen oder sonstigen Anliegen, ihre Pferde betreffend, geopfert worden waren.

Auch im Inneren der Kapelle zeugt eine Fülle von Votivgaben von der Beliebtheit des Gnadenortes durch die Jahrhunderte hindurch (Anmerkung 56). Jedes Jahr findet hierher die berühmte Tölzer Leonhardifahrt statt.

Die Leonhardifahrt von Tölz

Seit 1718 wird in Tölz nachweislich die Leonhardifahrt zur Kapelle auf dem Kalvarienberg am Festtag des Heiligen, dem 6. November, durchgeführt. Wie solch eine Leonhardifahrt früher gewöhnlich ablief, beschreibt im Jahre 1876 Professor J. N. Sepp so:

Die alten Tölzer setzten sich mit dem ersten Frühlicht zu Ross, um bei dem Strahl der aufgehenden Sonne dreimal den Ritt um die Bergkapelle zu machen. Später tummeln sich die Wagen unter Peitschenknallen in einem Sauser um den Kapellenring.

Gegenwärtig versammeln sich zum Feste immer 30 bis 40 Viergespanne, jedes mit zwei Vorreitern, großentheils mit Blumen bemalte, zu diesem einzigen Feste eigens gebaute Leonhardstruhen aus einer Umgebung von drei Stunden von Gmund, Wegscheid und Heilbronn. Der ganze Wagen ist vollgeladen, der eine mit alten Männern oder Frauen, der andere mit Mädchen oder Knaben, die laut schreiend beten.

So fahren sie den Berg hinan, oben unter Glockengeläute um das Leonhardskirchel, wo der Pfarrer mit dem Kreuzpartikel jedes Gespann segnet; alsdann wohnt Alles dem Gottesdienste bei. Nach dessen Vollendung geht es den Berg hinab, oben zum Tor hinaus zu einer ähnlichen Auffahrt in Gaißach, worauf die Wägen sich zerstreuen oder nach einem kräftigen Trunk im Markte wieder die Heimat aufsuchen. So kommen wohl 200 der schönsten Pferde zusammen. Der Bauer und Gutsherr will seine prächtig aufgeschirrten Rosse, wie auch seinen Hausstand vor der Kirchentüre eingesegnet wissen. (Anmerkung 57)

Felix Dahn schreibt m Jahr 1860 in der Bavaria Landes- und Volkskunde:

Da kommen denn die Bauern schon am Vorabend zur Vesper, jeder mit 2 Rossen, reiten dreimal um die Kirche, binden die Rosse im Wald an, beten einen Rosenkranz und ziehen nach einem nochmaligen Umritt nach Hause.

...Am Festtag selbst kommen die Leute schon in aller Frühe viele Meilen weit auf Leiterwagen gefahren, die mit Kränzen, Fahnen, Bändern, Bogen und Gewinden von Laub und Tannen auf's festlichste geschmückt sind; auch die vorgespannten vier Pferde prangen im besten Geschirr, Mähnen und Schweif mit Bändern durchflochten, und ihre Lenker haben Hut und Geißel mit Strauß und Schleife geschmückt... Alle diese Gespanne umfahren nun hintereinander in raschem Trab die Kapelle. ...Nach der letzten Messe um 12 Uhr fahren die ehrsamen Bauern mit Weib und Kind nach Hause; das lustige junge Volk beginnt nun aber erst die zweite weltliche Hälfte des Festes zu feiern...

Wohl noch aufwendiger wird heute jedes Jahr die Leonhardifahrt von Tölz durchgeführt, wo nicht nur die prächtig geschmückten Rosse und Wägen, sondern auch die in ihre schönste Festtracht gekleideten Menschen die bewundernden Blicke der Zuschauer auf sich ziehen.

Leonhardiritt in Tölz. Zeichnung v. G. Heine, 19. Jahrhundert

Die Isarnixe

Wenn sich die langen warmen Sommerabende langsam ihrem Ende zuneigen und sich der Herbst über das Land senkt, dann ist an der Isar oft ein eigenartiger Lockruf zu vernehmen, der jeden bezaubert: „Tutli-i-i, Tutli-i-i!“ Seltsam fesselnd und geheimnisvoll klingt diese sanfte Stimme, und jeder ist versucht, ihr nachzugehen, um ihre Urheberin zu erblicken. Es ist nicht der Ruf eines seltenen Wasservogels, wie phantasielose Menschen behaupten, es ist der liebliche Gesang der Isarnixe, den besonders Flößer aus Tölz sehr fürchteten, weil durch ihn schon viele von ihnen in den nassen Tod gelockt worden waren. Die Isarnixe, so heißt es, ist das verwunschene Burgfräulein von Grünwald.

Es war vor mehr als 500 Jahren, um das Jahr 1487, da vermählte sich der Bayernherzog Albrecht IV. mit Kunigunde, der Schwester des späteren Kaisers Maximilian I. Die Großen und Mächtigen des ganzen Landes kamen aus diesem Anlass in München zusammen und nahmen an der glanzvollen Hochzeit, die viele Tage gefeiert wurde, teil. Von überall her reisten berühmte Künstler, Spielleute, Gaukler und fahrende Sänger an, um der erlauchten Gesellschaft zum Tanze aufzuspielen, ihr die Zeit mit Kunststücken zu vertreiben und die Gastmähler mit Musik zu verschönern.

Unter ihnen war ein junger Mann von edlem Geblüt, der es wie kein anderer verstand, der Sackpfeife die lieblichsten Töne zu entlocken. Er konnte auch die verschiedensten Tier- und Vogelstimmen täuschend ähnlich nachmachen. Jeden Tag war er von begeisterten Zuhörern umringt, die sich an seiner Kunst erfreuten. Unter ihnen befand sich oftmals auch das Edelfräulein von der Burg Grünwald. Wenn der junge Spielmann das schöne Mädchen erblickte, musizierte er besonders gerne, denn er hatte vom ersten Augenblick an, da er sie gesehen, sein Herz an sie verloren.

Eines Tages, als der Herzog eine Jagd bei Grünwald veranstaltete, fand er endlich Gelegenheit, dem heimlich verehrten Fräulein seine Liebe zu gestehen. Die edle Dame fühlte sich zwar geschmeichelt, hielt sich aber für zu gut für den Musiker. Daher antwortete sie hochmütig: „Ich will nur einem Manne gehören, der bereit ist, sein Leben für mich zu wagen!“

„Mein Leben ist Euer“, rief der Spielmann feurig, „ich will tun, was immer Ihr auch von mir verlangt!“

Da riss die Schöne, einer plötzlichen Eingebung folgend, ihr kostbares Geschmeide vom Hals und warf es lachend in die Isar, die an dieser Stelle besonders reißend und gefährlich war.

„So bringt mir meine goldene Kette wieder“, verlangte sie spöttisch, „und ich will Euren Liebesschwüren Glauben schenken und Euch erhören!“

Ohne sich auch nur einen Augenblick zu besinnen, sprang der Spielmann in die Fluten und tauchte tollkühn nach dem Schmuck des Edelfräuleins. Aber weder er noch das Geschmeide kamen jemals wieder aus den wilden Strudeln des Flusses zum Vorschein. Vergebens harrte das herzlose Mädchen auf die Rückkehr des unglücklichen jungen Mannes, den es mutwillig in den Tod geschickt hatte. Doch die edle Dame entging der gerechten Strafe nicht.

Drei Tage nach dem Vorfall war sie plötzlich verschwunden, so spurlos, als hätte sich der Erdboden geöffnet und sie verschlungen. Von Stund an aber war an der Isar der geisterhafte Lockruf „Tutli-i-i“ zu hören, manchmal ganz nah und verführerisch aus dem Schilf, manchmal ganz fern und unwirklich, wie von weit her.

„Das Tutli-Pfeiferl“, raunten sich die Leute zu, wenn sie diese Stimme vernahmen, „das verwunschene Burgfräulein sucht wieder ein Opfer!“ Und sie bekreuzigten sich schaudernd, wenn sie an den Unglücklichen dachten, den die schöne Nixe durch ihren zauberhaften Gesang in ihre Netze und damit in den nassen Tod lockte. „Sie ist wunderschön“, erzählten sie, „mit ihren großen grünen Augen und den langen grünen Haaren, die funkeln, als seien sie mit Sonnenstäubchen vergoldet. Manchmal trägt sie Schleier, so fein und durchscheinend wie silbriger Nebel im Mondlicht. Sie wohnt in der Nixenhöhle bei Großhesselohe, zusammen mit ihrem Gemahl, dem Wassermann“.

Die Flößer, die früher aus den Bergen die Isar herab fuhren, kamen von jeher ungern durch das Gebiet der Wassernixe. Nach altem Glauben war nämlich derjenige, der die Stimme des zauberhaften Wesens hörte, bei seiner nächsten Floßfahrt dem Tode geweiht und musste elendiglich ertrinken. Noch zu Beginn des 19. Jahrhunderts standen am Wehr bei der Marienklause verschiedene Marterl, die an das unglückliche Schicksal vieler Flößer mahnten, denen die Schönheit und der Gesang der Nixe zum Verhängnis geworden waren. Nur einem jungen Flößer aus Lenggries gelang es einmal, ihrer Macht zu entrinnen. Sie erschien ihm in Gestalt seiner Braut, er aber durchschaute den höllischen Spuk zur rechten Zeit und konnte dadurch in letzter Minute sein Leben retten.

Die Flößer schützten sich vor dem Zauber der grünäugigen Sirene, indem sie geweihte Gegenstände mit sich trugen oder sich bei der gefährlichen Stelle die Ohren verstopften, sich bekreuzigten und laut beteten, um die Lockrufe zu übertönen.

Der Geist beim Schopperlederer

Als während der Säkularisation in Bayern zu Beginn des 19. Jahrhunderts auch Kloster Tegernsee aufgehoben wurde, kehrte einer der Geistlichen, der „Schopperherr" nach Tölz in sein Vaterhaus zurück, um dort seinen Lebensabend zu verbringen. Willibald Schmidt 1936:

Zehn Jahre hat er noch gelebt und daheim in der Hauskapelle jeden Tag seine Messe gelesen. Man hat ihn kaum gemerkt, so still hat er für sich gehaust. Aber nach seinem Tod hat er auf einmal von sich reden gemacht.

Die Leute beim Schopperlederer haben jede Nacht vor dem Schlafengehen die Kapellentür zugesperrt, aber in der Früh war sie jedesmal wieder offen. Sie haben darüber Gedanken angestellt, wollten aber nicht, dass ein Gerede daraus würde. Wie aber einmal der Gerberin ihr Werkführer, der Andrä, ein geborener Wiener, in der Nacht im Hof etwas zu tun hatte und nachher wieder in seine Kammer hinauf wollte, sah er den geistlichen Herrn in seinem napoleonfarbigen, strohgelben Werktagsrock wie leibhaftig die Stiege herabkommen. Der Andrä drückte sich in eine Ecke und getraute sich nicht den Herrn anzureden. Am andern Tag erzählte er es den zwei Stiefgeschwistern. Die gaben nicht viel darauf und sagten:

„O mein, es ist nichts dahinter. Es hat dir halt geträumt!"

Aber die eine brachte die Sache doch nicht aus dem Kopf und ging in den Pfarrhof. Der Pfarrer Steidl gab ihr auf, in der Kapelle und im ganzen Haus fleißig Nachschau zu halten, ob sie nicht auf etwas Verstecktes stoße. Sie suchte und suchte überall, konnte aber lang nichts finden, bis hinter einer kleinen Tafel an der Wand doch ein zusammengewickeltes Papier mit dem Geld für zwei oder drei Messen zum Vorschein kam. Als die Messen in der Kirche gelesen waren, wurde es im Haus ruhig und der Schopperherr brauchte nicht mehr umgehen.

Der Geist vom Pumperer-Müller

Der Pumperer-Müller, der seiner Lebtag lang ein redlicher Mann gewesen war, ging trotzdem nach seinem Tode um. Immer wieder sahen ihn seine Angehörigen und Dienstboten mit einem Buch – er hatte schon zu Lebzeiten viel gelesen – am Gartenweg sitzen.

Seine Kinder wussten nicht, warum er keine Ruhe im Grab finden konnte und noch immer auf Erden umging. Daher wandten sie sich an Pater Hermolaus von den Franziskanern, der bei den Tölzern nur „das Hexenpaterl" hieß, weil er immer Rat und Hilfe wusste, wenn es sich um verhextes Vieh, Poltergeister oder sonstige gespenstische oder unerklärliche Vorgänge handelte. Nachdem dieser eine Weile nachgedacht hatte, fragte er:

„Euer Vater hat doch vor seinem Tod noch einen Garten verkauft?" Als ihm diese das bestätigten, vermutete der Pater:

„Gewiss hat er dabei vergessen, den Durchgang zur Mühle auszunehmen, das lässt ihm nun keine Ruhe. Schaut, dass ihr den Weg noch bekommt." Die Kinder folgten dem Ratschlag; von Stund an waren die Erscheinungen vorüber und der Verstorbene hatte endlich seine Ruhe.

Wie der Maurerstoffel die Ewige Seligkeit fand

Ein Maurer, der im 19. Jh. auf dem Mühlfeld wohnte, hat, so heißt es, durch die Liebe seiner Frau die Ewige Seligkeit erlangt:

Der Maurerstoffel auf dem Mühlfeld hatte ein kreuzbraves Weib, aber das Tölzer Bier war ihm das liebste auf der Welt. Und hat doch elend im Wasser ertrinken müssen. Im Rausch ist er von der Brücke beim Herrn unterm Turm in den Elbach gefallen. Am andern Tag hat man ihn tot herausgezogen. War das ein Jammer bei seiner Gretl! „O mein Gott! Oh mein Gott!" klagte sie und wischte sich die nassen Augen mit dem Fürtuch, „wenn ich's nur derbeten

Bauernmädchen aus Tölz.
Aquarell von Lorenzo Quaglio um 1820/21

könnt', dass der Stoffl in die ewige Seligkeit kommt!"

Den Kalvarienberg lief sie auf und ab und betete bei Unserm Herrn im Kerker. Und immer wünschte sie sich: „Wenn ich grad wüsst', wie's dem Stoffl in der andern Welt geht!"

In der Karfreitagnacht rutschte sie gar den Kreuzweg vom Ölberg bis zu den drei Kreuzen auf den Knien hinauf und betete bei jeder Station extra. Stundenweit ist sie zu den sieben Feldkreuzen gelaufen, vom Bruckfeld und der Wackersberger Leiten bis zu dem Kreuz ober der Weinbergleiten auf dem Weg nach Gaißach, zum Standkreuz hinterm Lettenholz am Burgfrieden und über Elbach hinaus, um so viel Ablass für den Stoffl zu gewinnen, wie wenn man zu Rom sieben Kirchen besucht. Am Ende hat sie es doch derbetet und der Ihrige ist ihr in der Nacht erschienen.

„Bist du es, Stoffl", hat sie ihn gefragt. Er aber hat nichts gesagt als: „Dort geht's gerecht zu." Dann ist er wieder verschwunden.

Die Gretl hat weiter gebetet und Messen lesen lassen. Am Märzenkeller oder dem Khanturm hat sie ihm eine Armenseelentafel anbringen lassen. Die ist schon lang verkommen. Der Stoffl ist auch gewiss nimmer im Fegfeuer, dafür aber schon lang bei seiner Gretl im Himmel. Willibald Schmidt 1936

Der Geist in der Guffelmühle

Es ist schon sehr lange her, da war es in der Guffelmühle nicht geheuer. Wer sich in der Nacht dort aufhielt, der kam nicht mehr lebendig heraus. Alle fürchteten sich vor dem bösen Geist, der dort sein Unwesen trieb. Eines Tages beschloss ein junger Maler, der nicht an Geister glaubte und weder Tod noch Teufel fürchtete, dem Spuk ein für allemal den Garaus zu machen. Er ging in die Mühle und wurde von da an drei Wochen lang nicht mehr gesehen. Dann fand man seine Leiche im Mühlbach. Von Stund an aber ging es in der Guffelmühle nicht mehr um. Später wurde das Mühlwerk abgerissen und die unheimliche Mühle nicht mehr benützt.

Der Schatz im Pfannholz

Das Bannholz oder Pfannholz auf dem Kalvarienberg von Tölz erstreckte sich früher bis zum „Heiligen Baum“ und galt als ein heiliger Hain (Anmerkung 58). Dort ist es bei Nacht aber nicht geheuer. Ein besonders unheimliches Erlebnis hatte dort einmal ein Gäumetzger, der, von München her kommend, bei Dunkelheit durch das Hölzl ging. Willibald Schmidt schreibt 1936:

Da hat sich auf halbem Weg beim Rasthüttl, wo bei dem Bild Unseres Herrn in der Rast die armen Seelen auf dem Weg zur Richtstätte noch einmal rasten und beten durften, ein klägliches Wimmern erhoben und eine weiße Frau ist auf einer eisernen Truhe gesessen und hat die Hände nach dem Metzger ausgestreckt, er soll sie erlösen. Jetzt ist aber ein schwarzer Pudel mit feurigen, rollenden Augen vor ihm aufgesprungen. – „Jesus, Maria und Josef!“ hat der erschrockene Metzger gerufen, da ist die weiße Frau mitsamt der Schatztruhe in die Tiefe gesunken. Bloß ein jämmerliches Weinen und Wehrufen hat er noch heraufgehört. *Der Mann aber ist in seiner Angst gelaufen wie ein angeschossener Rehbock und ist ganz weiß in den Stiegenbräu auf der Post gekommen.*

Wie es heißt, ist über diesen Vorfall, der so um 1780 herum stattgefunden haben soll, in Tölz viel geredet worden. (Anmerkung 59)

Der Streit um den Stallauer Weiher

Der Ort Stallau oder Vorderstallau bildet die Wasserscheide zwischen Isar und Loisach. Er wird bereits im 13. Jh. (1251) als „Stalone“ bezeichnet. Der Weiher soll von dem Tiroler Jakob Tänzel auf Tratzberg, der den Riederbach von den Tölzern gekauft hatte, in den Jahren 1514-19 selbst angelegt worden sein, nachdem es, wie es heißt, heftigste Streitereien wegen der Wasserrechte mit den Tölzern gegeben hatte.

Nach seinem Tod kaufte ihn das Kloster Benediktbeuern.

Die Burg Hohenegg und die drei Schwestern

Hohenegg liegt zwischen Hohenburg und Höhenberg. Alle drei Burgen gehörten einst zusammen und waren so errichtet, dass sich deren Bewohner durch nächtliche Feuerzeichen untereinander verständigen und gegebenenfalls zu Hilfe kommen konnten.

Hohenegg wurde im Jahre 1172 von Rickher von Hoheneck, einem Teilnehmer des Kreuzzuges unter Heinrich dem Löwen, gegründet. Es handelt sich um eine kleinräumige Befestigungsanlage auf dem westlichen Isarhochufer, nordöstlich des Peterbauer. Sie wurde wohl als Zufluchtsort in Zeiten der Gefahr benützt, denn der eigentliche Adelssitz ist der „Birkhof". Hohenegg war noch eine Holzburg, darum sind keine Ruinen mehr vorhanden.

Einst lebten auf der Burg drei Schwestern, die so reich waren, dass sie ihre Schätze und ihr Geld gar nicht mehr zählen konnten. Aber, je mehr einer hat, desto mehr will er haben! Als das Erbe geteilt wurde, konnten zwei der Schwestern nicht genug bekommen und übervorteilten ihre jüngste Schwester, die blind war. Sie machten, wenn die Reihe an sie selbst kam, den Scheffel immer ganz voll, kam die Reihe an die jüngste Schwester, drehten sie ihn um und füllten nur die Bodenkehle mit Gold.

Als die Betrogene merkte, was ihr die anderen angetan hatten, sprach sie einen schrecklichen Fluch aus. Da versank der ganze Schatz, und die Burg verschwand bis auf die Ringwälle, die heute noch zu sehen sind, im Erdboden.

Seither haben viele versucht, das Geld zu finden, wie Gruben und Löcher im Boden beweisen. Aber es ist bisher noch keinem gelungen. Der „Schlossbauer von der Bürg" ging einmal dort vorbei und sah so schön glänzendes Laub am Boden liegen, dass er ein paar Handvoll davon aufhob und in die Tasche steckte, um es seinen Kindern zum Spielen zu bringen. Zuhause merkte er, dass es lauter Geldstücke waren. Sofort rannte er wieder zurück, um noch mehr zu holen, aber er konnte trotz allen Suchens die Stelle, wo er das Laub mitgenommen hatte, nicht mehr finden. Ein andermal lag an der Stelle, an der er meinte, den Schatz gefunden zu haben, ein Nest voller Schlangen. Er warf einen Stein hinein, um sie zu verscheuchen, aber sie fuhren zischend auf ihn los und er konnte sich nur mit Mühe vor ihnen retten. Der Schlossbauer behauptete stets, von dem letzten Grafen abzustammen, der verbauert sein soll und dann den Peterbauernhof gegründet und bewohnt haben soll.

Die Kirchengründung von Königsdorf

Eine ähnliche Sage wie von der Kirchengründung von Jachenau, Benediktbeuern oder vielen anderen bayerischen Kirchen, erzählt man auch von Königsdorf. Ursprünglich war geplant, das Gotteshaus in Brand zu errichten. Weil aber der Holzknecht, der mit dem Bau beauftragt war, sich bei jedem Schlag, den er tat, in den Fuß hackte, obwohl er sonst sein Handwerk sehr gut verstand, und weil die blutigen Scheite von Tauben jeweils an den gleichen anderen Platz getragen wurden, sah man dies als Fingerzeig Gottes an und erbaute an dem Ort die neue Kirche.

Die verschwunde Burg von Königsdorf

In Königsdorf soll sich im Mittelalter eine Burg, die den Ritter von Hechenkirchen gehörte, befunden haben.

Heute ist sie spurlos verschwunden. Der Sage nach, wurde sie i Dreißigjährigen Krieg vollständig zerstört, geradezu dem Erdbode gleich gemacht.

Es gibt nichts mehr, was auf ihre Existenz hinweisen würde ode was die Richtigkeit der Sage bestätigen könnte.

Der Schatz im Leimberg bei Buchen

Im Leimberg zwischen Königsdorf und Buchen ist ein reicher Schatz vergraben. Er soll von einem roten Gespensterhund bewacht werden, der dort umgeht. Kinder erzählten früher oft, von einem roten Hund, den sie in der Gegend dort gesehen hätten. Erwachsene Personen aber haben den beschriebenen roten Hund noch nie beobachten können.

Wie Bad Heilbrunn entstand

Wohl schon im Altertum waren die medizinischen Kräfte des „Hailprunen“ (alter Name von Heilbrunn, Anmerkung 60) in Steinbach bekannt. Nach frühen Überlieferungen war hier bereits in heidnischer Zeit ein Kultplatz. Nach der Christianisierung wurde er den Heiligen Pankratius und Kilian geweiht, ebenfalls Kirchenpatrone des heutigen Gotteshauses von Bad Heilbrunn.

Zur Zeit der Hunnenkriege im 9. Jahrhundert sollen die Einwohner von Steinbach, aus Furcht vor den Feinden ihre gesamten Kirchenschätze in die Heilquelle geworfen haben und sich dann in die Berge und Wälder geflüchtet haben. So erzählt die Überlieferung.

Am 21. September des Jahres 1159 ließ Abt Walther von Benediktbeuern von einigen Klosterbrüdern nach den verschollenen Reichtümern graben. Wie es heißt, sei dabei plötzlich unter fürchterlichem Donnern ein helles Licht erschienen, in dem die fast zu Tode erschrockenen Mönche ein Kreuz zu erkennen glaubten (Anmerkung 61). Wie schon in früheren Zeiten wurde die Quelle wieder als magischer Ort angesehen und viele suchten und fanden hier Heilung, so ein Lahmer aus Reichersbeuern oder eine von Migräne geplagte Frau, die an der Isar wohnte. Mit Hilfe des Jodsalzes im Wasser der Quelle soll es den Einwohnern von Greiling sogar gelungen sein, Erdmäuse aus ihren Feldern zu vertreiben.

Kurfürstin Henriette Adelheid. Gemälde v. Jean Delamonce

Früher pilgerten die Tegernseer am St. Quirinstag nach Bad Heilbrunn, weil eine Frau aus dem Ort, die dreißig Jahre lang, wie es heißt, von bösen Geistern besessen war, bei einer Teufelsaustreibung hier Hilfe gefunden hatte.

Kurfürst Max Emanuel. Gemälde v. Andreas Wolff

Zur Zeit der Renaissance standen im ganzen Ort schon zweistöckige Badhäuser, in denen das berühmte Heilwasser in großen Kesseln heiß gemacht und zum Kuren verwendet wurde. Damals wurde es sogar in andere Länder wie Frankreich, Russland oder Österreich verkauft.

Kurfürst Ferdinand Maria, 17. Jahrhundert

Berühmt wurde das schon früher beim Adel sehr beliebte Heilbad, als Kurfürstin Henriette Adelheid, eine der schönsten Frauen ihrer Zeit, im Jahre 1659 hier in Begleitung von 200 Dienern sechs Wochen lang zur Kur war, weil sie darauf hoffte, endlich den ersehnten Thronfolger zu gebären.

Stich v. M. Wening. Die Schwaige Nymphenburg im 17. Jahrhundert, das Geschenk von Ferdinand Maria an Adelaide

Nach achtjähriger, kinderloser Ehe mit Kurfürst Ferdinand Maria, ging ihr Wunsch daraufhin in Erfüllung. 1660 wurde sie Mutter einer Tochter Maria Anna Christine Victorie (1680 mit dem Dauphin Ludwig von Frankreich, verheiratet), 1662 gebar sie endlich den ersehnten Thronfolger, Maximilian II. Maria Emanuel, anschließend noch eine Tochter und drei Söhne (Anmerkung 62).

Aus großer Dankbarkeit ließ der Kurfürst daraufhin die Theatinerkirche in München und das Hauptgebäude von Schloss Nymphenburg erbauen, das er seiner Gemahlin Henriette Adelheid schenkte. Ferdinand Maria wurde „Vater des Vaterlandes und des Friedens“ genannt, weil es ihm gelang während seiner fast dreißigjährigen Regierungszeit, Bayern den Frieden zu erhalten.

Das rote Manndl bei Heilbrunn

In Letten bei Bad Heilbrunn trägt ein Hügel den Namen „Hofstatt“. Hier soll einst ein Schloss gestanden sein, das durch einen unterirdischen Gang mit Schloss Harmating verbunden war. Das Schloss soll mit einer Unmenge an Schätzen im Hügel versunken sein. Wer am späten Abend oder in der Nacht den Hügel beobachtet, kann, wenn er Glück hat, ein Lichtlein dort flackern sehen.

Der Schatz wird von einem roten Manndl bewacht, das auf der Hofstatt umgeht. Diejenigen, die ihm schon begegnet sind, behaupten, dass es manchmal bis zum Pollinger Bach wandert. Den Schatz aber hat bisher noch niemand gefunden.

Die weiße Frau im Moor

Ein besonders unheimliches Erlebnis hatte einmal ein Metzger, der von seiner Arbeit durch das Moor im Loisachtal nahe der Reindlschmiede (heute ein Gasthof) nach Hause ging. Plötzlich vernahm er herzzerreißendes Weinen, das ganz aus der Nähe zu kommen schien. Er schaute sich um und sah eine ganz in weiße Gewänder gehüllte Frau, die auf einer riesigen eisernen Truhe saß.

„Hilf mir und erlöse mich!“, flehte sie ihn an.

„Gerne helfe ich dir“, erwiderte der Metzger, der ein mutiger Mann war, „du musst mir nur sagen, was ich tun muss!“

„Hebe den Schatz zu meinen Füßen, dann bin ich erlöst!“, erwiderte die weiße Frau.

Da ging der Mann hin und wollte eben die Truhe hochheben, als sich die weiße Frau vor seinen Augen in einen schwarzen Pudel mit feuerroten glühenden Augen verwandelte, der ihn wütend anbellte. Vor Schreck machte der Metzger einen Satz nach rückwärts und betete als Stoßgebet die heiligen Namen:

„Jesus, Maria, Josef!“

Im gleichen Augenblick tat es einen fürchterlichen Krach, der Boden öffnete sich und die Truhe versank in der Tiefe. Der Metzger aber rannte wie von Furien gehetzt zur Reindlschmiede, wo er zitternd und klatschnass vor Schweiß anlangte. Das schaurige Hundegebell war noch immer zu vernehmen.

Wie es heißt, konnte der Mann seit dem schrecklichen Erlebnis des Nachts oft nicht schlafen, weil er es immer wieder hörte und nicht vergessen konnte. (Anmerkung 63)

Der Tausendguldenstein am Blomberg

Im Blomberg sind reiche Schätze verborgen, die von einem verzauberten Wesen bewacht werden, so dass sie von den Menschen nicht gefunden und auch nicht erkannt werden können. Oft habe, so wird berichtet, eine Sennerin, die einen Stein hinter einer ungehorsamen Kuh hinterher schleuderte, eigentlich einen Tausendguldenstein geworfen, ohne es zu bemerken.

Laut dem Sagenforscher J. N. Sepp soll der Name Blomberg sich von „Blumenberg“ ableiten.

Die Neugeborenen vom Blomberg

In vielen Gegenden Deutschlands erzählte man früher den Kindern, die Neugeborenen bringe der Storch; nicht so im Isarwinkel. Hier hieß es, dass sie auf der Isar angeschwommen seien oder aber, sie würden „vom Blomberg herabgeholt“.

Diese Redewendung geht auf den Dreißigjährigen Krieg zurück, wo sich die Frauen der Umgebung auf den Blomberg geflüchtet hatten, um dort vor den Feinden in Sicherheit zu sein.

Die Winternachtfeuer bei Heilbrunn

Ein seltsamer Brauch wurde zur Heidenzeit in der Wintersonnwendnacht bei Heilbrunn im Gebiet des Bocksberges, der davon wohl seinen Namen hat, ausgeübt.

Damals trieben die Bauern ihre besten Schafböcke auf die höchste Stelle der Anhebung, wo sie von einem Buben bewacht wurden. Inzwischen häuften die Bauern einen großen Haufen dürres Geäst und Reisig auf, den sie um Mitternacht anzündeten. Jetzt zwangen sie die verängstigten Tiere mit Peitschenhieben und lauten, drohenden Schreien dazu, über das Feuer zu laufen oder zu springen. Der Lärm war weit über das ganze Land zu hören.

Dadurch, so glaubte man, würden böse Geister von den Viehställen fern gehalten und Viehseuchen verhindert werden. Von der Glut des Feuers nahm jeder Bauer etwas mit heim, um auch Haus und Hof vor Hexen und anderen Unholden zu sichern. Kohlenreste wurden dem Vieh ins Futter gemischt, damit auch die Tiere vor jeder bösen Macht geschützt waren.

Die großen Fahnen im Isarwinkel und Tölzer Land

Früher wetteiferten die Orte miteinander, wer den schönsten und höchsten Maibaum oder wer bei Prozessionen und anderen festlichen Anlässen die größten Fahnen hatte. J.N. Sepp schreibt 1876:

Dass eine Gemeinde weitum den höchsten Maibaum und die längste Fahnenstange hat, gehört mit zum Bauernstolz, auch erprobt sich im Heben und Tragen die Manneskraft. Im Isarwinkel wetteifert darin Dorf für Dorf, und es stämmen sich die stärksten Burschen, dieser Aufgabe trotz Wind und Sonnenbrand gewachsen zu sein. Nach Tölz kommen auf Mariä Geburt und Rosenkranzfest die Landfahnen von Wackersberg, Fischbach, Elbach und Gaißach zur Prozession, so dass die höchsten über die Häuser und fast über das Kirchendach hinausragen. Damit bewegt sich vor den Augen der betenden und staunenden Menge der Umgang vorwärts; manchmal hat sich freilich die höhere Luft im Fahnenblatte verfangen und ist selbst die aufgesetzte Stange gebrochen. Ebenso halten es die Längrißer.

Als die von Benediktbeuern eine Fahne besaßen, die bis an die Kirchendecke reichte, schafften die Bichler aus „Proglerei" sich eine grüne Fahne an, die man gar nicht mehr in der Klosterkirche aufstellen konnte. Die Riederer wollten auch nicht zurückbleiben, so wie in der Höhe des Maibaumes Heilbronn, Königsdorf, Kochel, Sindelsdorf, Habach, Antdorf und Iffeldorf sich messen.

Der Schwarze Tod in Bichl

Während des Dreißigjährigen Krieges, im Jahre 1634, suchte eine verheerende Pestepidemie den Ort Bichl heim. Wie es heißt, war sie von spanischen Reitertruppen, die gegen die Schweden kämpften, eingeschleppt worden.

Bauern im Gebirge.
Zeichnung aus „Gartenlaube“ von 1870

Man musste den Kranken das Essen beim Fenster hereingeben und hatte auch andere Vorsichtsmaßnahmen ergriffen, um die Seuche einzudämmen, aber umsonst. Fast alle Bewohner des Ortes wurden vom „Schwarzen Tod“ hingerafft. Zuletzt war nur noch der Totengräber am Leben, aber auch seine eigene Frau hatte er auf dem Pestfriedhof, der außerhalb des Dorfes an der Straße nach München lag, begraben müssen. Die Pest soll damals das benachbarte Benediktbeuern verschont haben, weil der Aschbach Hochwasser führte und keiner hinüber oder herüber konnte und durfte. Entlang des Baches wurden damals auf Bichler Seite große weiße Tücher aufgehängt, um vor der Pest zu warnen. Wie berichtet wird, sind sie, als der Ort fast ausgestorben war, auf der Bichler Seite auf einmal ganz rot geworden. Soweit die Sage. In Wirklichkeit sind in Benediktbeuern aber ebenfalls vierzig Leute an der Pest gestorben, wie eine Gedenktafel in der Pestkapelle von Bichl erinnert.

An allen Zugängen zu einem Ort, in dem die Pest wütete, mussten – wie es damals Vorschrift war – auf die Grenzstangen die gefürchteten Strohwische gesteckt werden, die jedem Ankömmling sofort kundtaten, dass er so schnell wie möglich das Weite suchen musste. Die Bewohner selbst durften ihr Dorf nicht mehr verlassen. Die umliegenden Ortschaften waren nach den damals gültigen Gesetzen verpflichtet, sie mit Nahrungsmitteln, Heilkräutern, Gewürzen und allem, was sonst gebraucht wurde, zu versorgen. Diese lebensnotwendigen Gaben wurden am Rand des Ortes abgelegt, dessen Bewohner sie später holen konnten. So versuchte man, das Übergreifen der verheerenden Seuche einzudämmen. Die Pesttoten wurden immer außerhalb des Dorfes bestattet, weil man auch die Ansteckung durch die Toten fürchtete (Anmerkung 64).

Der Schatz im Hochbichl

Nicht weit von Bichl liegt ein Hügel mit dem Namen „Hochbichl“. Dort soll einst ein Schloss gewesen sein, von dem heute jedoch nichts mehr zu sehen ist. Aber im Innern des Berges sollen reiche Schätze verborgen sein. Genaues darüber weiß aber niemand mehr. Die einen vermuten, dass es eine reiche Goldader ist, andere behaupten, es sei eine eiserne Truhe voller Geld. Wenn jemand nur tief genug graben würde, so heißt es, könnte er den Schatz wohl heben. Ein Mann aus der Gegend, der „Schmiedhanslbauer", ist an einem langen und arbeitsreichen Tag einmal dort eingeschlafen. Plötzlich weckte ihn ein unheimliches Sausen und Brausen, das sich anhörte, als würde ein Unwetter kommen. Erschrocken schlug er die Augen auf und sah vor sich einen Fremden stehen, der in ein vornehmes Samtgewand gekleidet war und links und rechts neben sich zwei Geldsäcke stehen hatte. Der Schmiedhanslbauer rannte vor Schrecken sofort heim und rief mehrere Leute zusammen. Gemeinsam gingen sie zu der Stelle zurück, fanden dort aber weder den Fremden noch die Geldsäcke, sondern nur alte Haderlumpen.

Die Klostergründung von Benediktbeuern

Einst hielten sich die Herren Landfried, Waldram und Eliland, drei Brüder aus der Adelsfamilie der Huosi und enge Verwandte von Karl der Große (Anm. 65), in Bayern zur Jagd auf. Sie waren fromme und gottesfürchtige Männer. Als sie eines Abends am Kolomanbach von der Hetze des Tages ausruhten, kamen sie ins Sinnieren und erkannten, dass das irdische Dasein ebenso flüchtig ist, wie der Windhauch, der durch die Bäume wehte, unter denen sie lagerten. Da beschlossen sie, sich Schätze für das ewige Leben zu erwerben und an Ort und Stelle ihrer Erkenntnis ein Kloster zu errichten.

Sie riefen ihre Knechte zusammen und befahlen ihnen, die Wildnis zu roden. Diese begannen ihr Werk mit großem Eifer, doch so fleißig sie auch Bäume fällten und sich durch dichtes Unterholz kämpften, sie kamen doch nicht recht vorwärts. Immer wieder verzögerten Unfälle und andere Missgeschicke die Arbeit. Bald schlug sich der eine mit der Axt in die Hand und konnte daher nicht mehr

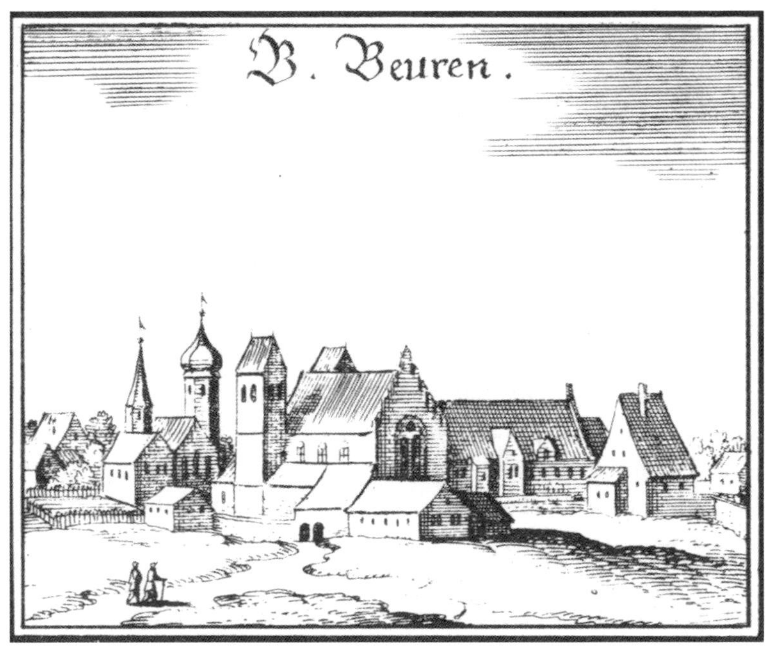

Benediktbeuern. Stich von Merian um1644

weiter zupacken, bald sprang dem anderen ein Scheit an den Kopf und verletzte ihn schwer. Viele der Holzstücke, die sie mühsam bearbeitet und zusammengetragen hatten, waren schon mit dem Blut der Leute getränkt. Da liefen diese zu ihren Herren, berichteten über die Vorfälle und sagten: „Wir können nicht weiter arbeiten, hier geht es nicht mit rechten Dingen zu!"

Wie sie noch so standen und berieten, was zu tun sei, da flog eine Schar weißer Tauben nieder. Jeder der Vögel nahm ein Holzscheit in den Schnabel, trug es fort und ließ es an einer anderen Stelle, die nicht allzu weit von dem vorigen Ort entfernt war, wieder zu Boden fallen. Staunend beobachteten die Menschen eine Weile das seltsame Treiben der Tiere.

„Vielleicht ist dieser Platz Gott nicht wohlgefällig und wir werden deshalb vom Unglück verfolgt“ mutmaßte Herr Landfried.

„So lasst es uns an der Stelle versuchen, die uns die Vögel gewiesen haben!“ schlug Herr Eliland vor.

Nun begaben sich alle rasch an den Ort, an dem die Tauben die blutbefleckten Scheite fallengelassen hatten. Und siehe da, diese lagen in Form eines großen Kreuzes auf der Erde!

„Der HERR will, dass das Kloster hier errichtet wird. Wir beugen uns demütig Seinem heiligen Willen!“, sprachen Landfried, Waldram und Eliland ergriffen zueinander.

Wieder begannen sie mit dem Bau des Gotteshauses. Nun aber ging den Leuten die Arbeit so gut von der Hand wie nie zuvor. Keiner wurde verwundet und keinem stieß während des Baues ein Unglück zu. Die drei hohen Herren stifteten auch noch andere Klöster, nämlich das zu Chochalsee, das zu Schlehdorf, das von Polling, das von Wessobrunn, eines am Staffelsee und das zu Schäftlarn. Landfried, der Älteste der Brüder, wurde der erste Abt des Klosters, trug aber nicht das Mönchsgewand, sondern behielt seine Fürstentracht bei. Ihm folgten seine Brüder nacheinander in demselben Amt. In der Alten Pinakothek in München hängt ein Gemälde von Jan Polack aus dem Jahre 1490, das die drei Brüder zeigt. In der Klosterkirche sind sie über ihrem Sarkophag und an der Brüstung der Westempore dargestellt.

Das Kloster gilt als ältestes in Bayern, seine Anfänge gehen auf das Jahr 739 zurück. Die damalige erste Kirche wurde vom Hl. Bonifatius geweiht. Karl der Große schenkte dem Kloster die berühmte Armreliquie des Hl. Benedikt, die heute noch in der Kirche aufbewahrt und ausgestellt wird. Spätestens im 13. Jahrhundert wurde aus dem Namen „Buron“ des Klosters der Name „Benedictoburnum“. Mehrfach wurden Kirche und Kloster im Laufe der Geschichte zerstört, etwa durch die Ungarn im 11. Jahrhundert, wo sie nach ihrem Wiederaufbau von Bischof Ulrich aus Augsburg erneut eingeweiht wurden. Der heutige prächtige Barockbau ist bereits die fünfte Kirche, errichtet in den Jahren 1681-1686. Seit der Säkularisierung 1803 ist die Klosterkirche die Pfarrkirche des Ortes. Die

Fundamente der ersten Kirche mit Tuffplattengräbern aus dem 8. Jahrhundert und Fragmenten mit langobardischen Flechtmustern wurden nach 1988/89 gefunden. Noch heute ist Benediktbeuern ein Wallfahrtsort zum Hl. Benedikt, dem Patron Europas, und wurde 1973 von Papst Paul VI. zur Päpstlichen Basilika minor ernannt.

Die unterirdischen Gänge von Benediktbeuern

Zwischen Kloster und ehemaligem Sommerkeller der Brauerei in Benediktbeuern sind unterirdische Gänge. Den Schulkindern aus Bichl, die hier vorüber mussten, war es nie ganz geheuer an diesem Platz, der heute von Kastanien bewachsen ist. Bei der Schule führte früher eine gewendelte Treppe bis ganz an einen der Gänge heran.

Die Benediktenglocke zu Benediktbeuern

Dem Klang einer Glocke wurde von jeher viel Aufmerksamkeit geschenkt, soll er doch beispielsweise Hexen verjagen oder schwere Unwetter und Hagel vertreiben können (Anm. 27). Eine besondere Kraft und einen überaus schönen Klang hat die Benediktenglocke von Benediktbeuern. J. N. Sepp schreibt 1876:

Auch die Benediktenglocke zu Benediktbeuern ist hoch geweiht, man hört sie bei rechtem Wind auf drei Stunden weit. Als man sie goss, warfen der Prälat und die Klosterherrn ganze Hände voll Silbertaler hinein, damit sie einen reinen Klang erhielte. Beim Klostersturm sollte sie nach München gebracht und eingeschmolzen werden; da standen die Einwohner alle dafür ein, selbst der ärmste Dienstbote musste 24 kr. geben und so brachte man 2000 fl. Zusammen, sie frei zu kaufen.

Der falsche Abt von Benediktbeuern

Zur Zeit des Dreißigjährigen Krieges, als die Schweden mordend und sengend durch das Bayernland zogen und es insbesondere auf dessen reiche Kirchen und Klöster abgesehen hatten, da kamen sie auch nach Benediktbeuern. Gustav Adolf nahm höchstpersönlich in den Räumen des Klosters sein Quartier. Als er bei einem Rundgang das Anwesen besichtigte, fiel ihm eine Inschrift auf, die besagte: „Benediktbeuern, Kloster ohne Sorgen".
Neugierig geworden, befragte er den Abt, was es denn mit dem Spruch auf sich habe.

Dieser erklärte ihm, dass sowohl die Klosterleute, wie auch alle Untertanen ihr gutes Auskommen hätten, darum zufrieden seien und ein Leben ohne Sorgen um das tägliche Brot führen könnten.

„So, Ihr habt also keine Sorgen?“, lachte da der Schwedenkönig, „wohlan denn, so will ich Euch welche bereiten! Hört also, Herr Abt, Ihr sollt mir bis morgen früh auf diese drei Fragen Antwort geben:

Erstens, wie viele Sterne stehen am Firmament?

Zweitens, wie weit ist es in den Himmel?

Drittens, wie weit sind Glück und Unglück auseinander?

Seid Ihr dazu imstande, dann gut, wenn nicht, werde ich Eure Kirche und Euer Kloster von meinen Soldaten in einen Trümmerhaufen verwandeln lassen.“

Nach diesen höhnischen Worten wandte sich der König ab und verließ den Abt, der wie vom Donner gerührt dastand und ihm nachstarrte. In den folgenden Stunden grübelte der geistliche Herr verzweifelt über die Lösung der Aufgaben nach. Er zermarterte sich das Gehirn und suchte in den alten, gelehrten Schriften der Klosterbibliothek, aber er konnte die Antwort nicht finden.

Dem Küchenjungen des Klosters, einem frischen, aufgeweckten Burschen fielen am nächsten Morgen beim Frühmahl das von Sorgen zerfurchte Gesicht und das bedrückte Wesen des Abtes auf. Mitfühlend fragte er nach den Gründen hierfür. Da erzählte ihm dieser von den drei Fragen des Schwedenkönigs und von dessen schrecklicher Drohung.

„Wenn es weiter nichts ist, was Euch Kummer bereitet, so will ich Euch wohl Rat schaffen!“, rief der Küchenjunge fröhlich. „Überlasst mir für kurze Zeit Euer geistliches Gewand und die Insignien Eurer Würde, und ich werde an Eurer Stelle die Fragen beantworten!“

Da dachte der Abt: „Nützt es nichts, so kann es doch auch nicht schaden, denn ich weiß die Lösungen ohnehin nicht.“ Er willigte in den Plan des jungen Mannes ein.

Als Abt verkleidet trat dieser kurz darauf vor den Schwedenkönig hin.

„Nun“, sprach Gustav Adolf spöttisch lächelnd, „bald wird es, so dünkt mir, mit dem Kloster ohne Sorgen ein Ende haben oder wisst Ihr etwa die Antwort auf meine Fragen?“

„Aber gewiss doch, Euer Majestät“, entgegnete der Angesprochene vergnügt. „Wir Mönche sind nicht umsonst die klügsten Leute im Lande!“ Er führte den König in den Hof des Klosters, wo ein alter Esel stand.

„Dieses Tier“, erläuterte er mit ernsthafter Miene, „hat an seinem Körper ebensoviel Haare, wie Sterne am Firmament sind. Immer wenn – was ja manchmal geschieht – einige der Himmelskörper verlöschen, verliert er die gleiche Anzahl von Haaren; tauchen neue auf, so wachsen ihm ebenso viele nach. Euer Majestät können sich von der Richtigkeit meiner Aussagen gerne selber überzeugen und sowohl die Sterne als auch die Haare dieses Esels nachzählen lassen.“

„Gut“, meinte der Schwedenkönig, der Sinn für Humor hatte, „das will ich gelten lassen. Doch wie steht es mit den anderen Rätseln? Könnt Ihr mir sagen, wie weit es in den Himmel ist, Ihr so überaus kluger Mönch?“

„Gewiss doch“, antwortete der pfiffige Bursche, „wenn wir vom Kloster es nicht wissen, wer soll es denn dann wissen! Wie Euch sicher bekannt ist, gibt es auf dem Weg zwischen Erde und Himmel kein Wirtshaus. Im gleichen Augenblick, in dem die Seele den Leib verlässt, ist sie auch schon bei Gott. Als ein hoch gebildeter Mann, der Ihr seid, könnt Ihr leicht daraus die Entfernung ersehen!“

Anerkennend nickte Gustav Adolf mit dem Kopf und wartete gespannt auf die Lösung seines dritten Rätsels.

„Glück und Unglück sind so weit auseinander wie gestern und heute, denn seht, gestern war ich noch ein armer Küchenjunge und heute bin ich bereits Abt dieses Klosters!“

Da gab sich der König lachend geschlagen und ließ auch die letzte Frage als beantwortet gelten. Erstaunt erkundigte er sich jedoch: „Ja seid Ihr denn nicht wirklich der Abt?“

„Nein“, antwortete der Küchenjunge, „ich trage nur sein Gewand. Solche Fragen kann ich auch lösen, dafür brauchen wir unseren verehrten Herrn Abt nicht zu bemühen."

Der König hielt sein Wort und gab das Kloster nicht der Zerstörung preis. Bald darauf zog er mit seinen Truppen wieder ab, und in Benediktbeuern, dem Kloster ohne Sorgen, kehrte wieder der friedliche Alltag ein.

Nur der kluge Küchenjunge führte fortan ein anderes, besseres Leben, denn der Abt vergaß nicht, dass er dessen Witz und Schlagfertigkeit die Rettung des Klosters verdankte.

Der eingemauerte Schatz im Kloster

Der Sage nach ist im Kloster Benediktbeuern ein reicher Schatz eingemauert, aber niemand weiß, wo:

Vor vielen hundert Jahren, sagen die einen, die anderen meinen, es wäre erst vor der Klosteraufhebung gewesen, da ließ der Abt im Kloster zu Benediktbeuern einen Maurer von Gschwendt kommen. Der sollte ihm eine große eiserne Kiste einmauern. Zuerst banden sie ihm ein dickes Tuch vor die Augen, dann wurde er tief unter dem Kloster viele Stiegen auf und ab geführt. Als sie den richtigen Platz gefunden hatten, drehten sie ihn so lange rund herum, bis er die Richtung vergessen hatte. Dann nahmen sie ihm die Binde herunter und schafften ihm das Gold und das Silber einzumauern.

Als er mit der Arbeit fertig war, führten sie ihn mit verbundenen Augen wieder die Kreuz und die Quer, ehe er ans Tageslicht durfte. Man hat schon oft nach dem Schatz gesucht, aber ihn nie gefunden. Auch als das Sommerhaus im Hofgarten abgebrochen wurde, hoffte man hinter das Geheimnis zu kommen, aber wieder umsonst. Dieser Maurer ging einmal an einem Karfreitag am heutigen Mühlbach entlang heimzu. Wo der Bach im Garten des Rest ein Eck macht, sah er einen Haufen goldglänzender Steine, kümmerte sich aber nicht weiter darum.

Daheim erzählte er es seinen Leuten. Die gingen mit ihm wieder zurück, aber niemand hat etwas von dem Schatz gesehen. Nur Nattern haben sie an dem Platz gefunden. Noch auf dem Sterbebett hat der Maurer seine Behauptung als wahr ausgegeben. (Anm. 66)

Die Geisterversammlung in Benediktbeuern

Es ist schon sehr lange her, da sah Pfarrer Hottner von Benediktbeuern, der eines Abends noch sehr lange wach war, plötzlich Licht im Refektorium des Klosters.

„Nanu, was ist denn da los?“, fragte er sich verblüfft. „Sind hier etwa Einbrecher am Werk?“

Er kleidete sich an, schlich vorsichtig zur Tür dort und spähte durch das Schlüsselloch. Zu seiner größten Verwunderung sah er im hell erleuchteten Refektorium einige schon längst verstorbene Klosterherren miteinander diskutieren. Manche hatte er noch selber gekannt.

„Meine Herren, es ist schon Feierabend!“ rief er ihnen zu.

Da erlosch das Licht mit einem Schlag und alle waren verschwunden. Das Refektorium lag wieder still und dunkel wie jede Nacht. Pfarrer Hottner selbst hat dieses seltsame Erlebnis am Sonntag darauf bei seiner Predigt von der Kanzel den Gläubigen erzählt.

Die Marienstatue in der Geigerkapelle

Eine Marienfigur, die sich früher in der Klosterkirche von Benediktbeuern befand, wurde dort immer zur Verehrung aufgestellt, wenn besonders viele Pilger kamen. Zur Zeit der Säkularisation 1803 kaufte sie ein Mann aus dem Ort, namens Johann Bartl. Gemeinsam mit seinem Nachbarn, namens Jakob Lautenbacher, holten die beiden Männer die Statue aus dem Kloster und versuchten sie auf einer Totenbahre nach Hause zu schaffen. Als sie jedoch an der Marienkirche vorbeikamen, wurde die Figur, die sie bisher ohne jede Mühe hatten tragen können, plötzlich so schwer, dass sie die Bahre absetzen mussten und nicht mehr weiter konnten. Da machte der Bartl feierlich das Gelübde, dass er die Statue in seiner Kammer aufstellen und jede Woche einen Rosenkranz davor beten würde. Nun konnten die beiden Männer sie ohne Schwierigkeiten nach Hause bringen (Anm. 67). Heute steht die Marienfigur in der Geigerkapelle.

Die Kröte in der Kirche

Einst kam eine Kröte die Treppe herauf und in die Kirche von Benediktbeuern gehüpft. Dort saß sie dann und hatte ihre vorderen „Brätzel“ mit den fünf Zehen jeweils so zusammengelegt, wie unsereins die Hände faltet, ja, es schien, als wolle das Tier beten. Der Mesner, der gerade mit dem Pfarrer in der Kirche war, wollte den ungebetenen Gast hinaustreiben, aber der geistliche Herr verwehrte es ihm. Da hüpfte die Kröte bis vor zum Altar, verwandelte sich dort in eine Taube und flog davon. Wie es heißt, war sie eine Arme Seele gewesen, die Erlösung gesucht und gefunden hat. (Anm. 82)

Die Totenbeschwörung von Benediktbeuern

Bis ins 20. Jahrhundert hinein herrschte in Bayern der Brauch, eine junge Mutter, die im Kindbett gestorben war, weiß gekleidet, mit Kranz und weißem Schleier in einem weißen Sarg wie eine Jungfrau zu bestatten. Die Menschen glaubten nämlich, die Gebärende habe durch ihren Opfertod ihre ursprüngliche Reinheit wieder erlangt und komme geradewegs in den Himmel. Den Gebeinen (Anmerkung 68) solch einer Frau und auch denen des Kindes, wenn es ihr in den Tod gefolgt war, wurden früher große magische Kräfte zugeschrieben.

Kloster Benediktbeuern. Aquarell v. Ludwig Neureuther um 1802

In Benediktbeuern hofften einmal einige Lotteriespieler so auf leichte Art und Weise an das große Geld zu kommen und wollten dazu solch eine Tote beschwören. Sie begannen ihr Werk, gemäß einer uralten Überlieferung, um Schlag zwölf Uhr Mitternacht. Sie gruben den Sarg einer im Kindbett ums Leben gekommenen Frau aus. Dann musste sich einer der Burschen anstelle des Sarges mit dem Totenkopf der Gestorbenen in die Grube legen, die anderen luden den Sarg auf ihre Schultern und mussten ihn schweigend dreimal um die Friedhofsmauer tragen. Dann, so hieß es, würde derjenige, der anstelle der Toten im Grab lag, durch den Totenkopf schauend, die Gewinnzahlen der nächsten Lotterie sehen.

Doch die Burschen konnten ihr frevelhaftes Tun nicht beenden. Noch ehe sie den Friedhof mit dem Sarg dreimal umrundet hatten, stand plötzlich ein schreckliches Gespenst von riesenhafter Größe vor ihnen und bannte sie an dem Platz fest, an dem sie sich gerade befanden. Sie konnten sich nicht mehr von der Stelle bewegen. Vor Angst schrien sie laut um Hilfe, bis ein Geistlicher, der den Lärm vernommen hatte, herbei kam. Da war das Gespenst mit einem Mal verschwunden und sie konnten sich wieder bewegen.

Das unheimliche Ross bei Benediktbeuern

Zu Beginn des 19. Jahrhunderts, da sah ein Mann aus Benediktbeuern, „Hammerlbeck“ genannt, dass sich auf der Weide, wo sich die Pferde des Klosters befanden, ein fremdes Tier zu diesen gesellt hatte. „Wem das wohl entlaufen ist?“, fragte er sich. „Ich will es lieber einfangen!“

Sein Vorhaben glückte ihm und er wollte das unbekannte Pferd eben heimreiten, als dieses den erschrockenen Mann, der nicht wusste, wie ihm geschah, plötzlich wie ein Wirbelwind bis nach Wien trug. Dort warf es ihn zu Boden und verschwand. Der Hammerlbeck hatte nichts bei sich, weder Ausweispapiere noch sonst etwas. Er wurde verhaftet und „auf dem Schub“ (Anmerkung 69) heimgeschickt.

Das Gold auf der Brandalm

Auf der Brandalm, ehemals oberhalb der Tutzinger Hütte gelegen, soll es einst Gold gegeben haben. Eine Sennerin, „die Frau des alten Rest“ von Benediktbeuern, holte sich einmal aus einem Graben

Sand, um damit das Geschirr in ihrer Almhütte zu putzen, weil der Almabtrieb bevorstand und sie alles in einwandfrei sauberem Zustand hinterlassen wollte.

Da bemerkte sie im Sand goldenes Glitzern und entdeckte viele kleine Körnchen des edlen Metalls. Als sie wieder mit ihrem Vieh im Tal war, erzählte sie den anderen Sennern und Sennerinnen davon. Die machten sich mit ihr mehrere Sonntage hintereinander auf die Suche nach der Stelle im Graben, wo das Gold hervorgekommen war, aber sie konnten sie nicht mehr finden.

Kloster Benediktbeuern. Churbayrischer Atlas von 1687/ 90

Der Heilige von Ried und die Gründung der Kirche von Bichl

Einst lebte in Ried bei Benediktbeuern ein sehr reicher Bauer, namens Albert, der ein solch gottesfürchtiges Leben führte, dass man ihn überall nur „den Heiligen von Ried“ nannte. In seinem Testament verfügte er, dass sein Vermögen für den Bau einer Kirche verwendet werden solle. Man solle nach seinem Tod seinen Leichnam auf einen Ochsenkarren legen, die Ochsen antreiben und dann sich selbst überlassen. Dort, wo sie stehenbleiben würden, sollte man das Gotteshaus errichten. (Anmerkung 70)

In der Nacht, in der er starb, sollen seine Ochsen im Stall mit menschlichen Stimmen zueinander gesprochen haben:

„Morgen ziehen wir unseren Bauern zu Grabe!"

So geschah es auch. Das Ochsengespann, auf das der Leichnam Alberts, gemäß seiner Verfügung, gelegt worden war, blieb aber auf der Achbrücke stehen. Weil man hier, mitten auf der Loisach, beim besten Willen keine Kirche bauen konnte, trieb man die Ochsen noch einmal an. Diesmal zogen sie den Karren bis nach Bichl. Hier wurde nun die Kirche errichtet.

Ein viereckiger Stein außen am Kirchhof mit einem eingemeißelten Kreuz markierte früher das Grab des frommen Stifters. Der Legende nach konnte darauf kein Schnee liegen bleiben, wenn er auch sonst überall meterhoch lag. Heute ist der Stein des Kirchengründers jedoch verschollen und keiner weiß ihn mehr zu finden.

Die dem Hl. Georg geweihte Kirche, in den Jahren 1751-53 neu erbaut, ist ein wahres Kleinod unter den Dorfkirchen Bayerns. Obwohl nicht groß oder überaus prächtig, ist sie ein künstlerisches Meisterwerk.

Der Mönch auf der Benediktenwand

Mit viel Vorstellungsvermögen wollen manche Leute in den Konturen der Benediktenwand die Umrisse eines schlafenden Mönchs erkennen. Besonders deutlich wahrnehmbar sollen sie auf dem Weg von Schwaiganger nach Schlehdorf sein.

Der Sage nach ist ein Mönch von Benediktbeuern, der sein Gelübde nicht eingehalten hat, zur Strafe in den Berg gebannt worden, wo er bis zum Jüngsten Tag auf seine Erlösung warten muss.

Das Isartal mit Benediktenwand und Karwendel.
Aquarell von Christian Morgenstern aus dem 19. Jh.

Das Wunder am Kochelsee

Nicht nur im Dreißigjährigen Krieg, auch knapp 60 Jahre später, zur Zeit des Spanischen Erbfolgekrieges, geriet Benediktbeuern in große Gefahr. Um den Österreichern den Zugang vom Walchensee her zu erschweren, ließ Abt Eliland III. von seinen Klosteruntertanen schon im Herbst des Jahres 1703 mächtige Baumstämme fällen, um damit den Kesselbergsattel zu verbarrikadieren. Sein Vorhaben gelang ihm auch, zumindest kurzfristig, denn nun mussten die Feinde auf den Winter warten, erst dann konnten sie über die gefrorenen Seen und Moore nach Benediktbeuern gelangen. Wie es heißt, hatte Probst Bernhardus II. von Schlehdorf solch eine Angst vor den Österreichern, dass er sich längere Zeit auf einem Floß im dichten Schilf vom Kochelsee versteckt hielt.

Die große Gefahr für das Kloster Benediktbeuern wurde aber durch die Fürbitte der Hl. Anastasia, zu der die Menschen in ihrer

Not inbrünstig gebetet hatten, abgewendet. In der dortigen Anastasia-Kapelle steht darüber zu lesen:

Im Spanischen Erbfolgekrieg sollte Benediktbeuern geplündert werden. Der Kochelsee und die angrenzende Moore waren im sehr kalten Winter zugefroren und stellten ein gefährliches Einfallstor dar. Einst um die Mittagszeit des 28. 1. 1704 erfuhr man im Kloster von der plötzlichen höchsten Gefahr. Man flehte zu Gott um die Fürbitte der Anastasia, deren Fest alljährlich am 29. 1. gefeiert werden sollte. Und es geschah das Wunderbare. Gegen 2 Uhr nachmittags entstand ein starker Föhn. Innerhalb von drei Stunden weichte die knochenharte Eisdecke des Kochelsees und des angrenzenden Moores so auf, dass sie aufbrach und weitgehend schmolz. Die gegnerischen Truppen, etwa 2000 Soldaten konnten nicht mehr übersetzen. Sie wurden von Angst und Schrecken erfüllt und flohen, da sie glaubten, der Himmel sei mit den Benediktbeurern im Bunde.

Schon im Jahr 1053 waren die Gebeine der Hl. Anastasia, einer frühchristlichen Märtyrerin, die bei der Christenverfolgung unter Diokletian um das Jahr 305 den Tod erlitten hatte, von Verona nach Benediktbeuern überführt worden, wo 1606 eigens für sie eine Kapelle erbaut worden war. Früher waren ihre Reliquien, besonders ihre Hauptschale, in der Klosterkirche aufbewahrt worden. Anastasia wurde vor allem bei Kopf- und Nervenleiden von den Menschen um Hilfe gebeten. Zum Dank für Errettung aus höchster Gefahr ließ man 1751 - 53 von Johann Michael Fischer die berühmte neue Kapelle errichten, die ein Juwel des Rokoko darstellt.

Die Kreuzkapelle in Ried

Am Lainbach wurde im Jahre 1690 eine kleine Sühnekapelle wegen eines Frevels am Kreuz Christi, der an dieser Stelle stattgefunden haben soll, erbaut. Sie wurde um 1840 an den Dorfrand von Ried versetzt. Eine große Kreuzigungsgruppe befindet sich auf dem Altar. Der Überlieferung nach hat die Gemeinde einige Ausstattungsstücke der Kapelle, die wahrscheinlich ursprünglich aus Benediktbeuern stammen, wohl während der Säkularisation in Beuerberg auf einer Versteigerung erworben.

Wie die Benediktenwand ihren Namen erhielt

Einst zog ein Missionar von Italien herauf nach Bayern, um hier sein frommes Werk zu tun. Als er am Walchensee vorüber gekommen war und vom Kesselberg aus auf einen Berg mit steil abfallender Wand stieg, um sich einen Überblick über das ihm noch fremde Land zu verschaffen, war er so entzückt von der Aussicht, die sich ihm bot, dass er ausrief: „Benedicta Bavaria! (Gesegnetes Bayern)"

Seither heißt, so behauptet die Legende, der Berg Benediktenwand und das Kloster zu seinen Füßen Benediktbeuern.

Am Kochelsee. Lavierte Zeichnung von Franz Kobell um 1800

Ausschnitt aus Karte von 1557 von Philipp Apian

Der Hungerbrunnen von Kochel

Zwischen Kochel und Peßenbach fließt der Hungerbrunnen, wenn stark, so steht ein schlechtes Jahr in Aussicht.
J.N. Sepp 1876

Das Anschwellen des Baches galt bei den Bewohnern der Gegend als böses Vorzeichen (vgl. S. 162 und Anmerkung 38) für eine magere Ernte in diesem Jahr, ähnlich wie der Riegsee bei Murnau oder der Hungerbach bei Huglfing, zu dem die Kornbauern sogar bis aus Niederbayern kamen.

Wie das ehemalige Kloster von Kochel gegründet wurde

Dem sel. Eliland, Abt von Benediktbeuern, der 747 n. Chr. starb, soll einst ein Karpfen den Weg nach Kochel gezeigt haben. Seine Schwester Gailswinda wandelte dort einen Meierhof am Kalmbach (Kolomanbach), den sie besaß, in ein Frauenkloster um. Dieses Kloster am Kochelsee wurde während der Ungarneinfälle 955 zerstört und danach nicht wieder aufgebaut.

Eliland, Landfried, Waldram und Gailswinda waren die Kinder des Schwabenherzogs Landfried und nahe Verwandte von Karl der Große (Anmerkung 65). Sie gründeten in Bayern insgesamt sieben Klöster (vgl. S. 194).

Die Nebelfrau beim Geistbichl

Im Moor zwischen Kochel und Benediktbeuern treibt die Nebelfrau ihr Unwesen. Sie ist von Kopf bis Fuß in schneeweiße, spinnwebfeine Schleier gehüllt, ihr Gesicht kann man nicht sehen. In der Zeit vor Weihnachten ist sie besonders häufig unterwegs und führt späte Wanderer in die Irre. Wenn das Christfest vorbei ist, muss sie jedoch wieder verschwinden und darf erst in den Nebelmonaten des nächsten Jahres wieder kommen.

Einmal war ein Mann noch spät am Abend von Kochel aus nach Ort unterwegs. Natürlich hatte er von der Nebelfrau gehört, aber er kannte die Gegend wie seine Hosentasche und glaubte daher, sich nicht verlaufen zu können.

Er war noch nicht lange gegangen, da begegnete ihm eine zarte Frau, ganz vermummt mit weißen Gewändern und Schleiern, die sie umwehten. Ohne ihn um Erlaubnis zu fragen, gesellte sie sich zu ihm.

„Ich weiß schon, wer du bist", sagte der Mann mit lauter Stimme, wie um sich selber Mut zu machen, „aber bei mir bist du an den Falschen geraten. Scher' dich weg, ich werde mich nicht von dir in die Irre führen lassen!"

Er blieb nicht – wie man es eigentlich tun soll, wenn man der Nebelfrau begegnet – stehen und wartete, bis es ihr zu langweilig wurde und sie sich wieder verzog, nein, er glaubte sie überlisten zu können und schritt unverzagt weiter.

Da hob das Geisterweiblein die Arme und ließ seine Schleier flattern. Federleicht hoben sie sich in die Luft und wurden immer länger und dichter. Sie wehten so nah vor den Augen des Wanderers, dass er nicht mehr sehen konnte, wohin er trat. Wütend wischte er die feinen Gespinste mit den Händen fort und beschleunigte seine Schritte. Doch die Nebelfrau wich nicht von seiner Seite. Sie begann vielmehr leichtfüßig um ihn herum zu tanzen. Ihre wirbelnden Schleier verdeckten ihm immer mehr die Sicht, bis er zuletzt wie blind durch die Dunkelheit tappte. Er stolperte über Wurzeln und Steine, fiel in Pfützen und rannte gegen Bäume. Da schlug er nach dem Gespenst, das ihn so hartnäckig narrte, aber seine Hände verfingen sich nur in den Ästen und Zweigen und trafen niemals die Nebelfrau.

„Geh weg, du böser Geist, geh endlich weg!" schrie er das Weiblein in ohnmächtigem Zorn an. Aber es kümmerte sich nicht im Geringsten um seinen wachsenden Groll, sondern blies ihm immer mehr und mehr von dem feinen Gespinst vor sein Gesicht.

Da blieb der Mann in seiner Verzweiflung stehen, um nicht noch weiter in die Irre zu laufen. Er war jedoch von dem feinen durchdringenden Nebel nass bis auf die Haut und begann so erbärmlich zu frieren, dass er dann doch lieber wieder weiter durch die Finsternis stapfte, um sich durch die Bewegung wenigstens ein bisschen zu erwärmen. Immer wieder befahl er der Nebelfrau, ihn doch in Ruhe zu lassen, aber es nützte nichts. Zuletzt wusste er nicht mehr, was er tun sollte und wie er sich des boshaften Gespenstes erwehren sollte. Es trieb unbarmherzig die ganze Nacht hindurch sein grausames Spiel mit ihm.

Er hatte keine Ahnung, wie lange es schon währte, als er in der Ferne leise die Glocken einer Kirche zum Gebet läuten hörte. Da blieb das Nebelweiblein ganz unvermittelt stehen, fing an, sich aufzulösen, wurde immer durchsichtiger und unwirklicher und war bald ganz von der Dunkelheit aufgesogen. Verwirrt blickte der Mann um sich und sah, dass er sich nicht weit ab von dem Weg befand, den er eigentlich hatte gehen wollen. Nun kam er rasch nach Hause.

Und nicht nur ihm ist es so ergangen. Wie erzählt wird, mussten schon viele eine ganze Nacht unfreiwillig mit der Nebelfrau umherirren. Erst beim Gebetläuten am nächsten Morgen verlor sie ihre Macht über ihre Opfer, und die Genarrten konnten endlich wieder dorthin, wohin sie eigentlich wollten.

Die Birg bei Kochel

„Birg" heißt noch heute ein Felsklotz von einem halben Kilometer Länge und 400 Metern Breite im Ortsteil Altjoch von Kochel. Hier soll in der Bronzezeit, zwischen 2200 und 800 v. Chr., eine riesige Festungsanlage, in der zeitweise bis zu tausend Menschen gelebt haben, gewesen sein. (Anmerkung 73)

Diese Überlieferung beruht wohl auf Tatsachen, denn künstlich errichtete Wälle aus Steinmauern sind noch heute zu sehen. Tiefe Gräben und eine für Eindringlinge verwirrende Anlage der Wege und Zugänge mit blinden Enden und Zangentoren machten die Birg nahezu uneinnehmbar.

In der Mitte gibt es drei Vertiefungen. Diese waren möglicherweise sogenannte „Totmannlöcher", verdeckte Fallen, an deren Böden viele Pfähle, oben zugespitzt, eingerammt waren. Feinde, die durch die Fallen in die Gruben hineinstürzten, wurden schwer verwundet oder sogar getötet.

Der Hirsch am Grab des Wilderers

Eine seltsame Geschichte erzählt man sich in Kochel vom Grab eines Wilderers. Der Mann war beim Wildern erschossen und auf dem Friedhof in Kochel bestattet worden. Von dem Tag an kam jeden Abend nach Einbruch der Dunkelheit ein stattlicher Hirsch in den Ort geschritten, der keinerlei Scheu vor Mensch oder Tier zeigte. Jedes Mal nahm er seinen Weg zum Friedhof und ging zum Grab des Wilderers. Besonders gerne soll er dort das Gras und die Blumen abgefressen haben. Wie es heißt, kam der Hirsch mehrere Jahre hindurch, bis er einmal eines natürlichen Todes starb.

Der Schmied von Kochel

Die alte Sendlinger Kirche in München und der Friedhof darum waren der Schauplatz eines fürchterlichen Massakers an bayerischen Bauern, das unter dem Namen "Sendlinger Mordweihnacht" in die Geschichte einging.

Im Jahre 1705, als München von den Österreichern besetzt gehalten wurde, verlangten diese die Rekrutierung von zwölftausend jungen Bayern. Sie sollten ihre Heimat verlassen und für die Besatzungsmacht in Italien und Ungarn kämpfen. Voller Empörung über diesen Befehl erhoben sich die Bauern des bayerischen Oberlandes zum Widerstand. Sie bewaffneten sich mit Äxten, Keulen und Sensen und zogen mit dem Schlachtruf „Lieber bairisch sterben als kaiserlich verderben“ gegen das besetzte München. Es waren etwa dreitausend Männer, vorwiegend aus Lenggries, Tölz, Kochel, der Jachenau, Wolfratshausen, Holzkirchen und Miesbach.

Das so ungenügend bewaffnete, aber mit einem wahren Löwenmut ausgestattete Heer wurde von dem Schmiedbalthes, einem Hünen von sagenhafter Stärke, angeführt, der immer als „Schmied von

Kochel“ bezeichnet wird. Man weiß nicht genau, wer der Mann wirklich war (Anm. 71). Möglicherweise entstammte er einem alteingesessenen Schmiedgeschlecht aus Holzolling (Anm. 72) und war bis zu seinem Tod im Jahr 1705 Haberermeister, wie auch seine Söhne nach ihm.

Gemeinsam mit zahlreichen Münchner Bürgern, die sich heimlich mit ihnen verbündet hatten, wollten die Oberländer die Österreicher überrumpeln, sie aus der Hauptstadt vertreiben und so das geliebte Bayernland aus der Hand der Feinde befreien. Die Anführer der Verschwörer in der Stadt waren unter anderen der Weinwirt Johann Jäger, ein gebürtiger Tölzer, und Johann Georg Khidler (in anderen Quellen Küttler genannt), der aus Thanning stammte und um 1700 das Bürgerrecht erworben hatte. Jäger hatte eine Witwe aus München geheiratet, der das Weinhaus im Tal gehörte. Die Verbündeten in der Stadt sollten den Oberländern das Tor öffnen und sie heimlich in die Stadt lassen.

Der Plan aber wurde verraten.

Die Österreicher entwaffneten und verhafteten die Verschwörer in einem überraschenden Handstreich, ohne dass einer von ihnen die Möglichkeit gehabt hatte, das Bayernheer vor der Stadt zu warnen. Inzwischen hatten die Oberländer das Sendlinger Tor erreicht und begehrten Einlass. Doch anstatt der Freunde öffneten ihnen Trencksche Panduren, kreisten die völlig überraschten Bayern ein und begannen sie erbarmungslos niederzumetzeln.

Mit verzweifelter Tapferkeit kämpften die Bauern gegen die Übermacht der militärisch geschulten Soldaten und fielen doch Mann für Mann. Der bärenstarke Schmiedbalthes hielt mit seiner eisenbeschlagenen Keule zwar furchtbare Ernte unter den Panduren, aber er konnte das Unheil nicht aufhalten.

„Hier lasst uns enden!“

Diesen legendären Satz soll er seinen wenigen noch lebenden Kampfgefährten zugerufen haben, als er sich mit ihnen, die aussichtslose Lage erkennend, auf dem Sendlinger Friedhof verschanzt hatte. Als letzter von dem gesamten Bayernheer soll er dort bei der Kirche den Heldentod gestorben sein. Auch die an der Verschwörung beteiligten Münchner Bürger erwartete ein schrecklicher Tod. Die meisten wurden nach grausamer Folter hingerichtet.

Johann Georg Khidler war es zwar gelungen, ins Franziskaner Kloster zu flüchten und dort um Asyl zu bitten, die österreichischen Soldaten hielten sich aber nicht an das Jahrhunderte geltende Asylrecht und holten ihn widerrechtlich mit Gewalt heraus. Trotz der Proteste des für München zuständigen Bischofs von Freising, der sogar drohte, den Papst in dieser Angelegenheit einzuschalten, wurde Khidler der Prozess gemacht.

Als einer der „Haupträdelsführer" wurde er, wie auch der Weinwirt Jäger, nach der Verurteilung am 29. Januar 1706 auf dem Schrannenplatz – heute Marienplatz – enthauptet und anschließend gevierteilt. Die einzelnen Teile der Verschwörer wurden zur Abschreckung an den vier Haupttoren der Stadt aufgehängt, ihre abgeschlagenen Köpfe am Isartor aufgespießt und zur Schau gestellt. Ganz München weinte um seine edlen Bürger und um die tapferen Oberländer, die umsonst ihr Blut hatten vergießen müssen. Etwa 1800 Bauern (nach anderen Überlieferungen noch mehr) sind bei dem furchtbaren Geschehen am Heiligen Abend im Jahre 1705 ums Leben gekommen.

Bis auf den heutigen Tag aber ist die Erinnerung an die todesmutigen Oberländer und ihre Mitverschworenen in München, die Stadt und Land hatten befreien wollen, überall in Bayern lebendig. An vielen Orten wurden zum Gedenken Bilder oder Statuen des „Schmied von Kochel", symbolhaft für alle an der Schlacht beteiligten Bauern, aufgestellt, beispielsweise in Kochel oder in Waakirchen.

In der Sendlinger Dorfkirche mahnt ein großes Gemälde von Lindenschmidt an dieses schreckliche Ereignis. Die Namen der Gefallenen sind dort alle aufgeführt.

Alle fünf Jahre ziehen die Tölzer Schützen zu einer Kapelle, die im Jahre 1715 erbaut worden war, als es endlich gelungen war, die Feinde aus dem Land zu vertreiben.

In Miesbach wird im Heimatmuseum die Gotzinger Trommel, die ein Mann aus der Gotzinger Gegend wohl bei der Schlacht geschlagen hat, zur Erinnerung daran aufbewahrt.

Auch beim alljährlichen Trachtenzug in München, der am ersten Oktoberfestsonntag stattfindet, geht immer ein Oberländer mit, der den heldenhaften Schmiedbalthes darstellt. Das Andenken an den tapferen Johann Georg Khidler aber wird noch heute in seinem Heimatort Thanning hoch in Ehren gehalten.

Von den vielen Abhandlungen, die über die Sendlinger Mordweihnacht geschrieben worden sind, ist wohl dieses Gedicht von Karl Stieler aus dem Jahr 1884 besonders bekannt:

Der Schmied von Kochel

Über d' Brucken von Schäftlarn
San s' zog'n bei der Nacht:
Die Stern, die ham glanzt,
Und die Brucken hat 'kracht.

Wohl fünftausend Bauern
Die ham si' verschwor'n:
Wenn wir jetzt nit helfen,
Is 's Landl verlor'n.

Und wia's an d'Stadt Minga
Hinkemma ans Tor -
War alles verraten,
Und der Riegel war vor.

„Aber z'ruck geht koa Boar"
Schreit der Balthes, der Schmied.
„Wer a so an a Tor klopft,
Der klopft so lang nit!"

Und die eisernen Stroach
Dunnern hin auf das Tor -
Da reiten die Pandurn
Nach die tausenda vor.

Dös wurlt und achzet
Und sturmt so a Weil -
Jetzt hoaßt's: Boarisch sterben!
Koa Gnad is mehr feil.

Z'letzt lieg'n die fünftausend
Am Schnee dort - derschlag'n!
Der letzt' war der Balthes,
Der d' Fahna hat trag'n.

Der Schnee is zergangen,
's Gedenka z'geht nit -
Er ist heut no lebendi –
Der Balthes, der Schmied!

Sendlinger Bauernschlacht. Federzeichnung von Heinz Schinzel nach dem Fresco von W. Lindenschmit

Die Venedigermanndl bei Kochel

In früheren Tagen kamen aus den Bergen rund um den Kochelsee oft kleine dunkle Männer, die man „Venediger“ nannte, weil sie aus dieser reichen, alten Stadt in Italien stammen sollten (Anmerkung 23), nach Kochel. Stets schleppten die geheimnisvollen Fremden, von denen man nie recht wusste, was sie eigentlich im Gebirge gesucht hatten, so schwere Säcke herab, dass es aussah, als müssten sie jeden Moment unter deren Last zusammenbrechen.

„He, was nehmt ihr da mit euch fort?“ fragte dann wohl manch ein Einheimischer neugierig und misstrauisch.

Die Männchen aber ließen sich nicht aus der Ruhe bringen. Bereitwillig, mit freundlichem Grinsen auf den alterslosen Gesichtern, öffneten sie ihre Säcke und zeigten, dass diese bis oben hin mit schwarzem Sand gefüllt waren. Der Fragende, der wohl reiche

Schätze erwartet hatte, musste die Fremden unbehelligt wieder ziehen lassen.

„Daran haben wir unser Leben lang genug!“ Mit diesen rätselhaften Worten nahmen die Venediger dann ihre Lasten wieder auf und schafften sie fort, niemand weiß, wohin.

Die seltsamen kleinen Männlein sollen überhaupt sehr gut über die Schätze in den Bergen Bescheid gewusst haben. Einmal, so heißt es, hat ein Zimmermann aus Wackersberg die beschwerliche Reise nach Venedig unternommen, um sich mit den gelehrten Leuten dort zu beraten. Er soll auch einen „Venediger“ ausfindig gemacht haben und sich von ihm die Goldadern und die Lage des Goldsandes in den Bergen in einem Erdspiegel zeigen haben lassen.

Ob er die bezeichneten Stellen dann auch wirklich gefunden hat, darüber breitet die Sage den Mantel der Verschwiegenheit. Er war aber wohl seiner Lebtag lang auf der Suche nach Schätzen, denn später schloss er sich dem Joseph Hägle (vgl. S. 237) bei dessen Unternehmung an.

Die drei Jungfrauen von Schlehdorf

„Seit undenklichen Zeiten, sagt das Schlehdorfer Salbuch, werden am Kirchberg zu Schlehdorf die drei heiligen Jungfrauen Ainbet, Walbet und Vilbet aus St. Ursula Gesellschaft verehrt“ schreibt der Sagenforscher Friedrich Panzer 1848 (Anmerkung 74).

Die drei Jungfrauen sollen ein kleines Kloster auf dem Kirchberg, einer Felsspitze die heute eingeebnet ist, erbaut haben, von wo aus sie ihre frommen, gottgefälligen Werke verrichteten. Sie pflegten die Kranken, gaben den Hungernden zu essen und nahmen sich, soweit es in ihren Kräften stand, aller Nöte ihrer Mitmenschen an. Zum Dank dafür bewahrte ihnen die Bevölkerung ein liebevolles Angedenken.

Kloster Schlehdorf. Aus dem Churbayrischen Atlas von 1687/90

Das Kloster hat dreimal seinen Platz gewechselt, der älteste Bau stand auf der Eichelspitz, einer Landzunge, die später vom Kochelsee verschlungen wurde; die zweite Anlage war an der Stelle des jetzigen Wirtshauses, das dritte Kloster hat die Aufhebung (Säkularisation) überlebt. J. N. Sepp im Jahre 1876.

Die eigentliche Verehrung der drei Jungfrauen ist aber vermutlich erst um die Mitte des 14. Jahrhunderts aufgekommen, als ein schreckliches Erdbeben, gefolgt von einer verheerenden Pestepidemie, Oberbayern heimsuchte und die Menschen in Unglück und Elend stürzte. In dieser Zeit wurden nächtliche Bitt-Prozessionen zum Schlehdorfer Kloster abgehalten:

Man ging früher, wenn der Sterb regierte, nachts mit brennenden Lichtern in Prozession zum Kirchberg und schleppte Kreuze zu ihrer Hügelkapelle, die ganz von Wasser umflossen war... Das Fest der Hl. Vilpet fällt nach vordenklichem Herkommen auf 16. Sept. in die Zeit der Erntefeier. Diese Seegegend war offenbar ein Hauptsitz ihres Dienstes, das ursprüngliche Heiligthum am Büßerbichl (wurde vom Kochelsee verschlungen) *reicht noch ins Heidenthum hinauf, das am Kirchberg behauptete sich als christlich.*

So berichtet der Sagenforscher J. N. Sepp. Einige der großen, hierher getragenen Kerzen sollen noch heute erhalten sein.

Ainbet, Walbet und Vilbet wurden auch zu richtigen Sagengestalten. So behaupteten viele Leute, den drei Jungfrauen noch nach deren Tod begegnet zu sein. Sie sollen wunderschön anzuschauen gewesen sein, zwei ganz in Weiß gekleidet, die dritte in Weiß mit einem schwarzen Schleier. Ein kleines Hündchen soll sie immer begleitet haben (Anmerkung 75). Im Volke munkelte man, die drei Schwestern würden ihren Schatz, eine reiche Goldader in den Bergen, die ihnen zu Lebzeiten gehört hatte, bewachen.

Schlehdorf am Kochelsee.
Steinzeichnung von Gustav Kraus, 19. Jh.

Die Goldader war während eines Krieges zugeschüttet worden, um sie nicht in Feindeshand fallen zu lassen. Als man sie später wieder öffnen wollte, konnte man die Stelle nicht mehr finden. So blieb sie bis auf den heutigen Tag verschollen.

Man erzählte auch, dass diese geheimnisvollen Fräulein einst ein Seil von ihrer Kapelle auf dem Kirchberg bis zur Fesch bei Ohlstadt, einem etwa eine Stunde entfernten, hochgelegenen Felsen, gespannt hätten. Warum? Für dieses rätselhafte Tun hat bisher niemand eine rechte Erklärung geben können. Das Bild mit den drei Heiligen steht heute in der Klosterkirche St. Tertulin.

Schwester Palmeria vom Schlehdorfer Kloster meint, dass der Kult um die drei heiligen Frauen schon viel älter ist als die Ursula-Legende (im Jahr 453 starb die Selige in Köln den Märtyrertod) und noch bis in heidnische Zeiten zurück reicht.

Sie vermutet, dass damals hier drei keltische Göttinnen verehrt wurden (Anmerkung 76).

Die verhexten Kühe in Großweil

Eine seltsame Geschichte, die sich im Jahre 1851 zugetragen haben soll, überliefert Willibald Schmidt:

In Großweil bei Schlehdorf kriegte ein Bauer auf einmal das Unglück in den Stall. Allzeit hatte er sein Vieh gut gehalten und jetzt gaben ihm die Kühe bloß mehr stinkende Milch. Kein Wunder, dass er da auf den Gedanken kam, jemand müsse es ihm angetan haben. Er hatte es auf seine Schwägerin, die schon lang einen Zorn gegen ihn trug und die man erst vor ein paar Tagen im Stall gesehen hatte. Der Bauer wusste einen, der gegen das Hexen helfen konnte, den Schmied von Kohlgrub. Dem ließ er Botschaft tun, er möchte bei ihm zusprechen. Der Schmied kam auch, hörte sich's an, aber er wollte die Sache gar nicht gern anpacken. Am Ende steckte er einen Holzspan in eine Ritze im Stall und sagte:

„Bleib heut Nacht mit deinen Leuten auf. Wenn es recht zugeht im Haus, braucht ihr euch nicht zu fürchten. Morgen kommt die Hex auf den Hof."

In der Nacht gab es ein fürchterliches Lärmen, bald war es oben auf dem Dachboden, bald im Keller, nachher wieder auf den Stiegen. Am andern Tag in der Früh erschien die Schwägerin. Sie schimpfte und lästerte auf den Bauern, aber im Stall fehlte von da an nichts mehr.

Kloster Schlehdorf. Stich von Michael Wening um 1700

Die Rote Wand bei Schlehdorf

Die Venediger (Anm. 23) sollen bei Schlehdorf von der Roten Wand ganze Säcke voll schwarzem Sand fortgeschafft haben. Warum schwarzen Sand und nicht Gold? Das weiß keiner, es wurde aber vermutet, dass sie mit Hilfe ihrer alchimistischen Künste in der Lage waren, diesen in das begehrte Metall zu verwandeln.

Warum die Schweden Großweil verschonten

Zur Zeit des Dreißigjährigen Krieges fürchtete sich die Bevölkerung Bayerns mit Recht sehr vor den Übergriffen der feindlichen Soldaten. Als die Einwohner von Großweil im Jahre 1632 erfuhren, dass die Schweden sich ihrem Ort zu näherten, gerieten sie in Angst und Schrecken.

Die Tochter des Wirts aber, die Anastasia hieß und eine sehr hübsche Frau war, kleidete sich besonders schön in ihr Sonntagsgewand, nahm einen Korb voll frischer Brezen und einen Humpen mit Bier und stellte sich an die Loisachbrücke, über welche die Feinde kommen mussten, wenn sie in das Dorf wollten.

Als die Schweden, angeführt von einem bärtigen Hauptmann, über die Brücke heran marschiert kamen, stellte sie sich ihnen in den Weg, reichte ihrem Anführer den Humpen Bier und die Brezen und bat, obwohl ihre Stimme vor Angst fast zu versagen drohte:

„Bitte, verschont unser Dorf."

Der Hauptmann, von diesem freundlichen Empfang sehr angenehm überrascht, gab daraufhin sein Ehrenwort, dass Großweil und die umliegenden Dörfer nicht niedergebrannt werden sollten, wie es sonst üblich war.

Aber ohne Beute wollten die Schweden den Ort dennoch nicht verlassen. Darum befahl der Hauptmann, als er mit seinen Leuten im Wirtshaus Quartier genommen hatte, dass der reichste Mann der Gegend zu ihm gebracht werden sollte. Der Schusterbauer aus Unterau wurde daraufhin von den Schweden gefangen gesetzt und in einem Zimmer eingesperrt. In der Nacht aber, als die Besatzer völlig betrunken im Gasthaus herumlagen, gelang ihm die Flucht.

Als die Schweden dies am nächsten Morgen bemerkten, gerieten sie in fürchterliche Wut und verdächtigten die Wirtstochter „Stasi" ihm heimlich aufgesperrt zu haben. Sie konnte ihre Unschuld beteuern, so oft sie wollte, ihr wurde kein Glaube geschenkt, denn nur ihr traute man den Mut für diese Tat zu. Man brachte sie nach München und richtete sie noch am gleichen Tag hin.

Die Erinnerung an die mutige Tat der jungen Frau ist in Großweil noch immer lebendig. Am Gasthaus zur Loisach heißt ein Weg gleich neben der Schwedengasse noch heute „Wirtsstasl-Steig“.

Am Kochelsee. Gemälde v. Leopold Rottmann um 1840

Der Feuerzipfel auf dem Kesselberg

In früheren Zeiten glaubten die Leute, dass am Kesselberg, unter einem Ort, den sie „Feuerzipfel“ nannten, das Höllenfeuer brenne. Der geheime Platz von etwa 30 Metern Länge und 20 Metern Breite soll in östlicher Richtung bei uralten Bäumen gewesen sein. Die Bauern aus der Umgebung trieben ihr Vieh über diese magische Stelle, weil damals der Glaube herrschte, dass die Tiere dann gesund bleiben würden. Auch Johannisfeuer brannte man dort ab. Außerdem soll hier ein Schatz vergraben sein, den ein Bauer aus Kochel vor Feinden verbergen wollte. Wie es weiter heißt, war an diesem Platz einst ein heidnischer Tempel aus Stein, in dem Opferkulte abgehalten wurden (Anmerkung 88).

Die Kesselbergstraße

Im Mittelalter führte der Weg von Kochel aus in die Jachenau nicht über den Kesselberg. Bauern, Holzfäller, Klosterjäger, Mönche oder sonstige Reisende stiegen zwischen Graseck und Kaltwasserwand hinauf zur Kotalm (Anmerkung 77) und gingen dann entlang der Kleinen Laine einen Weg, der auch befahren werden konnte, hinunter zur Jachenauer Kirche.

Die alte Kesselbergstraße, die 400 Jahre lang die einzige befahrbare Straße zwischen Kochel und Walchensee war, führt mit 25 % Steigung bis zum 858 m hohen Sattel durch Bergwald und ist heute ein stiller Wanderweg. Oben am Sattel mündet sie in die neue Kesselbergstraße. Die Passhöhe liegt 260 m über dem Kochelsee, jedoch nur 58 über dem Walchensee und bietet prachtvolle Aussichten über beide Seen.

Früher führte die um 1120 als „via regia ad Tyrolenses et Italos" bekannte Straße nur bis zum Fuß des Kesselberges. Damals ging der Reiseweg von München nach Innsbruck durch den Isarwinkel.

In den neunziger Jahren des 15. Jahrhunderts begann ein reicher Münchner Patrizier, Heinrich Barth, am Kesselberg nach Erz zu graben und ließ „Beim Müller am Joch" ein Schmelzwerk errichten. Um das Erz abtransportieren zu können, bat er den Abt von Benediktbeuern um die Erlaubnis, eine Straße nach Kochel hinunter anlegen zu dürfen.

Der Erzabbau brachte zwar nicht den erhofften Erfolg, Heinrich Barth aber gelang es, den Abt von Benediktbeuern und den Herzog von Bayern von der Notwendigkeit einer Straße, die Kochel mit

Johannisfeuer. Abbildung aus „Illustrierte Welt“ von 1875

dem Walchensee und Mittenwald verbinde und damit einen neuen Verkehrsweg nach Tirol schaffe, zu überzeugen.

Unter großen technischen Schwierigkeiten wurde der Bau 1492

begonnen und etwa 1495 vollendet. Im Jahr 1500 kam Kaiser Maximilian I. über diese neue Straße von Scharnitz aus nach Benediktbeuern, um dem Abt des Klosters dort einen Besuch abzustatten.

Die viel benützte Handelsstraße wurde leider auch zur Heerstraße, auf der feindliche Truppen einfallen konnten. 1781 wurde die alte Straße erweitert und ausgebaut. Ab 1892 wurde die neue Kesselbergstraße mit einer geringeren Steigung, im Durchschnitt etwa 5 %, errichtet. Gedenktafeln erinnern sowohl an den Bau der alten, als auch an den der neuen Kesselbergstraße. An der alten Straße, etwas unterhalb der Passhöhe, befindet sich an einer Felswand eine alte Tafel mit altertümlicher Schrift und dem Wappen des Herzogs von Bayern sowie dem des Münchner Patriziers und einer Kreuzigungsgruppe mit der Jahreszahl 1492. Darauf steht zu lesen:

...daß herzog albrecht, der durchleuchtigste pfalzgraf vom peyre landt, durch den keslberg den weg und auch die strassen auff seyne kostn hat machen lassn, von münchen hainrich parth erdacht und sie dadurch hat bald gemacht.

Auch der berühmteste deutsche Dichter ist einmal über die Kesselbergstraße Richtung Italien unterwegs gewesen, wie folgende Geschichte erzählt:

Goethe und die Tochter des Harfners

Auf seiner Reise nach Italien kam Goethe auch an Kochel- und Walchensee. Eine Gedenktafel an einem alten Ahorn bei Einsiedl am Walchensee erinnert ebenso daran, wie seine Büste an der Kesselbergstraße, oberhalb von Urfeld. Dort, nahe dem Walchensee, hatte er jene Begegnung, die er in seinem „Tagebuch der Italienischen Reise“ im Jahre 1814 nach Notizen aus dem Jahr 1786 schildert:

Nach Walchensee gelangte ich um halb fünf. Etwa eine Stunde vor dem Orte begegnete mir ein artiges Abenteuer: ein Harfner mit seiner Tochter, einem Mädchen von elf Jahren, ging vor mir her und bat mich, das Kind einzunehmen. Er trug das Instrument weiter; ich ließ sie zu mir sitzen und sie stellte mir eine große, neue Schachtel sorgfältig zu ihren Füßen.

Ein artiges, ausgebildetes Geschöpf, in der Welt schon ziemlich bewandert. Nach Maria Einsiedeln war sie mit ihrer Mutter zu Fuß gewallfahrtet, und beide wollten eben die größere Reise nach St. Jago von Compostell antreten, als die Mutter mit Tode abging und ihr Gelübde nicht erfüllen sollte. Man könne in der Verehrung der Mutter Gottes nie zuviel tun, meinte sie. Nach einem großen Brande habe sie selbst gesehen ein ganzes Haus niedergebrannt bis auf die untersten Mauern, und über der Türe, hinter einem Glase, das Muttergottesbild, Glas und Bild unversehrt, welches doch ein augenscheinliches Wunder sei. All ihre Reisen habe sie zu Fuß gemacht, zuletzt in München vor dem Kurfürsten gespielt und sich überhaupt vor einundzwanzig fürstlichen Personen hören lassen.

Sie unterhielt mich recht gut. Hübsche, große, braune Augen, eine eigensinnige Stirn, die sich manchmal ein wenig hinaufwärts faltete. Wenn sie sprach, war sie angenehm und natürlich, besonders wenn sie kindisch laut lachte; hingegen wenn sie schwieg, schien sie etwas bedeuten zu wollen und machte mit der Oberlippe eine fatale Miene.

Ich sprach sehr viel mit ihr durch, sie war überall zu hause und merkte gut auf die Gegenstände. So fragte sie mich einmal, was das für ein Baum sei? Es war ein schöner, großer Ahorn, der erste, der mir auf der ganzen Reise zu Gesichte kam. Den hatte sie doch gleich bemerkt und freute sich, da mehrere nach und nach erschienen, dass sie auch diesen Baum unterscheiden könne.

Sie gehe, sagte sie, nach Bozen auf die Messe, wo ich doch wahrscheinlich auch hinzöge. Wenn sie mich dort anträfe, müsse ich ihr einen Jahrmarkt kaufen, welches ich ihr auch versprach. Dort wolle sie auch ihre neue Haube aufsetzen, die sie sich in München von ihrem Verdienst habe machen lassen. Sie wolle mir solche im Voraus zeigen. Nun eröffnete sie die Schachtel, und ich musste mich des reichgestickten und wohlbebänderten Kopfschmuckes mit ihr erfreuen.

Über eine andere frohe Aussicht vergnügten wir uns gleichfalls zusammen. Sie versicherte nämlich, dass es gut Wetter gäbe. Sie trüge ihren Barometer mit sich, und das sei die Harfe. Wenn sich der Diskant hinaufstimme, so gebe es gutes Wetter, und das habe er heute getan. Ich ergriff das Omen, und wir schieden im besten Humor und in der Hoffnung eines baldigen Wiedersehns.

Das Mädchen soll Goethe als Vorbild für die Mignon in seinem Werk „Wilhelm Meisters Lehrjahre" gedient haben.

Das Gespenst am Kesselberg

Es ist schon lange her, da ging einmal ein Mann aus Kochel noch in der Nacht über den Kesselberg nach Walchensee, weil er schon am Morgen dort beruflich zu tun hatte. Er hatte schon fast die Höhe des Passes erreicht, als er erschrocken stehen blieb. Er hörte laute, schlurfende Schritte, die sich durch das Unterholz brachen. Vorsichtshalber versteckte er sich in einem dichten Gebüsch. Da sah er einen riesenhaften Mann vorübergehen und dann verschwinden, als hätte ihn die Dunkelheit plötzlich vollständig aufgesogen. Der Wanderer hielt sich mucksmäuschenstill und wagte es erst nach langer Zeit, seinen Weg fortzusetzen.

Als er in Walchensee sein unheimliches Erlebnis erzählte, erklärte man ihm, dass er dem Geist vom Kesselberg begegnet sei, den schon viele Leute gesehen hätten, passiert sei aber noch nie jemandem etwas. Der Geist habe sich – so hätten die berichtet, die den Mut gehabt hatten, ihm gegenüberzutreten oder ihn gar anzusprechen – daraufhin sofort in Luft aufgelöst, ohne auch nur die geringste Spur zu hinterlassen.

Der Riese am Walchensee

Es war zu der Zeit, als noch Riesen, Zwerge und andere seltsame Wesen die Erde bevölkerten, insbesondere die unzugänglichen Gebirgsregionen, da widerfuhr einem Bauern am Walchensee eine ganz merkwürdige Geschichte.

Er hatte einmal in Mittenwald zu tun gehabt, befand sich mit seinem voll beladenen Ochsengespann auf dem Heimweg und wollte über den Kesselberg nach Tölz. Als er in die Nähe des Walchensees kam, dunkelte es bereits. Der Tag war heiß und anstrengend gewesen, und der Bauer konnte sich der Müdigkeit nicht erwehren und nickte ein wenig ein. Das war nicht weiter schlimm, denn seine Ochsen würden den Heimweg auch alleine finden. Sie waren ihn schon oft gegangen. Nicht lange aber, da wurde er von einem eigenartigen warmen Wind geweckt, der ihm fast seinen Hut vom Kopfe fegte.

„Öha“, dachte der Mann verdutzt, „kommt etwa gar um diese Zeit noch ein Föhnsturm auf?“

Er blickte forschend zum Himmel empor, aber dort leuchteten die Sterne in erhabener Stille, und nicht das kleinste Wölkchen verdunkelte ihre Schönheit.

„Na so was“, murmelte der Bauer verwundert und fuhr kopfschüttelnd weiter. Er konnte nicht begreifen, woher der Wind kam, der ihm in gleichmäßigen Abständen, einmal stärker, dann wieder schwächer, ins Gesicht blies.

Plötzlich riss er an den Zügeln, dass die Ochsen mit einem Ruck zum Stehen kamen, und starrte in namenloser Verblüffung auf einen unförmigen grauen Hügel, der unmittelbar neben dem See aufragte. Seit Jahren fuhr er jede Woche den Weg von Tölz nach Mittenwald und zurück und noch nie hatte er diese Erhebung gesehen.

„Ja, was ist denn das?“, rief er, als er sich einigermaßen gefasst hatte. „Wachsen neuerdings die Berge wie die Schwammerl einfach über Nacht aus dem Boden? So etwas habe ich noch nicht erlebt, so alt wie ich bin!“

Er rieb sich die Augen, drückte sie fest zu und öffnete sie dann wieder. Doch der Berg war immer noch da. Kopfschüttelnd und auch ein wenig furchtsam fuhr der Bauer weiter.

Seine beiden Ochsen hatten alle Mühe, das Gefährt den steilen Weg hochzuziehen. Endlich waren sie oben angelangt. Aufatmend wischte sich der Bauer die Stirne. Er glaubte schon, alles überstanden zu haben, als er sich plötzlich zwei riesigen schwarzen Höhlen gegenüber sah, aus denen anscheinend der geheimnisvolle Wind kam. Aber noch ehe er sie genauer betrachten konnte, ertönte ein ohrenbetäubendes Donnergrollen. Ihm folgte ein so heftiger Sturm, dass sowohl der Bauer als auch die Ochsen und der schwer beladene Wagen von seiner unwiderstehlichen Gewalt gepackt und in die Tiefe geschleudert wurden. Als der Bauer wieder zu sich kam, befand er sich mitten auf einer Wiese. Neben ihm standen die Ochsen, die verwundert um sich glotzten. Das Fuhrwerk war ebenfalls da, wenn es auch umgestürzt war. Völlig verstört machte sich der Bauer daran, es wieder aufzurichten und zu beladen. Dann spannte er die Ochsen davor und begab sich auf den Heimweg. Wer aber beschreibt sein Erstaunen, als er in kurzer Zeit in Mittenwald anlangte, dem Ort, den er am Nachmittag verlassen hatte!

Es war nun bereits dunkle Nacht, und er wagte nicht, den seltsamen Weg noch einmal zu unternehmen. Darum nächtigte er in einem Gasthaus und versuchte erst am nächsten Tag, bei hellem Sonnenlicht, nach Tölz zu gelangen. Diesmal bemerkte er am Walchensee weder den seltsamen Sturm noch den geheimnisvollen Hügel. Er glaubte schon, sich die Abenteuer der vergangenen Nacht nur eingebildet zu haben, fragte aber doch einen Bewohner vom Dorf Walchensee nach dem Hügel und erzählte, was ihm zugestoßen war. Da sah ihn dieser ernst an und erklärte ihm:

„Da hast du aber Glück gehabt! Das hätte bös ausgehen können! Du hast nicht geträumt. Gestern ist ein Riese aus den Bergen herabgestiegen und hat aus dem Walchensee einen kühlen Trunk genommen. Dann hat er sich am Ufer zum Schlafen gelegt. Das war der graue Hügel, den du gesehen hast!“

Bei Schlehdorf am Kochelsee. Bild v. Heinrich Bürkel, 19. Jh.

„Und er hat so fest geschlafen, dass er gar nicht bemerkt hat, wie meine Ochsen das Fuhrwerk über seinen Bauch zogen!"

Nun war dem Bauern alles klar. „Das, was ich für einen warmen Wind hielt, war sein Atem!"

„Richtig", bekräftigte der andere, „und als ihn die Ochsen unter der Nase, den großen schwarzen Höhlen, die du gesehen hast, kitzelten, musste er niesen und hat dich mitsamt deinem Fuhrwerk nach Mittenwald zurück geblasen. Sei froh, dass dir nicht mehr passiert ist!"

„Das bin ich wohl", meinte der Bauer und fuhr nach Hause. Dort erzählte er seinen Angehörigen, die sich wegen seines langen Ausbleibens schon große Sorgen gemacht hatten, diese seltsame Geschichte.

Das Goldbrünnlein am Röthelstein

In Vollmondnächten zur Geisterstunde fließt, so heißt es in alten Überlieferungen, vom Röthelstein unterm Heimgarten ein Goldbrünnlein. Die Mönche von Schlehdorf hätten darum gewusst und daher immer Geld gehabt, auch für die kostbare Monstranz in ihrer Kirche, die, wie jedem bekannt war, aus purem Gold bestand. Wann immer sie Geld brauchten, holten sie es vom Goldbrünnlein, verrieten aber den Bauern den Platz nicht.

Ein Mann aus Unterau und sein Freund aus Weil waren in Not geraten, weil sie die Arbeit scheuten und den ganzen Tag im Wirtshaus hockten und Bier tranken. Da kam einer von ihnen auf den Einfall, das Goldbrünnlein am Röthelstein zu suchen.

„Was die Pfaffen können, das können wir auch!“, meinte der Unterauer. Beim nächsten Vollmond nahm jeder von ihnen ein kleines Fässchen, dann stiegen sie gemeinsam zur Röthelwand hinauf und suchten nach der Goldquelle. Plötzlich packte einer den anderen ganz aufgeregt am Arm und flüsterte:

„He, schau!“ Da sah auch der andere staunend ein schmales goldenes Rinnsal aus dem Felsen laufen. Voller Freude hielten beide ihre Fässchen darunter, bis sie bis obenhin voll waren, und kehrten dann strahlend vor Glück ins Tal zurück.

„Jetzt brauchen wir nicht mehr zu arbeiten und haben doch immer Geld genug!“ jubelte der Weiler.

„Jetzt kommt auch für uns einmal eine gute Zeit!“, meinte der Unterauer. „Nun kann mein Weib endlich nicht mehr zetern, dass ich Haus und Hof vertrinke!“

Aber als sie daheim angelangt waren und ihren Frauen ganz aufgeregt ihre voll gefüllten Fässchen zeigten, war nur ganz gewöhnliches Wasser darin.

Voller Enttäuschung meinten die Männer, dass ihr Vorhaben deshalb missglückt sei, weil sie die geweihten Sprüche, die nur die Mönche kannten, nicht gewusst hätten.

Wie es heißt, ist seither das Goldbrünnlein für immer versiegt, weil „Unberufene“ daraus geschöpft hatten. Auch die Schlehdorfer Klosterherren konnten sich seiner nicht mehr bedienen und wurden schließlich so arm, dass sie nicht einmal die Türme der Kirche fertig bauen konnten.

Im Wirtshaus. Holzschnitt 1537

Die Goldquelle im Heimgarten

Der Heimgarten, der, wie sein Name sagt, früher von den Leuten aus seiner Umgebung als Treffpunkt benützt wurde, um Hochzeiten und Erbschaften oder Verträge auszuhandeln, und um zu besprechen, was sie sonst irgendwie bewegte, galt seit jeher als ein Schatzberg, in dessen Innerem ganz besondere Reichtümer auf ihre Entdeckung warten. Es heißt, dass sich ergiebige Goldadern durch den ganzen Berg ziehen.

Diese sollen in früheren Tagen, als man ihre Lage noch genau kannte, sogar in Bergwerken abgebaut worden sein, die aber heute ganz verfallen und verschüttet sind. Sogar eine Goldquelle soll es gegeben haben, die heute leider nicht mehr zu finden ist. J. N. Sepp beschrieb sie 1876 so:

Auf halbem Wege nach der Höhe des Heimgarten steht eine ermauerte Almhütte, hundert Schritte davon ergibt sich ein tiefes Loch, in welches sich durch eine Bleiröhre besagte Quelle ergoss, die Goldsand mit sich führte, ein Seither fing das Gold in der Größe von Gerstenkörnern auf.

Die nahe bei der Kaseralm gelegene Goldquelle soll im 18. Jahrhundert dem Schlehdorfer Propst Leonhard bekannt gewesen und von ihm ausgebeutet worden sein, wie es heißt, zur Beschaffung der Monstranz aus purem Gold für die Schlehdorfer Klosterkirche.

Die Schatzgräber auf der Kaseralm

Einmal traf ein sehr armer Bauer, er hieß Joseph Hägle, auf dem Friedhof ein seltsames Männlein, das behauptete, zu wissen, wo der Schatz am Heimgarten verborgen sei, und mit ihm auf die Kaseralm gehen wolle, um ihm das Versteck zu zeigen.

„Du bist ein armer Schlucker, aber ein rechtschaffener Mann, darum will ich dir helfen“, sagte es zu ihm.

Es war mitten im tiefsten Winter, doch der Hägle ging mit dem Männlein noch am gleichen Abend auf die Alm. Um Mitternacht sprang plötzlich die Türe der Hütte, in der sie Unterschlupf gesucht hatten, auf und ein Fremder in Jägerkleidung begehrte Einlass. Entsetzt wich der Bauer vor dem Unheimlichen zurück, der aber schleuderte Pickel und Schaufel gegen die Wand, dass die Funken nur so sprühten. Das Männlein beruhigte den zu Tode erschrockenen Bauern, der schon fliehen wollte, und bewog ihn, zu bleiben.

Bergleute beim Schmelzen von Metallen. Holzschnitt 1630

Am nächsten Tag zeigte es ihm die Stelle, wo der Schatz sein sollte. Dann verschwand das seltsame Männlein spurlos.

Der Hägle sah sich den Ort genau an und merkte ihn sich an verschiedenen Bäumen oder markanten Felsvorsprüngen, denn er konnte nicht mit dem Graben beginnen, weil der Boden gefroren und mit Schnee bedeckt war. Im nächsten Frühjahr stieg er mit seinen Freunden, dem Velhäusl aus Heilbrunn und einem Zimmermann aus Wackersberg, wieder zur Kaseralm hinauf. Die drei gruben im Schweiße ihres Angesichts viele, viele Wochen lang einen etwa 50 Klafter tiefen Stollen, aber sie fanden nichts.

Immer wieder, so heißt es, hätten sie Visionen gehabt, die sie zum Weiterarbeiten ermutigten; beispielsweise sah einmal einer von ihnen vor seinem geistigen Auge die Schatzkiste oder ein anderer einen geheimnisvollen Abt, der ihrem Vorhaben Erfolg verhieß und sie von der Aufgabe ihres Vorhabens abhielt. Sie fanden aber nichts, nur sog. Katzengold (Schwefelkies). Da zeigten sie ihren Fund dem Apotheker von Benediktbeuern und der meinte:

„Macht nur weiter, hinter Katzengold stößt man oftmals auf richtiges Gold.“

Aber es war nicht so. Sie fanden nichts. Zuletzt kamen die drei Goldsucher, die nur noch verbissen gruben und keiner anderen Arbeit mehr nachgingen, an den Bettelstab. Das Gewerbe des Zimmermannes aus Wackersberg ging völlig zugrunde, weil er sich so lange nicht darum gekümmert, sondern nur gegraben hatte. Die beiden anderen, so heißt es, seien sogar dermaßen in Armut geraten, dass sie schließlich verhungert seien.

In den Tagen nach dem 2. Weltkrieg suchte sogar ein Sonderkommando der US-Armee nach den Schätzen im Heimgarten. Sie vermuteten, Hitler hätte hier einen Teil seines Reichsschatzes vergraben, weil vor dem Kriegsende einige SS-Mitglieder hier beobachtet worden waren.

Auch sie fanden nichts.

Die verwunschenen Ritter im Heimgarten

Einige Ritter und Edelleute aus dem Werdenfelser Land hatten zu Lebzeiten schwere Schuld auf sich geladen, konnten dafür aber von irdischen Richtern nicht zur Rechenschaft gezogen werden. Zur Strafe wurden sie daher nach ihrem Tod ins Innere vom Heimgarten verbannt und müssen dort umgehen, bis sie ihre Sünden abgebüßt haben.

Doch anscheinend wollen die Ritter im Berg nicht immer nur büßen. Oftmals hört man aus den unterirdischen Gängen und Gewölben wildes Gelächter wie bei einem wüsten Trinkgelage oder das Rollen von schweren Kugeln und das Fallen von riesigen Kegeln wie bei einem Kegelspiel.

Der Schatz des Herrn von Weichs

Außer Gold soll der Heimgarten aber auch noch andere Schätze in seinem geheimnisvollen Inneren verbergen.

Vor langer, langer Zeit geschah es nämlich einmal, dass ein Ritter, der Herr von Weichs, auf seinem Schloss bei Ohlstadt während der Hunnenkriege in arge Bedrängnis geriet. Als seine Lage aussichtslos wurde, lud er heimlich sein wertvollstes Hab und Gut auf dreißig Maultiere, um es nicht in die Hände seiner Feinde fallen zu lassen. Er brachte alles in eine nur ihm bekannte Höhle in den Felsen des Heimgartens und tarnte das Versteck so geschickt, dass niemand, der die Stelle nicht genau wusste, imstande war, es wieder zu finden.

Um selbst den Ort wieder zu erkennen, ließ er in einige Felsen, die den Zugang versperrten, ein „V“ einschlagen.

Anschließend zog er mit seinen Kriegsknechten nach Italien und wollte erst wieder zurückkehren, wenn die Hunnen aus seinem Heimatland vertrieben wären. Er wurde aber von einer Räuberbande überfallen und mit all seinen Leuten ermordet. So konnte Herr von Weichs seine Schätze nicht mehr holen.

Mit ihm starb die Kenntnis von dem Platz, wo sie verborgen sind. Wohl hat einmal ein armes altes Weiblein auf dem Berg ein paar Goldstücke neben einem Felsen, auf dem ein verwittertes „V“ eingraviert war, gefunden, konnte die Stelle aber nicht mehr genau beschreiben.

Auch einige Jäger oder Wurzelgraber wollen oben in den Felshängen das „V“ gesehen haben, kamen aber nie an den Schatz heran.

So ruhen die Reichtümer des Herrn von Weichs noch heute im Inneren des Berges, der das Geheimnis um sie nicht preisgibt.

Wie der Herzogstand zu seinem Namen kam

Die bayerischen Herzöge Wilhelm IV. (1508-1550), sowie sein Bruder Ludwig und sein Sohn Albrecht V. liebten die Gegend um den Herzogstand sehr und hielten hier oft und gerne Jagdveranstaltungen ab. Seit jenen Zeiten heißt der Berg im Volksmund „Herzogstand", obwohl sein eigentlicher Name „Farchenberg" in den Landkarten noch bis ins frühe 19. Jahrhundert hinein verzeichnet war. Heute heißt er auch offiziell „Herzogstand".

Eine uralte Eibe mit einem Umfang von dreieinviertel Metern wächst in etwa 900 Metern Höhe am Herzogstand (Anm. 78). Bestimmte Bäume galten früher als heilig, darunter oft auch Eiben (Anm. 53), die damals um oder an heiligen Plätzen, an denen kultische Rituale abgehalten wurden, gepflanzt wurden. Noch vor etwa 1000 Jahren, zur Zeit Ottos I., galten strenge Rechte für Bäume. In einem Gesetzestext der damaligen Zeit heißt es:

„Wer einen Baum köpfet, soll derselbig wiederum geköpfet werden".

Die einzeln stehende, etwa tausendjährige Eibe am Herzogstand ist innen hohl – wie sehr viele so alte Bäume – und wurde auch schon durch Blitzschlag geschädigt, trotzdem treibt sie jedes Jahr wieder neue Zweige.

Die ehrgeizige Herzogin

Anders erzählte Bernhard Baader im Jahr 1851 die Sage von der Entstehung des Namens „Herzogstand". *In jenen Zeiten, als der Berg noch „Farchenberg" hieß und noch unbezwungen war, wollte eine bayerische Herzogin die erste sein, die seinen Gipfel betrat. Obwohl ihr alle davon abrieten, machte sie sich an das gefährliche Unterfangen. Es gelang ihr und ihren Begleitern zwar, den Gipfel zu erreichen, aber dort brach ein fürchterliches Unwetter los. Ein herabzischender Blitz tötete die Herzogin, wie behauptet wurde, wegen ihres Ehrgeizes und ihrer Eitelkeit.*

Seither heißt der Berg „Herzogstand“.

Der Taucher im Walchensee

Eingerahmt von hohen Bergen, die sich an windstillen Tagen glasklar in seinen Gewässern spiegeln, liegt der Walchensee am Rande des Werdenfelser Landes. Trotz seiner Schönheit aber erschien er den Menschen früherer Tage drohend und unheimlich. Mit seinen in drei Himmelsrichtungen zu Tal fließenden Bächen galt er von Urzeiten her als ein heiliger Schicksalssee. Diese Anschauung konnte sich sogar aus dem Heidentum in das Christentum hinüber retten. Unerbittlich, so glaubten unsere Vorfahren, fordere er stets von neuem Opfer, und er habe noch keinen der Un-glücklichen, die er in seine schwarzen Tiefen hinab gezogen habe, zurückgegeben.

Trotz ihrer Angst vor dem See, versuchten mutige Fischer immer wieder, seine Tiefe auszuloten. Zu diesem Zweck ruderten sie bis zur Mitte des Gewässers und versenkten dort schwere Steinbrocken an schier endlosen Seilen. Niemals aber, so heißt es, seien sie dabei auf Grund gestoßen.

Was Wunder also, dass sie zu der Überzeugung kamen, der See reiche bis ins Innerste der Erde und stehe mit den Weltmeeren in Verbindung! Als Beweis dafür sahen sie das verheerende Erdbeben an, von welchem Lissabon im Jahre 1755 heimgesucht worden war. Zur gleichen Stunde, zu der sich diese Naturkatastrophe ereignet hatte, hatte nämlich der unheimliche Bergsee plötzlich so wild zu brausen und zu tosen angefangen, dass alle Anwohner in heillosen Schrecken versetzt worden waren und geglaubt hatten, der Jüngste Tag sei angebrochen.

Die Neugier aber ließ den Menschen keine Ruhe, und sie unternahmen immer wieder Versuche, die Tiefen des Walchensees zu erforschen. Ein besonders tollkühner Mann ließ sich einmal in eine Ochsenhaut einnähen und an einem langen Seil in das dunkle Gewässer hinabgleiten. So hoffte er, dessen Geheimnisse endlich enträtseln zu können. Er war von seinen Helfern noch nicht weit hinab gesenkt worden, als plötzlich ein grauenvolles Ungetüm in Gestalt eines Riesenfisches vor ihm auftauchte.

Gierig sperrte es seinen gewaltigen, von den Zähnen wie mit spitzen Dolchen eingesäumten Rachen auf und machte Anstalten, ihn zu verschlingen.

Dem Mann, der sonst keine Furcht kannte, standen vor Entsetzen die Haare zu Berge und kalter Schweiß brach ihm aus allen Poren. Von Todesangst ergriffen läutete er die Glocke, die er für den Fall einer Gefahr mit sich führte und riss wild an dem Seil, an dem man ihn hinabgelassen hatte. Auf diese Zeichen hin zogen ihn seine Helfer sofort herauf, konnten ihn aber nur mit knapper Not vor dem wütenden Ungeheuer retten.

So seltsam es klingt, der Mann ließ sich nochmals in der Ochsenhaut in die Tiefe hinabgleiten, sei es, dass er sein eigenes Verderben suchte, sei es, dass eine geheimnisvolle Macht ihn unwiderstehlich in das dunkle Wasser zurück lockte. Alle Warnungen seiner Freunde stießen bei ihm auf taube Ohren und er ließ sich nicht davon abhalten, den gewagten Versuch ein zweites Mal zu unternehmen.

Nun aber warteten seine Gefährten vergeblich auf seine Rückkehr oder auf ein Zeichen von ihm. Er kam nicht wieder. Nach geraumer Zeit, die sie voll Sorge um ihn in ihrem Boot ausgeharrt hatten, schien es ihnen mit einem Mal, als finge der See an, dumpf zu grollen. Sie lauschten und vernahmen ganz deutlich eine drohende Stimme aus dem Wasser, die allen dringend davon abriet, nochmals zu versuchen, die Geheimnisse der Tiefe zu erforschen:

„Willst du mich gründen,
werd ich dich schlünden!“

Von eisigem Schrecken gepackt, zogen die Männer das Seil hoch. Da hing nur noch die in Fetzen gerissene Ochsenhaut daran, von ihrem Kameraden aber fehlte jede Spur. Er wurde niemals wieder gesehen, und nicht einmal seine Leiche gab das erzürnte Gewässer frei. So blieben die Geheimnisse des schwarzen Sees für lange Jahrhunderte gewahrt. Wie erzählt wird, hat noch im Jahre 1855 ein Bauer aus Sachenbach das Ungeheuer mit eigenen Augen gesehen. Er behauptete, dass es riesengroß sei und ihn „mit rollenden Augen, so groß wie Feuerräder“ drohend angeblickt habe.

Das Ungeheuer im Walchensee

Ganz unten, in den tiefsten Felsenhöhlen des Walchensees, wo das Wasser schwarz und undurchdringlich ist, haust ein furchterregendes Ungetüm aus der Vorzeit. Mit seinem riesenhaften Leib umspannt es den Kesselberg, der aus den dunklen Fluten herausragt. Es ist so gewaltig, dass es um den ganzen Berg herumreicht. Seinen Schwanz hält es mit dem Maul fest. Im Kesselberg aber, den das Untier wie mit einem ehernen Ring umschließt, liegt ein Schatz verborgen, so erlesen und reich, wie es noch keines Menschen Auge gesehen hat. So berichtet die Sage.

Die Menschen früherer Zeiten wussten um diese uralte Mär und hüteten sich voller Furcht, das Ungeheuer aufzustöbern. Es war damals bei schwerster Strafe verboten, Steine in den See zu werfen oder ihn auf andere Weise in Unruhe zu bringen. Denn dann würde der Riesenwaller, so glaubten die Leute, voller Zorn sein Maul aufreißen und seinen Schwanz daraus hervorschnellen lassen.

Durch die urgewaltige Wucht dieses Schlages aber würden die Uferwände des Kesselberges wie Glas zerspringen und den nachdrängenden Wassermassen den Weg freigeben. Die nie versiegenden Fluten des Sees, der ja, wie es hieß, mit dem Weltmeer in Verbindung stünde, würden ungebändigt ins Tal hinabstürzen, dort alles zermalmen und Tod und Zerstörung mit sich bringen. Sie würden das ganze Bayernland samt seiner Hauptstadt München überschwemmen und unter sich begraben. Dann würde sich anstatt des lieblichen Alpenvorlandes eine riesige Wasserfläche zu Füßen der Berge ausbreiten.

Diese verderbliche Sintflut soll im Walchensee auch ausgelöst werden, wenn im bayerischen Land einmal Gottlosigkeit und Frevelhaftigkeit übermächtig werden sollten.

In alten, vergilbten Schriften wird berichtet, dass irgendwo in der Dreifaltigkeitskirche zu München ein ganz bestimmter Stein eingebaut ist, den aber niemand kennt. Wenn nun dieser Stein, sei es aus Unkenntnis, aus Zerstörungswut, durch Krieg oder aus sonst einem

Grund, einmal aus der Kirche entfernt wird, dann, so heißt es, ist die Zeit angebrochen, die das Verderben über das Bayernland bringen wird. Die Angst vor dieser drohenden Katastrophe war in den vergangenen Jahrhunderten in der Bevölkerung so groß, dass man noch im Jahre 1738 (!) in der Gruftkirche in München heilige Messen lesen ließ, in denen Gott angefleht wurde, das verhängnisvolle Unglück von der schönen Münchnerstadt gnädig abzuwenden.

Jedes Jahr ließen die Stadtväter zudem einen Ring aus purem Gold anfertigen. Nur das Gold aus der Isar, in die es durch den Jachen aus dem Walchensee geschwemmt worden war, durfte dazu genommen werden; nur einem völlig unbescholtenen und rechtschaffenen Bürger wurde das ehrenvolle Amt anvertraut, diesen Ring herzustellen. Er musste sorgfältig darauf achten, dass auch nicht der geringste Makel dem kostbaren Werkstück anhaftete. Der Ring wurde geweiht und unter großer Beteiligung der Bevölkerung in einer feierlichen Prozession zum Walchensee gebracht. Mit einem Kahn, der über und über mit Blumen geschmückt war, wurde er in die Mitte des Sees gefahren und dort den dunklen Fluten übergeben. Dies geschah alljährlich am Sonntag vor der Sommersonnenwende. Durch dieses Opfer hofften die Bürger Münchens, die vom Walchensee drohende Sintflut von ihrer geliebten Stadt abhalten zu können. (Anmerkung 79)

Geheimnisvolle Erscheinungen am Walchensee

Die alten Fischer am Walchensee erzählten sich früher viele seltsame oder gruselige Begebenheiten von dem unheimlichen Gewässer. Manchmal, so heißt es, habe man auf der Oberfläche des Wassers eigenartige dunkle Streifen bemerken können, deren Herkunft sich niemand habe erklären können. Ein junger Fischer aber, der sich gerade mit seinem Kahn draußen auf dem See befand, als dieses seltsame Phänomen einmal wieder auftrat, und der voller Neugier seine Hand hineingetaucht habe, musste mit Entsetzen feststellen, dass es lauter warmes, dickflüssiges dunkelrotes Blut war, in das er gefasst hatte.

Alte Leute, denen er das schreckliche Erlebnis erzählte, behaupteten, bei den rätselhaften Blutstreifen auf dem Wasser, die von Zeit zu Zeit zu sehen seien, handle es sich um das Blut des Wallers, das aus der Tiefe des Sees nach oben ströme, wenn das Ungeheuer, das mit seinen scharfen Zähnen seinen Schwanz im Maule halte, diesen ein wenig loslasse. Man könne nur hoffen und beten, dass das Ungeheuer ihn dann wieder gut festhalte, sonst würde ganz Bayern überschwemmt werden.

Der unheimliche Reiter am Walchensee

In besonders schlimmen Sturmnächten kann man, so heißt es, einen einsamen, gespenstischen Reiter in wildem Galopp um den See jagen sehen. Sein pechschwarzer Mantel flattert wie ein Feldzeichen der Hölle hinter ihm her und sein ebenso pechschwarzes Ross flieht in solcher Windeseile dahin, dass es den Boden mit den

Hufen kaum zu berühren scheint. So schnell diese unheimliche Erscheinung aus der Dunkelheit auftaucht, so schnell verschwindet sie auch wieder in der Schwärze der Nacht.

Wer einen kurzen Blick auf das Angesicht des Reiters erhaschen konnte, berichtete, er hätte einem Totenschädel ins Gesicht geblickt. Niemand aber weiß wirklich, wer der unselige Reiter ist und warum er dazu verdammt ist, ruhelos immer wieder bei Nacht und Sturm um den See jagen zu müssen.

Die Kette im Walchensee

Vor langer Zeit wurde einmal am Ufer vom Walchensee eine Kette aus schwerem Metall gefunden, die so weit ins Wasser hinein reichte, dass man ihr Ende nicht sehen konnte. Die Fischer aus Urfeld und Walchensee, die sich nicht erklären konnten, wie sie dorthin gekommen war, ohne dass sie es bemerkt hatten, stellten die verschiedensten Vermutungen, darüber und was sich wohl an ihrem Ende befinden würde, an. Stück für Stück wuchteten sie die Kette mit vereinten Kräften aus dem Wasser. Zu ihrem Erstaunen und ihrer großen Freude bemerkten sie, dass diese zuerst silbern und dann, als sie weiter herausgezogen war, ganz golden schimmerte.

In der Hoffnung, einen wertvollen Schatz zu finden, zogen und zerrten die Männer aus Leibeskräften und förderten am Ende der Kette eine Kutsche, über und über von Moos und Schlingpflanzen bedeckt, heraus. Es stellte sich, als die Männer den Schmutz etwas abgewischt hatten, heraus, dass es sich um ein wunderschön verziertes Gefährt in altmodischer Bauweise handelte, das man vielleicht vor Jahrhunderten hergestellt haben mochte.

Die Fischer berichteten im ganzen Dorf von ihrer Entdeckung, und alle Einwohner von Walchensee, ob groß oder klein, jung oder alt, kamen gelaufen, um den Wagen, den der See freigegeben hatte, zu besichtigen. Kopfschüttelnd standen sie da und bestaunten das fremdartige Gefährt. „So ein Fahrzeug habe ich noch nie gesehen“, wunderte sich einer. „Vielleicht ist das die Kutsche des Wassermanns“, mutmaßte ein anderer.

Die verschiedenartigsten Deutungen wurden laut, bis sich eine steinalte Frau zu Wort meldete. Sie erinnerte sich, von ihrer Urgroßmutter gehört zu haben, dass vor langer, langer Zeit einmal das voll gepackte Gespann sehr reicher Leute den Walchensee entlang, Richtung Süden, gefahren war. Der Kutscher aber hatte wegen zu hoher Geschwindigkeit die Herrschaft über den Wagen verloren und der war, mit allem, was sich darin befand, in den See gestürzt und sogleich in den dunklen Fluten versunken.

Niemand hatte damals den Verunglückten helfen oder die Kutsche bergen können. Im Laufe von vielen Jahren war der Vorfall vergessen worden, aber die alte Frau behauptete, dies müsse jenes Gefährt sein, das man damals nicht mehr habe aus dem Wasser ziehen können und das der See nun – nach ein paar hundert Jahren – selbst wieder freigegeben habe.

Der Herzog und das schöne Veverl

Einst ließ sich im 16. Jahrhundert Ferdinand, ein Mitglied der bayerischen Herzogsfamilie (nach anderen Berichten Herzog Albrecht V. selbst) von der schönen Tochter eines Fischers, namens Genoveva, genannt Veverl, über den Walchensee zu einer Jagdhütte rudern. Dabei verliebte er sich unsterblich in das schöne Mädchen und wollte es unbedingt wieder treffen. Sie aber lehnte ab, denn sie war mit einem Burschen aus dem Ort, dem Ältesten vom Erbhof in der Jachenau, der Kaspar hieß, verlobt, der sehr eifersüchtig war.

Der Herzog aber gab nicht auf und bat sie, ihm eine Chance zu geben und ihn wenigstens am nächsten Tag auf die Jagd zu begleiten. Zögernd sagte sie zu und erzählte anschließend ihrem Vater davon, der ihr dringend davon abriet, mitzugehen.

Über die Väter erfuhr auch der Verlobte von Veverl von dem Ansinnen des Herzogs. Am nächsten Tag ging Veverl mit der Jagdgesellschaft auf den Herzogstand. Als sie dort, etwas abseits stehend, sinnend über das Tal blickte, kam Albrecht heran und versuchte die Schöne zu umarmen. Erschrocken sprang sie zur Seite und wurde im gleichen Augenblick von einem Schuss tödlich getroffen, der aus dem Gebüsch kam.

Als der Herzog und seine Leute nach dem Todesschützen suchten, fanden sie Kaspar, ebenfalls leblos, hinter den Hecken. In dem Augenblick, in dem er die Waffe auf den Herzog abgefeuert und versehentlich seine Braut erschossen hatte, hatte ihn vor Schreck der Schlag getroffen.

Herzogstand und Heimgarten.
Gemälde von Johann Georg v. Dillis um 1804

Etwas anders überliefert Willibald Schmidt diese Geschichte:

Einmal wurde ein vornehmer Herr, der zur Jagd in die Berge am Walchensee gekommen war, von der schönen Vevi übergesetzt und entbrannte in Liebe zu ihr. Von da an kam er öfter und wollte sich heimlich mit ihr trauen lassen, obwohl er ein Herzogssohn war. Auf einem Pirschgang begegnete der junge Erbhofer den zweien. In wilder Eifersucht schoss er seine Braut und den Herzog nieder. Er selber ging in den See.

An der Stelle, wo Kaspar das Mädchen erschossen hatte, soll sich lange Zeit ein Gedenkstein befunden haben, auch soll es in Urfarn früher eine Herberge mit dem Namen „Zur schönen Genoveva" gegeben haben.

Die Herzogin und der Jachenauer

Auch über eine weitere unglückliche Liebesgeschichte berichtet Willibald Schmidt im Jahr 1936 nach alten Überlieferungen:

Eine bayerische Herzogin hat sich einmal in einen lebfrischen Burschen aus der Jachenau verliebt und nicht wieder von ihm lassen wollen. Wie er gemerkt hat, dass er selber auf die Länge der Zeit nicht mehr nein sagen könnte, hat er sich entschlossen, selber ein Ende zu machen.

„Ich will kein Unglück über unseren Herzog bringen!" hat er gesagt und dann hat er sich an einer tiefen Stelle im See ertränkt.

St. Margareth und die Bauern von Zwergern

Die kleine Kirche St. Margareth liegt ganz besonders idyllisch am Walchensee auf der Halbinsel Zwergern. Sie stammt aus dem Jahre 1344 und sollte während der Säkularisation das gleiche

Schicksal erleiden, wie viele andere Gotteshäuser in Bayern auch: 1807 verfügte der bayerische Staat, dass sie *„entbehrlich und demolisationsfähig“* sei. Das aber wollten die drei Bauern, deren Höfe auf der Halbinsel standen, mit allen Mitteln verhindern. Sie taten sich zusammen und ersteigerten das Kirchlein. Obwohl sie vom Rentamt in Tölz die Auflage hatten, es abzubrechen oder für weltliche Zwecke zu nutzen, kümmerten sie sich nicht um die Vorschriften und hegten und pflegten es weiter. Den drei Bauern, Johann Zwerger, Josef Zwerger und Michael Seybold, ist es also zu verdanken, dass die so wunderschön gelegene Kirche noch heute steht. (Anmerkung 80).

Der Mord am Walchensee

Noch viele Jahre nach dem Zweiten Weltkrieg befand sich an einem Pfad zwischen Sachenbach und Urfeld ein Marterl, das an einen Mordfall erinnerte, der sich im Jahre 1605 dort ereignet hat:

Einst lebte in der Jachenau ein Holzknecht, der bekannt war für seine Schlägereien, die er oft ohne Grund vom Zaun brach und bei denen er schon manches Opfer ganz übel zugerichtet hatte. Die Leute gingen ihm daher lieber aus dem Weg. Einmal befand sich Pater Wolfgang von Benediktbeuern - die Jachenau gehörte damals zum Kloster - in dem Ort, hielt Messen, bot Beichtgelegenheit und sah überhaupt nach dem Rechten.

Da kam auch der Holzknecht in den Beichtstuhl. Der Pater aber, dem dessen schlechter Lebenswandel bekannt war, verweigerte ihm die Lossprechung, bevor er nicht wirklich ernsthaft sein Leben ändern wollte. Wütend stürmte der Holzknecht daraufhin aus dem Beichtstuhl. Als Pater Wolfgang am Abend nach Benediktbeuern zurückritt, lauerte ihm der Knecht am Ufer des Walchensees auf und drängte in ins tiefe Wasser.

Am Walchensee. Gemälde v. Ludwig Sckell, 19. Jahrhundert

Pater Wolfgang musste dort elend ertrinken, weil sein Widersacher ihn nicht mehr aus dem See heraus ließ. Nach dem Mord verschwand der Holzknecht und wurde nie mehr in der Gegend gesehen. Das Marterl, das vom Kloster an der Stelle zur Erinnerung an das Verbrechen errichtet worden war, steht heute nicht mehr.

Das Klösterl am Walchensee

Für die Eremiten vom Orden der Karmeliter wurde in den Jahren 1686-88 ein Haus und die Kirche St. Anna auf einer Halbinsel im Walchensee errichtet. Der Gründer, der 1651 geborene Wolfgang Holzer aus Warngau, führte schon als junger Mann ein Einsiedlerleben in den Wäldern von Zorneding und Tegernsee, wurde unter dem Namen des Onuphrius (Anmerkung 81) in den Orden der Karmeliter aufgenommen, in Brixen 1678 zum Priester geweiht und bemühte sich dann in seiner Heimat um einen Ort für ein Kloster.

Das sog. „Klösterl“ soll, der Legende nach, von der bayerischen Kurfürstin Maria Antonia, der Tochter Kaiser Leopolds, die seit 1685 die Gemahlin des Kurfürsten Max Emanuel war, gestiftet worden sein. Sie habe diesen Bau gelobt, wenn sie auf Fürbitte der Hl. Anna endlich den ersehnten Nachwuchs bekommen würde.

Im Jahr 1686 wurde mit einer Stiftung der Kurfürstin das „Klösterl“ erbaut. Nach den Satzungen der Stiftung durfte Pater Onuphrius nur 4 Eremiten dort aufnehmen und musste jedes Jahr einen Gedenktag für die Kurfürstin, das Haus Wittelsbach und das kaiserliche Haus Habsburg abhalten.

Mit scheelen Augen sahen die Benediktbeuerer den großen Zulauf, den die Mönche vom Klösterl hatten. Diese wurden 1694 wegen Übertretung der Ordensvorschriften aus dem Karmeliterorden entlassen, auch hatte Pater Onuphrius nicht nur vier, sondern 14 Ordensbrüder im Kloster untergebracht. Die ausgestoßenen Mönche aber fanden bei einem anderen Orden, den Hieronymiten, Aufnahme und blieben im Klösterl.

1711 aber mussten sie, wohl auf Betreiben der Bevölkerung, die in der Geschäftstüchtigkeit der Mönche, die eine Brauerei eingerichtet hatten und dem Tafernwirt vom Ufer des Walchensees und dem Müller vom Kochelsee Kunden wegnahmen, eine Schädigung ihrer eigenen Einnahmen sahen, das Kloster verlassen. In Benediktbeuern wurde das mit einem Pontifikalamt und einem Dankfest mit Singspiel gefeiert. Der Abt von Benediktbeuern kaufte den Hieronymiten das Klösterl ab. Nach der Säkularisation im Jahre 1803 wohnte der Pfarrer von Walchensee dort und die Kinder der Umgebung gingen hier zur Schule. Die Hieronymiten aber fanden in München im Haus eines kurfürstlichen Kammerdieners Unterkunft, richteten im Lehel eine Notkirche ein, sammelten Spenden und erbauten 1725-1730 die Klosterkirche St. Anna auf dem Lehel.

Bauern vom Kochelsee. Julius Döring um 1845

Anmerkungen und Kommentare

1) Vgl. Goldquellen am Röthelstein S. 235 und Heimgarten S. 236.

2) Ähnliche Legenden erzählt man von den Kirchengründungen in Dietramszell, Königsdorf, Gaißach u. a.

3) Im Winter 2015 wurde der Speicher aus technischen Gründen nahezu geleert. Da kamen zwar die Restfundamente der Häuser von Altfall wieder ans Tageslicht, aber kein stehender Kirchturm. Auch er war samt Kirche 1959 gesprengt worden.

4) Auch im angrenzenden Tirol kennt man diese Sagengestalten, dort „Faien" genannt. Schiestl beschreibt sie so: *Frauen in ewiger Schönheit und Jugend, Liebe, Milde und Weisheit. Sie können zürnen, aber nie verderben; Zauber üben, aber guten, wohltätigen; sie zerstören den schädlichen der Hexen, wie sie dagegen „faien", schirmen. Sie zeigen sich selten sichtbar und Wenigen. Küssen sie ein Kind, so kann es die Faien sehen, wie solche, die einen ihrer Talismane tragen, und die Sonntagskinder. Im Unterland aber nennt man die Feen „Salige" oder die „saligen Frauen". In die Häuser, in die sie einkehrten, brachten sie Wohlstand, Glück und Segen, heilten Kranke und unterrichteten die Mädchen besonders in der Flachswirtschaft.*

5) Lüers S. 28: *...zu der Überzeugung gekommen, dass der Hexenglaube einer der urältesten Bestandteile unseres Volksglaubens überhaupt ist, dessen Ursprung sich wohl kaum jemals zeitlich genau wird festlegen lassen, da seine Herkunft über die Zeit greifbarer Überlieferung unseres Volkes hinausgeht.*

6) Leoprechting S. 39: *Dies ist eines der geheimnißvollsten Zeichen aus dem tiefsten Altertum voll wunderbarer Kraft gegen jedwede Art von Zauberei. Er besteht meist aus zwei in dieser*

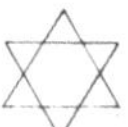

Weise (1. Abb.) ineinander gefügten Dreiecken, doch kann man ihn, besonders in älteren Zeiten, auch so abgebildet finden (Abb. 2). –
Er wird zwar aus allen möglichen Stoffen gebildet, oder nur auf solche hingemalt, doch am gewöhnlichsten und liebsten macht man ihn aus ro-

tem Wachs, und zwar aus dem an Maria Kerzenweih geweihten roten Wachsstocke der Frauen. ...Schon der Name dieses Zeichens deutet darauf hin, wozu es am kräftigsten gebraucht wird. Gegen die Truden. Man findet daher den Trudenfuß an Häusern, Stallungen und besonders an Bettstatten.

7) Im Würmtal, nur wenige Gehminuten von der ehemaligen S-Bahn-Haltestelle Mühltal kommt man auf einem Forstweg entlang der Bahn zu keltischen Hügelgräbern. Dort befindet sich auch das Grab einer Druidin, die für ihre Zeit ungewöhnlich groß (1,80 Meter) war und mit einem Sonnenrad in ihrer rechten Hand gefunden worden war. Dieses Grab ist heute erneut eine Kultstätte geworden, denn Menschen aus unserer Zeit, die sich selbst als Hexen oder Hexer bezeichnen und die sog. „Weiße Magie" betreiben, lassen dort Bilder oder Hexenbändchen im Wind flattern. Quelle: TZ 4.3.2004

8) M. Weithmann dazu: *„...Anwesen Schellenberg (Untermurbach) zum Teil 1. Hälfte 17. Jh., ehemaliger Wirtschaftshof der Burg; vielleicht Sitz des tegernseeischen Vogtes.*

9) Taxenbaum = Eibe

10) Wilde Jagd = Wütendes Heer**:** Meyer I Bd. 17 v. 1897*: Wütendes Heer (wilde Jagd, örtlich auch Wudesheer, Wuotisheer, Wutheer, Wütenheer, wildes Gjaig oder kurzweg wilder Jäger) nach der deutschen Sage ein von Wodan (Wuotan) angeführtes Heer (daher der Name) oder großes Gefolge von Gespenster, welches mit schrecklichem Tosen durch die Lüfte fährt und oft gehört, selten gesehen wird.*
Diese Sage, welche in hohes Altertum hinaufreicht, beruht auf der Vorstellung, daß die Seelen der Verstorbenen in der bewegten Luft einherziehen. Noch jetzt verknüpft die Tradition die wilde Jagd mit dem nächtlichen Sturmestosen besonders in waldreicher Gegend. ...statt der gespenstischen Tiere, welche das Gefolge der wilden Jagd bilden, erscheint mitunter auch Kriegsvolk mit Trommeln und Trompeten auf feurigen Rossen und mit flammenden Waffen unter Führung Wodans, des obersten Lenkers des Krieges, oder seiner Stellvertreter, wie Kaiser Karls im Odenwald, und das Volk knüpft daran den Glauben, dass dies nur geschehe, wenn ein Krieg bevorstehe. Leoprechting 1855 über die Wilde Jagd: *Das wilde Gejag fährt in der Adventzeit alle Nacht aus, sonderlich aber in den zwölf Nächten vom Weihnachtsabend bis heil. Drei König, inner deren*

Stich von Johann Elias Ridinger, 1744 Augsburg. Ausschnitt

Zeit wütet es am ärgsten. Es gibt sonderbare Orte, wo es länger verweilt, und wo man es deutlich vernehmen kann. Dies sind aber immer enterische Plätze, verwunschene Hölzer, dem Teufel verschriebene Gräben und Schluchten, Wegscheiden die kreuzweis gehen, weitgedehnte einsame Möser und Filzen und dergleichen mehr. Mit dem wilden Gjäg ziehen auch eine große Anzahl von Hunden und von Nachtvögeln, deren Gebell und Gekrächz schauerlich zu vernehmen. Nach Schweizer S. 121 werden auch Hunde, die *ledig herumlaufen, mitgenommen und man weiß von keinem, der wieder gekommen sei.*

11) Pfinztag = Donnerstag

12) Frauentaler = Maria Theresientaler

13) Schürze

14) An der Straße zwischen Ostin und Hausham

15) Max Roeder schreibt 1958 (Artikel in Isar-Loisachbote) zu dieser Sage: *Tatsächlich lieferten die Gmunder im Jahre 1645 dem zuständigen Pflegegericht Wolfratshausen Ursula Löbl, eine angebliche Hexe, aus. Sie wurde an der Gmunder Brücke auf einen Stein gesetzt, wie es der Brauch verlangte, ehe man sie den Wolfratshausenern übergab. Allerdings hatte der Pflegerichter wenig für das Anliegen der Gmunder übrig: Ursula Löbl wurde nicht verbrannt, sondern ins Elend verstoßen (das heißt: des Landes verwiesen). Vielleicht glaubten die Gmunder, in der Gestalt der Ursula Löbl das Rockadirndl gefangen zu haben.*

16) Joseph v. Hazzi schreibt um 1802 in "Stat. Aufschlüsse II": *...das schöne und massiv gebaute Schloss Hochenburg, von dem in der Gegend noch die Sage geht, als, als hätte es dem kaiserlichen Gelde während des bairischen Kriegs sein Dasein zu verdanken.*

17) Michael W. Weithmann schreibt: *Bergfried = höchster und stärkster Wehrturm der deutschen Adelsburg in der Stauferzeit (12./Anfang 13.Jh. = Hochmittelalter). Im Gegensatz zum Wohnturm und zum westeuropäischen Donjon diente er nicht zum dauernden Aufenthalt, sondern nur zur letzten Zuflucht in Kriegsfällen. Er ist daher mit erhöhtem Eingang und mit Vorratskellern (heute meist als Verlies missdeutet) versehen.*

18) Die im Jahre 249 gestorbene Hl. Apollonia, der bei ihrem Martyrium alle Zähne herausgerissen wurden, wird seither von den Gläubigen bei Zahnschmerzen und allen Problemen mit dem Gebiss als himmlische Helferin angerufen.

19) Eine andere Sage von der Glück bringenden Schlange wird von Schiestl ohne genaue Ortsangabe erzählt: *Die kleine Maridl hat viel mehr erlebt und viel mehr gesehen als die andern Kinder im Dorf. In den Wolken sah sie Reiter und Drachen, und wenn sie abends im Wald drüben ein Lichtlein sah, so meinte sie, das Jesuskind müsse bald herüberkommen und lieb zu ihr sein. Mit den Tieren in Haus und Hof, in Flur und Wald war sie gut Freund. Die jungen Rehe im Forst ließen sich von ihr streicheln und füttern und die kleinen Waldvögelein flogen auf ihre Schultern und Händchen. Das Maridl war halt ein Sonntagskind, und die sind immer was Besonderes. Am meisten befreundet war sie aber mit einer grünen Schlange, die hatte ein goldenes Krönlein auf dem Kopf. Das war eine Schlangenkönigin oder Krönlnatter, wie man in Tirol sagt. Wenn das Kind am Bächlein spielte, so kam das Tier aus dem Gebüsch heraus und oft hatte Maridl eine Schale Milch mitgebracht,* *welche der Beißwurm gierig schlürfte. Eines Sonntags im Mai - da war sie mit dem Brüderlein draußen am Bach. Da kam die Schlange herbei, legte ihr goldenes Krönlein auf ein weißes Tuch, sah das Kind listig züngelnd an und ringelte sich wieder davon. Hocherfreut brachten die Kinder das Krönlein heim zu den Eltern. Diese legten es in die Sparkasse* (Behältnis im Haus für Geld und Wertsachen, oft auch Sparstrumpf) *und das Geld ist nie mehr ausgegangen.*

20) Eine ähnliche Sage, bei der das Totenheer einem Ritter zu Hilfe eilte, erzählt man sich im Chiemgau.

21) Vgl. Sage S. 22 von der „Verschniebenen Alm" in der Riß. Eine ähnliche Sage gibt es auch im Berchtesgadener Land von der „Übergossenen Alm".

22) Damit ein Holz-, Moor- oder Waldweiblein, das von der Wilden Jagd gehetzt wurde, ausruhen konnte, war es früher üblich, dass Holzknechte nach dem Fällen eines Baumes drei Kreuze in den verbleibenden Baumstumpf schnitten. Dadurch schufen sie, nach damaliger Überzeugung, den Gejagten eine Freistätte, zu der sie sich flüchten und sich damit retten konnten. Andererseits beschützten diese Geister die Holzknechte vor Unfällen bei ihrer schweren Arbeit.

23) Christiane Oldach (verheiratete Mühlbauer) im Tölzer Merkur vom 20. 8. 2002: *Geschichten über Venediger-Männlein finden sich nicht nur im ganzen bayerischen Voralpenland, sondern auch im Bayerischen und Thüringer Wald, im Harz, im Spessart und in Tirol. Die Männlein sollen Alchimisten sein und unter der Erde wohnen. Wen sie mögen, dem schenken sie eine Henne aus Blech, die Goldstücke legt, und wer ihnen einen Dienst erweist, bekommt einen goldenen Hirschen. Manchmal führen sie auch Menschen unter die Erde und lassen sie erst nach einigen hundert Jahren wieder frei.*
Im angrenzenden Tirol gibt es folgende Überlieferung zu den Venedigern:
Es gibt wohl kein Tal in ganz Tirol, in welchem man nicht von „Venediger Manndln" zu erzählen weiß. Denn das an edlen Metallen und Mineralien reiche Land lockte schon früh, besonders die Venezianer an, um die Schätze der Erde zu Tage zu fördern. Sie kamen gewöhnlich im Frühjahr, arbeiteten während des Sommers in den Bergen und Schluchten der Gebirge und zogen im Herbst, mit Schätzen beladen, heim nach Venedig. Schiestl. S. 12

Ein Gedicht von Kobell dazu:

Die wälschen Venediger
Wissen gar guat
Ein Schatz, wo er z'finden is'
Heben wie man ihn thuat.

Wie es weiter heißt, waren die Venediger Manndln im Besitz von Erd- und Bergspiegel, darum waren sie so unermesslich reich. Dazu Karl v. Leoprechting 1856: *Ist ein wunderbares Ding um einen Erdspiegel, glückt selten einen richtigen zu erhalten, nutzt aber auch dann den wenigsten, die ihn haben. Wer nit an einem goldnen Sonntag in der zwölften Stunde unter einem gar seltnen Zeichen geboren worden, dem nutzen die besten nichts, der aber in solch glücklicher Stellung geboren, der vermag alles zu sehen, was er nur immer begehren will, doch muss man allzeit den Spiegel nach einer Kirchen richten, darinn Sanct Johann der Gottestaufer rastet. Zwischen einem Erdspiegel, der aus einer runden Metallscheiben und einem Bergspiegel, der aus einem Uringlas, darinn ein hochgeweihter Weihbrunnen, besteht einiger Unterschied im Gebrauch und im Anrufen, und will letzterer für den besseren gehalten werden...*

Der Sagenforscher K. Reiser Nr. 155 im Jahr 1895 zum gleichen Thema: *Unter dem Erd-, Wasser- und Venedigerspiegel ist der letztere der richtige und beste; denn man kann in ihm alles sehen, was man nur wünscht. Man erhält ihn, wenn man einen Spiegel mit dem Blute einer schwarzen Katze, einer schwarzen Henne und eines Bergraben bestreicht und die richtigen Gebete hersagt. In diesem Spiegel sieht aber nur derjenige, der ihn gemacht hat, alles, während im Erd- und Wasserspiegel, zu welch' letzterem man dreierlei Weihwasser braucht, auch andere Leute etwas sehen können.*

24) Eine ähnliche Geschichte erzählt man sich von einem Abt von Tegernsee, der nach seinem Tod zur Strafe für sein unrechtes Verhalten als sog. „Kaibelplärra“ in den Gängen von Kloster Tegernsee umgehen musste.

25) Über die Hoimanndln, Kobolde, die nach dem Glauben der Leute auch anderswo ihr Unwesen treiben, schreibt Leoprechting 1856: *Dieser Name rührt wohl allein von ihrem ungewöhnlichen Schrei Hojo, Hoje, wenn sie tanzen oder Räder schlagen. Sie zeigen sich oft und vielfältig, obwohl sie sich aus den Häusern und Städeln beinahe ganz zurückgezogen haben, und nur mehr noch eingegangene Höfe und einsame Waldungen bewohnen. Doch scheuen sie den Menschen nicht sehr und die-*

malen kann man welchen selbst am lichten Tage begegnen. Sie sind sehr klein, allzeit grün angetan und ihr Haar und Bart ist wie ein graulechtes Mies. Sonderlich im Advent, wo allen Geistern von Allerheiligen Abend bis Dreikönig große Macht gegeben ist sich zu zeigen und vielen Spuk zu treiben, da kann man den Hojemännlein oft begegnen. Sie tun den Menschen nichts zu leide, suchen sie aber zu necken und zu ängstigen. Sie springen dann auf Händen wie auf Füßen und schreien Räder schlagend ihr wehmütig lautendes Hojo Hoje. Sehen sie jemanden, der darob Furcht zeigt, und das ist bei den Mehrsten der Fall, dann stürzen sie mit ihren Sprüngen demselben oft zwischen den Beinen durch und in so rascher, toller Folge, dass Viele vor Angst vergehen möchten und Manche schon recht krank von diesem Spuk geworden sind.

26) Früher galt als eine Möglichkeit, kugelfest zu werden, auf die in dieser Sage wohl angespielt wird, das Einwachsen lassen einer konsekrierten Hostie in die Handfläche. Viele Wilderer wandten diese Methode an und glaubten, dass dadurch die Kugeln der Jäger, die auf sie abgefeuert werden würden, fehlgeleitet würden. Eine andere Möglichkeit, diese begehrte Eigenschaft zu erringen, wird in der Bergheimat Jhrg. 1937 Nr. 6 S. 24 beschrieben: *In der Münchner Gamswildschau erregte nun außer dem weißen Gamsbock noch ein anderer Ausstellungsgegenstand die besondere Aufmerksamkeit der Besucher. Es ist eine etwa pfirsichgroße, braunpolierte Kugel, eine „Gamskugel" oder ein sogenannter deutscher Bezoarstein. Kugeln dieser merkwürdigen Art sind steinharte Gebilde, die, aus unverdauten Futterresten und Haaren zusammengeballt, sich gelegentlich im Magen der Gämsen, aber auch der Steinböcke und Pferde vorfinden. Selbstredend sind diese Gamskugeln ein willkommener Gegenstand des Aberglaubens. Die Kugelform legt nahe genug, dass Teilchen vom Bezoarstein, unter das Kugelblei gemischt, zielsichere Kugeln ergeben mussten, oder aber, anders benutzt, den Mann kugelfest machten. Der fremdartige Ausdruck Bezoar wird von dem persischen padsahr abgeleitet, was soviel wie Gegengift bedeutet.*

27) J. N. Sepp schrieb 1876 nach Lütolf S. 221 f.: *Wider Glocken sind Hexen ohnmächtig. Findet man Haare von Menschen oder Tieren in Hagelschlossen, so ist dies ein Zeichen, dass Hexen dabei im Spiele waren. Eine große Haarlocke in einem Häfelein, welches Haar an einem Samstag nach der Vesper gestrählt worden, mit einem Stecken umgerührt in Tausendteufelsnamen, dann umgestoßen, liefert gefährliche Schlossen.*

28) Der Schemel muss nach uralten Überlieferungen aus dem Holz von neun verschiedenen Bäumen gefertigt werden. Folgende Arten soll man dazu verwenden: Eibe, Lärche, Föhre, Fichte, Tanne, Latsche, Zirbel, Sandel und Wacholder. Alle diese Hölzer müssen in der Walpurgisnacht gesammelt und in der Thomasnacht zugeschnitten werden. Dabei darf man sich nur der linken Hand bedienen.

29) Vgl. Sage von der Mörderbrücke im Zellerwald S. 119

30) Nikolaus Bergmayr berichtet darüber: *Trenck verlangt... Heimkreiters Auslieferung. Nach mündlicher Überlieferung stellt sich dieser selbst, angesichts der furchtbaren Mordbrennereien. Er wird nach München gebracht und dort grausam zu Tode geprügelt. Im Gaißacher Sterbebuch steht folgender Eintrag:*
7. Juni 1742: Josephus Heimkreiter rustikus zum Bacher saepe saepius ad mortem usque fustibus caesus Monachii exspiravit ibique sepultus.
Übersetzt: Joseph Heimkreiter Bauer zum Bacher immer wieder mit Prügel geschlagen bis zum Tod. Gestorben und begraben in München.

31) Meyers-Konversations-Lexikon von 1897: *Vogelfrei (lat. exlex), derjenige, welcher des Rechtsschutzes gänzlich beraubt und aus dem allgemeinen Frieden gesetzt ist, wie dies früher bei der Oberacht (siehe Acht) der Fall war, oder bezüglich dessen alle aufgefordert werden, ihn lebendig oder tot zu ergreifen.*

32) „Quatember" nennt man in der kath. Kirche Bet- und Danktage „für die Früchte der Erde und für das menschliche Schaffen". Anzahl und Termine der Quatembertage wurden von den Bischofskonferenzen festgelegt. Bis hinein in die Neuzeit waren an diesen Tagen oftmals auch Zins- und Gerichtstermine.

33) Schloss Reichersbeuern besaß die niedrige Gerichtsbarkeit für einfache Fälle, für sonstige Rechtsfälle war das Landgericht Wolfratshausen zuständig.

34) Heute durch einen Straßendamm aufgefüllt

35) Vgl. folgende Sage von den singenden Schlossfräulein

36) Übersetzt: „Wer im Schutz des Allerhöchsten wohnt"

37) Vgl. „die drei Fräulein von Sachsenkam"

38) Vgl. mit Schicksalsbrunnen bei Lenggries S. 63 oder mit Hungerbrunnen bei Kochel S. 211. Andere Hungerseen, -bäche oder -brunnen sind beispielsweise der Hackensee bei Holzkirchen, der Riegsee bei Murnau, der Hungerbach bei Huglfing oder der Hungerbach bei Oberalting, um nur einige zu nennen. Vergleiche auch den vom Brunnenbauer und Hellseher Alois Irlmaier gebauten „bellenden Brunnen von Asten", der auch ein Wetterprophet sein soll (vgl. mein Buch: Sagen und Legenden um Chiemgau und Rupertiwinkel, Neuauflage 2016 S. 341).

39) Dieser Brauch hat seine Ursprünge in vorchristlicher Zeit und wurde früher nicht an Pfingsten, sondern zur „Mittsommerzeit" gefeiert. J. Sepp schrieb 1892 darüber: *Der Wasservogel war früher in halb Bayern gebräuchlich... Doch was soll die Geschichte bedeuten? ...Der Schwan ist der Zeitvogel, der den Sonnenkahn durch den himmlischen Ozean steuert, der Sonnenheld ist der Schwanenritter. Auf Pfingsten fällt die Hochzeit des Jahres, aber auch die größte Hitze, und die Erde schmachtet nach Regen.* Das Untertauchen des Sonnenschwanes bedeute wohl eine Beschwörung der Götter oder himmlischen Mächte, den notwendigen Regen für die Saat zu spenden, vermutet J. Sepp weiter.

40) Pauline Brückl S. 170 dazu: *So kommt noch heutzutage bei den Griechen, Rumänen, Bulgaren und Serben das Fest des Untertauchens eines Mädchens vor – Regenmädchen genannt – wohl in dem Sinne, dass die Erde unter Wasser gesetzt werden sollte, um wieder fruchtbar zu werden. Die Tyroler haben ein Fest der Pfingstbraut, indem sie ein hierzu erkorenes Mädchen im Mai mit Kübeln von Wasser übergießen und sie deshalb „Kübele-Maja" nennen.*

41) Hiebe mit der Peitsche in Kreuzform

42) Vgl. den Überfall an der Zwieselbrücke S. 92 u. 122

43) *Wie man behauptet, war das Haberfeldtreiben früher auf die dem Kloster Scheyern gehörige Hofmark Fischbachau oder den sogenannten Elbacher Winkel beschränkt. Demnach könnte man fast glauben, daß es von den dortigen Vätern Benediktinern als ein sehr wirksamer Pastoralbehelf,wenn nicht eingeführt, doch mehr als anderswo begünstigt worden sei.(conc. germ. III. 126)*
In Fischbachau wurde im Jahre 1790 dem Propst (wahrscheinlich Probst P. Benedikt Rauch) der geheime Prozeß gemacht und Haberfeld getrieben, weil sein ausschweifender Lebenswandel im Volk Anstoß erregte.

Dazu Kern: Oberbayerisches Sittenbild, Stuttgart 1862:
Der Propst gebot Gegenwehr, da sich aber keiner von den Klosterleuten dazu verstand, nahm er selbst dem Klostermaier das Gewehr aus der Hand und schoß - traf einen Tiroler (?), der auf der Brücke stand, dieser konnte just noch profitiert werden, dann starb er. Jeden andern hätte diese rasche Tat auch zugleich das eigene Leben gekostet. Der Propst, der höheren Geistlichkeit zugehörig, war indes doch - besonders für die damalige Zeit - eine zu gewichtige Persönlichkeit, um eine solche Sühne zu gestatten. Eine Kriminaluntersuchung wurde zwar sogleich eingeleitet, aber das Verfahren der Justiz befriedigt die Haberer nie. Der Propst war auf freiem Fuß, im Genuß seiner Propstei, und den Propst wollten sie forthaben. Die Justiz ging ihnen zu langsam. Von dieser Zeit an schien sich eine Anzahl Kobolde mit unirdischen Kräften begabt gegen ihn, seine Habe und seinen Frieden verschworen zu haben, und kein erdenklicher Schabernack blieb unverübt.
Dem Propst wurde so lange übel mitgespielt, bis er die Propstei verließ. Noch mehrmals fanden in Fischbachau Haberfeldtreiben statt, so im Jahre 1845, zwei Jahre später, wo Pfarrer Hafner von Fischbachau und 1849, wo wieder Pfarrer Hafner, sowie der Lederer Jakob Maier und der Lechenmüllerssohn Georg Mayr die Beschuldigten waren.

44) Weithmann schreibt: *Wahrscheinlich handelt es sich um den bei Höfler, 61, genannten Kalkofen.*

45) Im Gegensatz zu den Leonhardiritten, die am 6. Nov. stattfinden, wird er hier im Sommer abgehalten: *...gibt es noch immer Leonhardifahrten oder -ritte, die tatsächlich im Sommer stattfinden, in... Straucharting, bei Sauerlach oder in St. Leonhard bei Schönegg-Dietramszell.* P.E. Rattelmüller S. 45 in „Pferdeumritte“

46) Raben waren auch die Begleitvögel Wodans, darum wird vermutet, dass es sich bei dem Stein um einen aus heidnischer Zeit handelt.

47) Sie steht nahe beim Schwarzensee.

48) Meyer-Konversations-Lexikon v. 1890: *Abdecker (Freiknecht), Fall- Wasen- oder Feldmeister, Kafiller = diejenige Person, deren Geschäft es ist, in einem bestimmten Bezirk das gefallene Vieh wegzuschaffen, abzuhäuten und einzuscharren. Damit verbindet der A. bisweilen noch andere Arbeiten und Dienstleistungen, z. B. das Reinigen der Kloaken, das Einfangen herrenloser Hunde. Nach dem alten deutschen*

Recht litt er an Anrüchigkeit (levis notae macula), war demnach unfähig zum Eintritt in die Zünfte, in das Militär und in Ehrenstellen, aber nicht ehrlos, konnte also vollgültiges Zeugnis vor Gericht abgeben. Die Kinder des Abdeckers, sofern sie nicht das Gewerbe des Vaters betrieben, blieben auch von dem Makel der Anrüchigkeit frei. Erst seit der französischen Revolution und in Deutschland seit 1817 besitzt der A. die staatsbürgerlichen Eigenschaften im ganzen Umfang.

49) Geistermessen werden auch von vielen anderen Orten berichtet, natürlich vor allem aus dem Berchtesgadener Land und Salzburg, etwa St. Zeno in Salzburg, St. Bartholomä am Königssee, Maria Kunterweg in Ramsau oder St. Peter und Paul bei Reichenhall. Geschichten von Geistermessen werden beispielsweise auch von der Friedhofskirche in Dießen, von St. Georgen bei Dießen, von Schloss Mühlfeld am Ammersee, St. Salvator bei Prien, Bruck am Seehamer See, von Gelting und vielen anderen oberbayerischen Orten erzählt, jedoch ebenso aus Nürnberg, Würzburg oder vom Ochsenkopf, um nur einige Orte außerhalb von Oberbayern zu nennen.

50) Weithmann S. 391 dazu: *Ehemalige mittelalterliche Burg auf einem Vorsprung des Isarhochufers über der Isarlände (Gries). Donauer (1590), Merian und Ertl zeigen einen quatratischen Turm ohne Dach (bei Merian mit Zinnen direkt westlich vor der Pfarrkirche* (vgl. S. 158)*; vermutlich umfasste die Burganlage bis 1453 auch die Kirche...Ein „Gefängnisturm" wird häufig im 15. und 16. Jh. erwähnt; es handelt sich vermutlich um den alten Burgturm ... oder um den Torturm zur Marktbefestigung.*

51) Hier handelt es sich um das ehemalige fürstliche Schloss, das auf der einstigen mittelalterlichen Burganlage auf einem Vorsprung des Isarhochufers über der Isarlände (Gries) nach der Zerstörung von Markt, Kirche und Burg durch eine Feuersbrunst 1453 in den Jahren 1466-1490 erbaut worden war.

52) Die Sage wird auch etwas anders erzählt: *Der Graf Waal im kurfürstlichen Schloss zu Tölz war ein gottloser Mensch und hielt nichts von den Feiertagen. Am Maria-Achttag* (8. September, Mariä Geburt) *gingen seine Dienstboten mit dem Kreuz der Gaißacher nach der Mühlfeldkirche. Der Graf aber wollte nichts von der Heiligung des Tages wissen und wetterte über das ewige Klingelklangel der Turmglocken. Da kam* *eine arme Frau ins Schloss und mahnte den strengen Herrn: „Heut ist Feiertag!" - „Was für einer, du Faulenzerin?" schrie der Graf sie an. - „Ei, Maria-Achttag!" sagte die Fremde. „Warum nicht gar Maria-Neuner?!" höhnte der Gottlose und stieß die Alte zum Burgtor hinaus. - Auf die Nacht brach ein fürchterliches Wetter herein. Blitz und Donner konnten gar kein Ende mehr finden. Jetzt schimpfte der Graf nicht mehr über das Läuten der Glocken, aber sie hatten keine Macht wider den Zorn des Himmels. Dann ging ein Regen nieder, wie die ältesten Leute keinen dachten. Der Elbach wurde ganz groß und riss das Schloss ein. Da war es mit der Herrlichkeit des Pflegers aus.* Willibald Schmidt.

53) Bestimmte Bäume und Wälder galten früher als heilig, beispielsweise der Eibenwald bei Paterzell. Noch vor etwa 1000 Jahren, in der Zeit von Otto I., galten strenge Rechte für Bäume. In einem Gesetzestext aus damaliger Zeit heißt es: *„Wer einen Baum köpfet, soll derselbige wiederum geköpfet werden."*
In Lüers "Bairische Stammeskunde" wird berichtet: *Baum und Wald waren in der Vorzeit heilig; von dieser Verehrung haben sich im Lande noch manche Nachklänge erhalten. Um Neuenhammer in der Oberpfalz baten die Holzfäller den schönen gesunden Baum um Verzeihung, ehe sie die Axt an ihn legten um ihm das Leben abzutun, und der Baum seufzte und blutete und stöhnend stürzte er zu Boden.*

54) Schlupfsteine gibt es im Alpen- und Voralpenraum mehrere, etwa in St. Wolfgang nahe Altenmarkt, in Österreich auf dem Weg von Hüttenstein oder St. Gilgen nach St. Wolfgang in der Kapelle am Falkenstein oder in der Kapelle des Hl. Maximus in Salzburg. *In der Krypta des alten Domes in Freising, rechts an der südlichen Treppe ist ein steinernes Grabmal (tumba) zum Durchschliefen eingerichtet. Ein Altar zum Durchschliefen soll auch in der Neumünsterkirche in Würzburg stehen und gegen Augenweh benützt werden.* So schreibt der Sagenforscher Friedrich Panzer 1852.

55) Dieser Brauch soll aus vorchristlicher Zeit stammen. Lüers S. 14: *Ehedem wurde die Kultstätte des Gottes der Fruchtbarkeit dreimal vor Sonnenaufgang umritten und dann ein Pferdeopfer gebracht. Diese Grundelemente: Umritt und Opferung sind auch in dem christlichen Kult bis zur Stunde erhalten geblieben. Die Kirchen oder Kapellen des Hl. Leonhard werden umritten oder mit mehrspännigen Wagen umfahren, wobei die Pferde vom Geistlichen gesegnet werden und die Opfer*

werden sinnbildlich dargebracht, indem die Landbevölkerung in den Kapellen Nachbildungen der Tiere in Form kleiner schmiedeeiserner oder wächserner Figuren aufstellt; auch das Benageln der Kirchentüren mit Hufeisen oder Aufhängen gemalter Votivbilder mit Tierdarstellungen in den Kirchen ist lediglich der Ersatz der wirklichen Opferung.
J. N. Sepp schreibt über die Leonhardsketten: *Weil St. Leonhard einen gefangenen Sklaven, der mit einer drei Zentner schweren und drei Klafter langen Kette um den Hals in einem Turmverließe lag, erlöste, und um ähnliche Errettung von all denen angefleht wird, die in Eisen und Banden schmachten, hing man erst kleinere Ketten vor den Bildern des Heiligen auf, aus welchen dann eine große Kette geschmiedet und um die Kirchenmauer gehangen wurde.*
Seite 126: *Der große Lobredner der Deutschen gegenüber römischer Versunkenheit, Tacitus (Germ.39) spricht von den Waldfahrten und Sendboten der deutschen Völkerschaften gleichen Blutes zum heiligen Hain, der Wiege der Nation. Niemand ging anders als gebunden oder mit einer Ringfessel hinein - wahrscheinlich war das Waldheiligtum selber auch mit einer Kette umgeben, dem Gott eigen. Diesen Wallfahrten sind die Bayern nicht untreu geworden... Die Leonhardskirchen mit ihren Ketten und Umfahrten gehören eben dahin.*
Seite 130: *Die eisernen Ketten, womit die Kimbern und Teutonen in der Schlacht bei Vercelli zusammen gebunden waren, beruhen auf Missverständnis: Sie hatten sich unter den Schutz der die Ringkette haltenden Gottheit gestellt... die alten Deutschen haben sich ihrem Kriegsgott verlobt, und standen so Ring an Ring wie Tacitus Germ. 31 näher von den Chatten ausführt, welche den von Jugend auf getragenen eisernen Schlagring erst nach Erlegung eines feindlichen Mannes ablegten. Darnach mochten diese Ringe im Waldheiligtum aufgehangen werden. Die Semnonen, die nur gefesselt den heiligen Hain betreten durften, tragen wohl vom goth. Simnan, fesseln, den Namen. Der eiserne Ring ist eine Fessel, womit der Mann sich ebenso dem Christengott oder Heiligen eigen erklärte. Auf dem Schlachtfeld von Xeres erkannte man unter den erschlagenen Gothen die Edlen an goldenen, die Freien an silbernen und die Knechte an kupfernen Fingerringen... Einige trugen sogar auf ein bis zwei Monate oder ein volles Jahr einen eisernen Ring um den Leib, ja zeitlebens einen eisernen Halsring... sich ganz dem Hl. Leonhard verbunden zu erklären. Herzog Ludwig von Bayern gelobte dem Hl. Leonhard sich und seinen 1303 geborenen Sohn dem Heiligen zu*

leibeigen, und verschrieb sich ihm zu Inchenhofen mit eigens auf den Altar gelegten Briefen, worauf sich viele ihm ähnlich zu eigen gaben... Friedrich Panzer schreibt Mitte des 19. Jh. (A 26): *Kirchen des Hl. Leonhard, welche mit starken eisernen, außen an die Mauer befestigten Ketten ganz umschlungen sind, gibt es mehrere, so die Kirche auf dem Calvariberg bei Tölz und in Ganacker. Auf einem Berge bei Brixen in Tirol steht eine Kirche dieses Heiligen, um welche sich eine schwere eiserne Kette zweiundeinviertelmal herumschlingt. Jedes Glied ist einen Fuß lang; jedes Jahr wird ein neues Glied angeschmiedet. Kommt die Zeit, wo die Kette dreimal herumreicht, geht die Welt unter. Auch die alte Kirche in Tolbath umschlingt eine eiserne Kette... Eiserne Leonhardsringe: Noch jetzt tragen abergläubige Gichtkranke in der Rheinpfalz Fingerringe, um die Krankheit los zu werden. Das Geld zum Ankaufe oder zur Verfertigung von Gichtringen muss selbst von den Reichen erbettelt, und dem Geber darf dafür nicht gedankt werden. Er hat die Gabe um (durch) Gottes Willen zu reichen.*

56) Bleibrunner schreibt S. *88 dazu: Im Jahr 1711 wurde ein Kreuz aufgestellt, 1718 stiftete der kurfürstliche Salz- und Zollbeamte Friedrich Nockher sieben Kapellen, eine Heilige Stiege, eine Votivkapelle zu Ehren der Mater Dolorosa, welche die Stiege abschloss, und eine Kreuzigungsgruppe. 1723 wurde die untere Kirche erbaut und die Heilige Stiege in sie hineinverlegt.*

57) In Benediktbeuern war es früher üblich, dass man trächtige Stuten um die Säule mit dem Hl. Leonhard im Kirchhof ritt. Nach St. Leonhard am Forst sollen früher sogar bis zu 300 Pferde aus Weilheim, Ober- und Unterpeißenberg, Haid oder Wessobrunn zusammengekommen sein, wobei der Prälat von Steingaden vor dem Hochamt die Segnung vornahm.

58) J. N. Sepp im Jahre 1876 über das Pfannholz: *Es ist einer jener heiligen Haine, wie sie die Monumenta boica XXIV, 48 zum Jahre 1268 bezeichnen: Sylvas, que volgariter dicuntur: Benholzer.*

59) Vgl. S. 188: Die weiße Frau im Moor. Wahrscheinlich handelt es sich hier um die gleiche, an einen anderen Ort versetzte Sage.

60) v. Reitzenstein schreibt S. 51: *Bestimmungswort ist althochdeutsch „heil" Gesundheit.* Apian schreibt um 1583 (übersetzt aus dem Lateinischen): *An dem Berg entspringt eine teils alaunhaltige, teils schwefel-*

haltige Quelle. Davon fand auch der Name, weil viele dort der Gesundheit zuliebe baden, die Benennjung „Quelle der Gesundheit“

61) Die Archäologin Birgit Hüttner aus Bad Heilbrunn, der viel an Forschung über die frühe Geschichte von Bad Heilbrunn zu verdanken ist, erklärt dazu: *Vermutlich setzten sie Methangas frei und wurden von den vergrabenen Gegenständen geblendet.*

62) Die anderen Kinder des kurfürstlichen Paares sind alle sehr früh verstorben: Louise Margarete Antonie *18.09.1663, gest. 10.11.1665; Ludwig Amadeus Victor *06.04.1665, gest. 11.12.1665; ein Prinz *?, gest. 04.04.1666; Kajetan Maria Franz * 02.05.1670, gest. 07.12.1670; Joseph Klemens Kajetan * 05.12.1671, gest. 12.11.1673. Bis auf Letzteren, der im Kölner Dom begraben liegt, wurden die anderen in der Theatinerkirche in München beigesetzt.

Kurfürst Maximilian II. Emanuel im 17. Jahrhundert

63) Vgl. S. 180: Der Schatz im Pfannholz.

64) Die Angst vor der Ansteckung durch die Toten war sehr begründet. Noch heute muss beim Öffnen von Pestgräbern mit äußerster Vorsicht und unter Einhaltung von strengen Schutzmaßnahmen vorgegangen werden, um auch nach Jahrhunderten! noch eine Ansteckung zu vermeiden.

65) Nach einer Weihenstephaner Chronik des 13. Jh. ist in der Reismühle zwischen Mühltal und Gauting Kaiser Karl der Große am 2. April 742 geboren worden. Viele andere Orte aber erheben ebenso den Anspruch, sein Geburtsort zu sein. Ulrich Reincke, geb. 1921, aus Gräfelfing schreibt einen Leserbrief mit einer interessanten Theorie zum umstrittenen Geburtsort von Karl dem Großen: *Vom verstorbenen Generaldirektor der Alten Pinakothek in München Prof. Dr. Ernst Buchner wurde mir Folgendes, während eines privaten Besuches, über den angeblichen Geburtsort von Karl dem Großen in der Reismühle zu Gauting im Würmtal erzählt: Nachweisbar sei, dass karolingisches und bajuwarisches Gebiet in der dortigen Gegend ihren Grenzverlauf hatten. Etwa im Geburtsjahr des späteren Karl d. Gr. soll es dort zu Grenzstreitigkeiten gekommen sein. Die karolingische Seite wurde von Pippin (Vater von Karl d. Gr.) angeführt. Zur damaligen Zeit war es noch teilweise üblich, dass die Gemahlinnen der Heerführer den Tross begleiteten. Im Verlauf der genannten bewaffneten Grenzstreitigkeiten brachte die Gemahlin Pippins ihren Sohn Karl zur Welt. In Anbetracht dieses Umstandes wurde sie verständlicherweise außerhalb der unmittelbaren Gefahrenzone, eben zur Reismühle in Gauting an der Würm gebracht und zu ihrem persönlichen Schutz eine Gruppe zuverlässiger Krieger und ein Mönch als geistiger Beistand beigegeben. Zum Verständnis und zur Erklärung der folgenden Situation muss darauf aufmerksam gemacht werden, dass die regierenden Persönlichkeiten zur damaligen Zeit und auch noch später häufig keineswegs von einer befestigten Örtlichkeit (z.B. Festung oder Burg) aus regierten, sondern vielmehr zur Ausübung der höheren Gerichtsbarkeit oder aber zur Schlichtung von Grenzstreitigkeiten mit ihrer Streitmacht von Ort zu Ort bzw. von Land zu Land zogen. Es darf daher angenommen werden, dass Pippin unmittelbar nach Beendigung der Grenzstreitigkeiten im Würmtal, wie so oft z. B. zur Abwehr von damals häufigen Slaweneinfällen, kurzfristig und schnell das Würmtal verlassen musste unter Zurücklassung des neugeborenen Sohnes Karl mit seiner Mutter. Nachdem Mutter und Kind sich erholt hatten, begann eine strapaziöse und gefahrvolle Rückreise im Schutz der Soldaten und des*

Mönchs. Mit Überfällen und Entführung musste daher gerechnet werden. Aus diesen zwar nur vermuteten aber nicht unrealistischen Gegebenheiten dürfte sich im Laufe der Jahrhunderte die Sage von der Geburt Karl d. Gr. in der Reismühle entwickelt haben. Karl d. Gr. wurde für damalige Verhältnisse sehr alt. Sein Todesjahr ist bekannt. Rechnet man von diesem das Lebensalter ab, so ergibt sich das Geburtsjahr in welchem die genannten Grenzstreitigkeiten stattgefunden haben sollen. Auf die berechtigte Frage, warum der Geburtsort nirgends urkundlich erwähnt wird, gibt es folgende Erklärung: Zur damaligen Zeit war es gewissermaßen unstandesgemäß, wenn ein Herrscher von Format und Bedeutung wie Karl d. Gr. in einem unbedeutenden Bauernhaus, bzw. Mühle und nicht auf einem fürstlichen Stammsitz das Licht der Welt erblickt hat. –
Soweit die Erzählung während einer privaten Unterhaltung mit Prof. Dr. Ernst Buchner, welche ich gerne der Nachwelt weitergeben möchte.
15. 11. 2001 Ulrich Reincke

66) Eine ähnliche Sage erzählt man sich von einem Abt von Kloster Tegernsee, der im Leeberg seine Schätze verborgen haben soll. Der Schlosser, der die Türen einst richten musste, sei aber, im Gegensatz zu dem Maurer, nie zurückgekehrt, weil der Abt befürchtet habe, er könne das Versteck wiederfinden.

67) Eine ähnliche Sage, wo allerdings ein Dieb das Marienbild stehlen wollte, erzählt man sich von einer Kapelle bei Thaining.

68) Die Gebeine einer „Kindbetterin" oder eines unschuldigen Kindes wurden oft auch von Wilderern benützt, um sich, wie sie glaubten, unverwundbar zu machen.

69) Meyers Lexikon Bd. 15 von 1895: *Schub (Schubtransport), das polizeiliche Fortschaffen einer Person nach einem bestimmten Abliefe-rungs-ort. Die Transporte sind tunlichst in einem Tag auszuführen. Ist dies nicht möglich, so muss der begleitende Polizeibeamte (Transporteur) den zu Verschiebenden (Transportaten)der Ortspolizeibehörde der betreffenden Durchgangsstation bis zum Weitertransport zur einstweiligen Verwahrung abliefern.*

70) Ähnliche Sagen von Kirchengründungen an Stellen, wo ein Ochsengespann stehengeblieben ist, gibt es beispielsweise von Aufkirchen oder Puch bei Fürstenfeldbruck.

Pater Karl Meichelbeck v. Benediktbeuern

71) Ein in Kochel ansässiger Schmied mit dem überlieferten Vornamen, der an der Bauernschlacht teilgenommen hätte, ist nicht bekannt. Es gibt Theorien, dass es sich um einen wandernden Nagelschmied gehandelt haben könnte, der zu dieser Zeit in Kochel tätig war oder um einen Schmied aus Waakirchen.

72) Lechner behauptet in seinem Buch Leitzachtal S. 135, dass der sog. Schmied von Kochel aus Holzolling stammte und bis zu seinem Tod 1705 Habererermeister war, wie seine Söhne nach ihm.: *Eines Mannes müssen wir noch gedenken, des Schmiedes von Kochel, des Balthasar Riesenberger, dessen Geburtsort Holzolling ist. Die Sage weiß vom „Schmied von Kochel“ zu berichten über seine ungeheure Stärke, von seinem trotzigen Mute. Als Letzter sei er niedergesunken auf den Schnee* *des Sendlinger Friedhofes. Kochel und Waakirchen haben ihm bereits zu Unrecht eherne Denkmale errichtet, denn auf den geschichtlichen Schmiedbalthes darf unter allen Pfarreien des bayerischen Oberlandes die Pfarrei Neukirchen den ersten Anspruch erheben. Balthasar Riesenberger entstammt einem alteingesessenen Holzollinger Schmiedgeschlechte. Schon 1630 ist ein Mattheiß Riesenperger Schmied zu Holzolling. Der Held ist nach 1661 auf der Schmiede zu Holzolling geboren worden und heiratete 1695 auf die Schmiede in Bach. Riesenberger ist der einzige Schmied namens Balthasar, der in der Sendlinger Schlacht fiel.*

73) Hier befand sich in der Bronzezeit wohl ein Bronzeofen. Bei Grabungen in den Jahren 1913 und 1937 sollen Archäologen als Beweis dafür beispielsweise auf das Bruchstück eines Gusskuchens gestoßen sein. Leider gingen die Originale der schriftlichen Auswertungen von diesen Grabungen in den Wirren des 2. Weltkrieges verloren.

74) Die Hl. Ursula, eine englische Königstochter, die Christin war und die sich, der Legende nach, mit 11000 Gefährtinnen und Begleitpersonen auf dem Weg zu ihrem Bräutigam befand, der ihretwegen zum Christentum übergetreten war, geriet bei der Überfahrt zum Kontinent in einen schweren Sturm, wodurch das Schiff in die Rheinmündung getrieben wurde. Sie fuhren nach Köln, das von den Hunnen besetzt war. Viele der Jungfrauen wurden von den Kriegern ermordet, Ursula aber wegen ihrer außergewöhnlichen Schönheit verschont, weil der Hunnenkönig sie begehrte. Als sie sich ihm verweigerte, wurde sie durch einen Pfeil getötet. Der Legende nach kamen nach dem Tod der Jungfrauen Engel vom Himmel herab und vertrieben die Hunnen aus Köln. Es heißt, dass die Leichen aller damals getöteten Jungfrauen von den in Köln ansässigen Christen dort begraben worden sind (in Wirklichkeit handelt es sich bei den vielen bei Köln gefundenen Gebeinen jedoch um Funde aus einem römischen Friedhof). Dies geschah im Jahre 453. Das Fest der Hl. Ursula ist am 21. Oktober.

75) Wilde Frauen oder Jungfrauen mit Zauberkräften kommen in sehr vielen Sagen vor, auch oftmals als drei Fräulein oder drei Schwestern überliefert. Sie sind möglicherweise eine Erinnerung an die drei jungfräulichen Nornen in der nordischen Mythologie.
Schweizer S. 100: *Die drei geheimnisvollen weiblichen Wesen haben schon in der Antike eine Parallele in den drei Parzen oder Moiren, von*

denen die erste den Lebensfaden spinnt, die zweite ihn auszieht und die dritte ihn abschneidet. Zwei dieser Schicksalsvertreterinnen haben also ein erfreuliches, helles Gesicht für den betroffenen Menschen, die dritte aber ein düsteres und trauriges. Von diesem Standpunkt aus sucht man zu verstehen, warum eines der Fräulein immer schwarz oder halbschwarz geschildert wird.

Über das rätselhafte Seilspannen bemerkt Sepp im Jahr 1876 S.72: *Nach der Edda breiten die Nornen das goldene Seil aus, und bergen es unter dem Mondsaal, östlich und westlich die Enden bergend. Die Seelen wandern über diese Brücke der Helja, welche zur Unterwelt führt... Am Engelstein bei Bergen führt hoch durch die Luft ein Seil von einer Spitze zur andern, über dem Höllenloch und einer Felspartie, welche die „Kirch" heißt - also auch ein Kirchstein! Vom Jungfernbichel nach dem Staufen spannen drei Jungfrauen ein Seil, woran man den Bösen bindet. – Es ist das Seil der Held- oder Todesgöttin Hel, womit man den Kindern bange macht... Die drei Jungfrauen zu Schlehdorf spannten von ihrer Kapelle bis nach dem hochliegenden Felsen Fesch bei Ohlstadt ein Seil ... Vom Karlstein bei Reichenhall führt eine lederne Hängebrücke nach dem Turm Amring...*

76) Die drei jungfräulichen Nornen sind in der nordischen Mythologie die Göttinnen der Zeit und des Schicksals: Urdh (Vergangenheit), Verdhandi (Gegenwart), Skuld (Zukunft). Sie weilen am heiligen Brunnen der Urdh, der ältesten der drei Jungfrauen unter dem Baum Yggdrasil und bestimmen die Schicksale der Menschen und der Götter.

77) Kot bedeutet hier mooriges Gebiet, Sumpf.

78) Den genauen Standort des Baumes beschreibt Joachim Fröhlich: *Waldweg vom Walchensee-Kraftwerk bis ca. 900 m über NN nach Süden. Jägersteig bis ehem. Jagdhütte (Kraushütte), 500 m parallel am Hang nach Westen, Waldstandort Grüb 5 XXVII*

79) Schon früher, in heidnischen Zeiten, glaubten die Leute an Seeungeheuer und brachten ihnen Opfer dar, um sie gnädig zu stimmen, manchmal waren es sogar Menschenopfer, beispielsweise am Seehamer See zu Ehren der Göttin Ostara (vgl. mein Buch: Sagen u. Legenden um Miesbach und Holzkirchen, S. 103). Noch im 18. Jh. sollen nicht nur die bayerischen Herrscher, sondern auch die Dogen von Venedig einmal im Jahr an den See, bzw. das Meer gekommen sein und dort einen goldenen Ring ins Wasser geworfen haben.

80) Seit 1902 befindet sie sich in Staatsbesitz.

81) Der Hl. Onuphrius war früher in München an der Südseite des Marienplatzes zum Tal hin am Haus Nr. 17 dargestellt als Mann von riesenhaftem Wuchs, bis auf die belaubten Zweige, die seine Lenden umhüllten, nackt. Sein Haupt war mit einer Krone geziert, in der einen Hand hielt er ein Doppelkreuz, in der anderen einen Knotenstock. „Der große Christophel vom Eiermarkt" nannten ihn die Münchner, weil sie meinten, es sei der Hl. Christophorus dargestellt. Der Hl. Onuphrius starb am 12. Juni 400. Der Legende nach war er ein abessinischer Königssohn, der sechzig Jahre lang als Einsiedler in der Wüste gelebt hatte, ohne je einen Menschen zu sehen. J.M. Mayer schrieb im 19. Jh. über ihn:
Kopfhaare und Bart wuchsen ihm in solcher Länge und Fülle, dass sie ihm bis auf die Füße niederwallten und seinen Leib wie ein Kleid bedeckten. Vom Geiste Gottes getrieben, verließ Onuphrius endlich die Wüste und wanderte in der Welt umher, den Menschen durch seine Wundertaten Gutes erweisend. Einst kam er auf seiner Wanderschaft auch nach München; in derselben Gestalt und Größe, wie das Bild ihn zeigt, zog er durch das Talbrucktor in die Stadt ein. Ein zweites Mal erschien er im Jahre 1659 bei einem großen Brande in der Burggasse, wo er Wasser in die Flammen goss und so den Brand löschte. Heinrich der Löwe hörte auf seinen Reisen im Morgenland viel von diesem Heiligen und erwählte ihn zum Schutzpatron. Die Münchner liebten ihren riesigen, bärtigen Heiligen an dem Haus am Eiermarkt und sie glaubten, dass kein Mensch, der an dem Gemälde vorübergegangen war und das Bild angeschaut hatte, am gleichen Tag einen jähen Tod erleiden würde.

82) In dieser Sage kommt der vielerorts verbreitete Glaube zum Ausdruck, dass manche Verstorbene in Gestalt eines Tieres wieder auf die Erde kommen müssten, weil sie beim Sterben nicht die rechte Glaubensgesinnung gehabt hätten, sich zu Lebzeiten mit höllischen Mächten eingelassen hätten oder eines unzeitigen, gewaltsamen Todes, beispielsweise durch Selbstmord, gestorben seien.

83) Das Verbrechen des Grenzpfahl- oder Grenzsteinversetzens war in früheren Zeiten nur schwer nachweisbar. Es entsprach dem Gerechtigkeitsempfinden der Leute, dass solche Missetäter wenigstens in der Ewigkeit dafür zur Rechenschaft gezogen wurden, wenn es die irdische Gerichtsbarkeit nicht konnte. Daher sind Sagen von Grenzsteinversetzern aus dem ganzen deutschsprachigen Raum und weit darüber hinaus bekannt. B. Schweizer 1952: *Schon im Muspilli, dem altbairischen Gedichte in Stabreimen, das um 870 nieder geschrieben wurde und den Weltuntergang behandelt, kommen die ergreifenden Worte vor:*

...Denne daz preita wasal allaz verprinnet (Dann verbrennt die ganze weite Welt)
enti vuir enti luft iz allaz arfuipit (und Feuer und Sturm fegt alles hinweg)
war ist denne diu marha, dar man dar eo mit sinen magon piehe?
(wo ist dann der Grenzpfahl, um den einer dereinst mit seinen Verwandten stritt?)
diu marha ist farprunnan; diu sela stet pidwungan.
(der Grenzpfahl ist verbrannt; die Seele aber steht geängstigt da.)

... Deshalb glaubt das Volk, dass einer, der den Grenzpfahl versetzt oder verrückt („übermarcht") hat, so lange umgehen muss, bis man ihn erlöst und das kann nur geschehen, wenn das Verbrechen der Grenzsteinveränderung wieder gut gemacht wird.

84) Beispiel dafür ist auch der Georgibichl bei Ascholding, wo in der Kirche, die auf ein vorhandenes germanisches Heiligtum gebaut und später dem Hl. Georg geweiht wurde, ein Schimmel „verhungert" sein soll (wahrscheinlich schon in christlicher Zeit noch heimlich Wodan geopfert wurde). Diese Kapelle wird bereits 795 urkundlich erwähnt. Dazu stand im Wolfratshauser Wochenblatt vom 14.5.1908: *Noch an vielen anderen Orten gibt es sog. „Schimmelkapellen", beispielsweise nahe Schongau, in Pelkam bei Hohenkammer usw., wo überall ein Schimmel „verhungert" ist, doch „redet man nicht darüber" oder „darf nicht darüber reden", auch ein Hinweis auf einen Wodanskult, der noch lange in der Christenheit gepflegt wurde.*

85) *Das Heilige Haus, in dem Maria aufwuchs und in dem ihr der Verkündigungsengel Gabriel die Geburt Jesu ankündigt haben soll, hat nur drei Wände. Die vierte offene Seite soll größenmäßig genau mit dem Eingang zur Grotte unter der Verkündigungsbasilika in Nazareth übereinstimmen. Das Heilige Haus hat ein Tonnengewölbe, eine Länge von 9,25 m, eine Breite von 4,10 m und eine Höhe von 5 m. Das „Engelsfenster" in einer der drei Wände, durch welches Gabriel in den Raum gekommen sein soll, ist nur klein und lässt nur wenig Licht in den Raum. Anfangs wurde das Heilige Haus nur mit einer kleinen Kirche überbaut, um es zu schützen. Papst Paul II. wurde 1464, als er noch*

Kardinal in Loreto war, dort durch ein Wunder geheilt. Daraufhin wurde ab dem Jahr 1468 die prächtige Santuario Basilica Pontificia delle Santa Casa di Loreto von bedeutenden Baumeistern errichtet. Die Basilika vom Heiligen Haus in Loreto, eine päpstliche Basilika, gilt seither nach Rom als der zweitwichtigste Wallfahrtsort Italiens. Loreto-Kapellen gibt es auch in Altomünster, Ramsau bei Haag, Reutberg in Obb., Tyrnau im Bay. Wald, Pfreimd in der Oberpfalz, um nur einige zu nennen.

86) TZ vom 28.10.2013 Seite 9: S. Sessler zu Donnerlöcher: *Manche wollen inzwischen nachgewiesen haben, dass die Donnerlöcher mit dem Einschlag des umstrittenen Chiemgau-Kometen zusammenhängen. Die Löcher, so die Theorie, sind auf schockartige Bodenverflüssigungen im Untergrund, wie man sie auch von extremen Erdbeben kennt, zurückzuführen. Andere sprechen davon, dass die Donnerlöcher Hohlräume aus der Eiszeit sind. Die geologischen Voraussetzungen rund um Kienberg sind jedenfalls so speziell, dass es auch in Zukunft immer wieder zu plötzlichen Erdeinbrüchen kommen wird.*

87) Diese Sage der sprechenden Tiere gibt es aus verschiedensten Gegenden von Bayern, dem Berchtesgadener Land oder aus München.

88) Eine andere keltische Kultstätte war in der Nähe auf dem Lausberg bei Krün. Es wird vermutet, dass hier eine Druidin, Priesterin oder Seherin wirkte und ihre Prophezeiungen verkündete. Auch soll sich auf dem Lausberg früher eine Burg befunden haben, von der aus Nachrichten in benachbarte Burgen übermittel werden konnten, weil die Sicht von dort aus so weit ins Land möglich war (nach Merkur Tölz v. 2.9.2002 Thomas Holz nach Franz Löhner).

89) Der Gartenbauverein von Hechenberg beabsichtigt, an gleicher Stelle wieder eine Tafel anzubringen.

90) Über den Reutschimmel wird auch im „Hoamat-Buch des Oberlandler-Gauverbandes der Heimat- und Volkstrachtenvereine, Sitz Miesbach, Gau-Chronik 1899-1959“ berichtet. Es ist darin ein Mundartgedicht über folgende Sage, die von Hans Seebauer, Thankirchen, Archivar von Dietramszell, zusammengefasst und überliefert wurde, enthalten: *Der Valtl und der Kaspar sind auf dem Heimweg von Hechenberg nach Habichau* (durch das Reutholz). *Sie waren den ganzen Tag unterwegs gewesen um Pferde zu kaufen, leider vergeblich. Nun war es schon Nacht und die* *zwei rechtschaffen müde. Der Herbstwind wehte scharf, denn es war schon Oktober. Aber sie hofften: „Boi ma na in Woid eini kema, werds scho stada mitn Wind." Aber im Wald wurde es sogar noch schlimmer, außerdem war der Weg kaum mehr zu finden, so finster wurde es. Im Reuter Holz sind sie dann zu Tode erschrocken. Ein Brausen begann, Rösser haben gewiehert und schwerer Hufschlag dröhnte immer näher. Schließlich hörten sie ein Stimmengewirr als ob ein Haufen Geister singe. Die zwei trauten sich keinen Schritt mehr weiter und warteten, daß der Himmel einfalle. Und da steht auf einmal ein feuriger Schimmel vor ihnen. Zu ihrem Schrecken bemerkten sie noch, daß dieser keinen Kopf hatte. Ehe sie zum Schreien kamen, war schon der ganze Geisterspuk wie vom Wind verweht. Bleich und verwirrt kamen sie endlich heim und erzählten ihr furchtbares Erlebnis... Das war die erste Geschichte vom Schimmel, aber es ist noch nicht aus. Etwas ähnliches ereignete sich draußen am Seestall. Bloß war dort der Schimmel noch viel wilder und ist in die Höhe gestiegen und hat um sich geschlagen. Der arme Mann, der vor ihm gestanden ist, nimmt sich zusammen und greift nach seinem Stock. Als er sieht, daß dieser Schimmel einen Kopf hat, schreit er: „Alle guten Geister loben Gott den Herrn" und will dazu das Kreuz machen Da ist plötzlich der ganze Spuk verschwunden und es herrscht eine unheimliche Ruhe.*

91) Joseph von Hazzi beschreibt um 1802 in „Stat. Aufschlüsse II" die Menschen und ihre Tracht im Isarwinkel: *Die Männer sind ausserordentlich groß, zu sechs Schuh und drüber, breitschulterig, nervicht, stark knochicht, gut gebaut, meistens blond, höchstend braun, nie schwarz, lebhafter Gesichtsfarbe. Sie tragen weise, nicht gerollte, sondern eng gestrickte, wöllerne Strümpfe, Schleiferschuhe, meistens grüne oder schwarze lederne Hosen, rothe Westen, eine Gurte um den Leib; eine große und lange Joppe, am Hals einen schwarzen Flor mit herabhängenden Enden, und einen großen grünen seichten Hut.*
Die Mädchen haben wie die Männer, grose, wilde Züge, sind meistens klein, untersezt, mit starken Knochen, aber kleinbusicht, wozu die Kleidung vieles beiträgt. Strümpfe und Schuhe tragen sie wie den Männer; die schwarz wollenen Röcke, meist mit Würsten ausgefüllt, damit alles sehr dick aussieht, gehen nur bis an die Knie; ein Mieder mit einem Vorsteck, das wider alles Verhältniß in der Mitte mehr ausgefüllt und dicker ist, umgürtet sie wie ein Küraß bis hoch an den Hals; das Leibel – Ganges – ist meist von Seide mit Bändern garniert, worüber sie dann

eine lange, meistens meergrüne Joppe von Tuch mit Knopflöchern tragen; ihren Hals ziert ein schwarzer Flor mit einer Schnalle; den Kopf eine blau und weis gedupfte wollene Haube und ein meergrüner Hut mit Bändern. Das Haupthaar ist in verschiedene Zöpfe geflochten, die sie um eine kurze Haarnadel im Wirbel herumwinden; die kürzeren, gekräuselten Haare aber ziehen sie, wie die Miesbacherinnen, an den Schläfen in das Gesicht herein. Die Weiber tragen gewöhnlich Pelzhauben. Wenn es regnet, so nimmt man weis leinene Mäntel um sich. An Festtagen und Prozessionen haben die Mädchen schöne seidene und baumwollene Ganges, einen weisen Golla um den Hals, weise Ermel und Vortücher, baumwollene gestrickte Strümpfe, auf den Hüten Blumen und Federn, und überalkl eine Menge seidner Bänder. Die Kinder sind alle grün gekleidet, denn auf diese Farbe halten sie sehr viel, weil sie beim Arbeiten weniger schmuzt, und mehr ausdauert, doch scheint diese Vorliebe mehr von Gewohnheit und den Jägern herzustammen.

92) Joseph von Hazzi beschreibt um 1802 in „Stat. Aufschlüsse II" die Menschen im Isarwinkel: *Hagestolze* (Junggesellen*) gibt es hier sehr viel, so wie uneheliche Kinder, besonders in der Hofmark. Die Mädchen sind ziemlich munter und etwas frei. Tanz ist ihre Hauptleidenschaft. Auf den Almen findet man mehr ältere Sennerinnen, auch viele Männer, Stotzen genannt. Die Leute leben im Durchschnitt lang...*

93) Joseph von Hazzi beschreibt um 1802 in „Stat. Aufschlüsse II" die Lebensweise der Senner im Isarwinkel, die deren hartes Leben zeigt: *Die Senner oder Stotzen – denen man sich vor Uebelgeruch kaum nähern kann, da ihr Hemd vom Geschirruß oder Asche und Schmalz; wie mit einer Rinde überzogen ist, und sie gegen das Ungeziefer schützen soll. – Diese Senner lassen sich über Winter mit ihrer Heerde in der Almhütte einscheien, und bleiben, wie die Bären, über Winter, mit einem kleinen Knaben in der Höle. Sie füttern auch schöne weisse Schweine und machen bessern Käs; ihre Wirtschaft sieht aber nicht so reinlich aus, wie die der Sennerinnen.*

Literatur

Verwendete Quellen und ihre Abkürzungen bei den Quellenangaben der Sagen

Altbayerische Sagen: = Altb. Sagen
Verlag d. Jugendblätter München

Aberle, Andreas: = Aberle
Es war ein Schütz... Rosenheimer Verlag 1972

Baader, Bernhard = Baader
Volkssagen a. d. Lande Baden u. den
angrenzenden Gebieten. Karlsruhe 1851

Becker, E: = Becker
Der Walchensee und die Jachenauer 1897

Brunhuber, Josef: = Brunhuber
Chronik des oberen Leitzachtales
v.1928 u. Föchinger Aufzeichnungen 1910

Bergheimat: = Bergheimat
Beilage z. Bercht. Anzeiger. 1921-1942

Bergmayr, Nikolaus: = Bergmayr
Die Kapelle zum abgebrannten Kreuz in Gaißach-Puchen
Festschrift zum 250-jährigen Bestehen
der Kapelle 1751-2001 Pfarrei Gaißach

Biller, Max: = Biller
Pollinger Heimatlexikon. Hrsg. Gemeinde Polling 1992

Bleibrunner, Hans: = Bleibrunner
Andachtsbilder aus Altbayern
Süddeutscher Verlag München 1971

Brückl, Pauline: = Brückl
Chronik der Gemeinde Sachsenkam
Hrsg. Pauline Brückl 1989; Lehrerhaus, 8055 Goldach

Brunhuber, Josef = Brunhuber
Chronik des oberen Leitzachtales
1928

Brustgi, Franz Georg: = Brustgi
Aus der weißblauen Sagentruhe
Süddeutscher Verlag München

Büttner, Birgit: = Büttner

Heimatkundliche Stoffsammlung
der Schule Heilbrunn

Codex Germanicus 4285 aus Tegernsee v. 1492 = Codex 1492
Chronicon Benedictoburanum
P. Carolus Meichelbeck (1669-1734)

Dehio, Georg u. Gall, Ernst: = Dehio/Gall
Handbuch der Deutschen Kunstdenkmäler
Oberbayern Deutsch. Kunstverl. München Berlin

Ebertshäuser, Heidi: = Ebertshäuser
Das bairische Jahr. Hugendubel München 1979

Goethe, J. W. v.: = Goethe
Italienische Reise. Bruckmann Verlag München 1925

Großmann, Paul: = Großmann
Kochelsee-Walchensee. Hornung Verlag München 1973

Endrös, Hermann u. Weitnauer, Alfred: = Endrös/Weitnauer
Allgäuer Sagen. Verlag f. Heimatpflege
Kempten 4. Aufl. 1966

Fenzl, Fritz: = Fenzl
Keltenkulte in Bayern. 2003 Nymphenburger in der
F. A. Herbig Verlagsbuchhandlung GmbH, München

Hampe, Hanne-Lore u. Herl, Olga: = Hampe/Herl
Holzkirchen, Markt zw. München u. d. Gebirg
Tschiesche Gmbh. Holzkirchen/Föching

Hazzi, Joseph v. = Hazzi
Stat. Aufschlüsse II um 1802

Hefner, J.v.: = Hefner
Tegernsee u. Umgebung. München 1833

Herold Kulturreiseführer: = Herold
Links und rechts der Deutschen Alpenstraße
Verlag Herold München

Heuck, Sigrid: = Heuck
Die alte Mühl. Thienemann 1991

Hoamat-Buch des Oberlandler-Gauverbandes = Hoamat
der Heimat- und Volkstrachtenvereine,
Sitz Miesbach, Gau-Chronik 1899-1959
Höfler, Max: = Höfler
Volksmedizin u. Aberglaube in Oberbayern

Gegenwart u. Vergangenheit.
München 1888

Höfler, Max: = Höfler Tölz
Führer von Tölz und Umgebung. München1891

Zum Sagenschatz des Isarwinkels. = Sagenschatz
Verein f. Volkskunde. 18. Jg. 4.2.1908 Berlin

Hofmiller, Josef: = Hofmiller
Altbayerische Sagen. Verlag A. Coppenrath, Altötting

Holland, Hyazinth: = Holland
Sagen aus Altbayern. Zeitschr. für deutsche
Mythologie u. Sittenkunde I 1853, 447-453

Hubensteiner, Benno: = Hubensteiner
Bayerische Geschichte. Süddeutscher Verlag 1977

Hüsler, E. Eugen = Hüsler
Das Buch der Mystischen Orte in den Alpen
Frederking und Thaler in der Bruckmann Verlag Gmbh
München 2019

Illustrierte Sagen = Illustrierte Sagen
des Königreichs Bayern. München 1908

Jocher, Anton: = Jocher
Geisterfahrt und Wilde Jagd. Sagen aus dem
Werdenfelser Land. Hugendubel München 1978

Krempelhuber, Max Carl. v.: = Krempelhuber
Der Tegernsee u. seine Umgebung
Georg Franz Verlag München 1854

Lechner, Ludwig: = Lechner
Das Leitzachtal, ein Heimatbuch
Herausg. Leizachtalverein 1913/1927

Leiderer, Hermann u. Weitnauer, Alfred: = Leiderer/Weitnauer
Mein Sagenbuch. Bayer. Schulbuchverl. München 1960

Leoprechting, Karl v.: = Leoprechting
Bauernbrauch und Volksglaube in Oberbayern
unveränderter Textneudruck der Originalausgabe v. 1855
Südd. Verlag, München,1975

Lüers, Friedrich: = Lüers
Bayerische Stammeskunde
Eugen Diederichs Verlag Jena 1933

Maier, Dr. Gerhard: = Maier
Miesbachs Geschichte.
Von den Anfängen bis zur Stadterhebung 1918

Meyer, Werner = Meyer
Burgen in Oberbayern
Verlag Weidlich, Würzburg 1986

Meyers Enzyklopädisches Lexikon: = Meyers
1890 - 1901 u.1971-1980

Mohr, Sepp: = Mohr
Tegernseer Sagen. Fuchs-Druck Hausham, 1985

Moser, Eduard: = Moser
Ein oberbayr. Bauerndorf im Holzlande. 1925

Mudrak, Edmund: = Mudrak
Das große Buch der Alpensagen.
Ensslin & Laiblin Verlag Reutlingen

Nagler, Manfred: = Nagler
Sagen u. Geschichten d. Landkreises.
Zusammenstellung

Noé, Heinrich: = Noé I
Baierisches Seebuch. München 1865
Verl. d. J. Lindauer'schen Buchh.
Seinerzeit in den Bergen. = Noé II

Panzer, Friedrich: = Panzer I - II
Bayerische Sagen und Bräuche. Bd.I u. II, 1848-1855
Neuauflage 1956, Otto Schwartz & Co, Göttingen

Raff, Helene: = Raff
So lang der Alte Peter. München 1950

Rall, Hans und Marga: = Rall
Die Wittelsbacher in Lebensbildern
Verlag Styria, Graz, Wien, Köln 1986
Heinrich Hugendubel Verlag, Kreuzlingen 2000

Rattelmüller, Paul Ernst: = Rattelmüller
Bairisches Brauchtum im Jahreslauf.
Süddeutscher Verlag München 1985

Ratzel, Dr. Ferd.: = Ratzel
Der Wendelstein.
Zeitschrift des deutsch. u. österr. Alpenvereins, 1886

Reitzenstein, Wolf-Armin Frhr. V.: = Reitzenstein
Lexikon bayerischer Ortsnamen
Verlag C. H. Beck, München, 2. Aufl. 1991

Richardi, Hans-Günther: = Richardi
Vorwort zu Sagen u, Legenden v. München
von Gisela Schinzel-Penth

Roeder, Max: = Roeder
Sagen der Heimat in Isar-Loisachbote Jhrg. 1958
ab 28. Jan. versch. Nr. (nach Ang. Archiv Dietramszell)

Roh, Juliane: = Roh
Ich hab wunderbare Hilf erlangt.
Votivbilder aus altbayerischen Wallfahrtsorten
Bruckmann München 1957. 5. Erw. Aufl. 1982

Sazenhofen, Carl-Josef v.: = Sazenhofen
Geister, Spuk u. Aberglaube.
Begebenheiten a. d. Isarwinkel
Verl. C. v. Sazenhofen, Lenggries 1967

Schiestl, Matthäus: = Schiestl
Bauern, Ritter u. Heilige.
Gesellschaft für christl. Kunst
Kunstverlag GmbH, München 1928

Schindler, Herbert: = Schindler
Bayerns Goldenes Zeitalter
Süddeutscher Verlag, München1968

Sepp, J. N.: = Sepp
Altbayerischer Sagenschatz. Verl. E.Stahl München 1876

Sepp, J. N.: = Sepp 1898
Merkwürdiges an der Bahn vonWolfratshausen nach Kochel.
München 1898 Verlagsanstalt Poeßl

Schmidt, Maximilian: = Schmidt M.
Die Jachenauer in Griechenland.
Altb. Heimatpost Jhrg. 1993 Nr. 16 S. 17

Schmidt, Willibald: = Schmidt
Sagen aus dem Isarwinkel. Verlag J. Dewitz, Bad Tölz,1936

Schöppner, Alexander: = Schöppner I - III
Sagenbuch der bayerischen Lande.
Bd. I-III, München 1852-1853

Schweizer, Bruno: Volkssagen aus dem Ammersee-Gebiet Heimatverlag Dr. Schweizer, Dießen 1950	= Schweizer
Seidl, Florian: Altbayerische Bergsagen. München	= Seidl
Sieghardt, August u. Widmann, Werner: Bayerisches Hochland. Glock u. Lutz Nürnberg,1964	= Sieghardt/ Widmann
Stein: Spaziergänge in und um Schliersee. Augsburg,1874	= Stein
Stemplinger, Eduard: Wir Altbayern. Dr. H. Buchner Verl., München 1946	= Stemplinger
Steub, Ludwig: Aus dem bayerischen Hochlande. München 1859	= Steub
Stieler, Karl: Aus deutschen Bergen: Wanderungen im Bayerischen Gebirge. Ein Rundgang um den Tegernsee. 1873 ersch. u. Seiner Majestät König Ludwig II v. Bayern gewidmet	= Stieler
Strauss, Heidemarie u. Peter: Heilige Quellen. Hugendubel Verlag München 1987	= Strauss
Weithmann, Dr. Michael: Inventar der Burgen Oberbayerns. Hrsg. v. Bezirk Oberbayern 1994	= Weithmann
Wir Kinder und München: Almanach zur 800-Jahrfeier. Südd. Verlag, München 1958	= Wir Kinder
Wolfratshauser Wochenblatt, zugl. Loisach u. Isarbote, versch. Jahrgänge u. Nummern	= W. Wochenblatt Jahr. Nr.

Quellenangaben zu den einzelnen Sagen

Die Goldquelle in der Jachenau: Altbayr. Sagen S. 64; Leiderer/Weitnauer S. 26 nach Frietinger; Reitzenstein S. 197

Die Katzenburg in Vorderriß: Weithmann S.177

Wie die Kirche in der Jachenau entstand: Schmidt S. 35

Die Kirche von Fall im Sylvensteinsee: Hüsler S. 40f

Die Elfen im Gebirge: Hofmiller S. 28

Die „Verschniebene Alm" in der Riß: Schmidt S. 108

Der Mönch am Schafreiter: Schmidt S. 29

Das Gelübde: Schmidt S. 109

Der seltsame Spuk im Bächental: Sazenhofen S. 59

Der Wilderer und der Jäger: Aberle S. 18

Die Hexen und die Truden: Leoprechting S. 29-39; Lüers S. 28

Die Hexe vom Höllenloch beim Rechelgraben: Sazenhofen S. 8

Die Hexe aus Wegscheid: Schmidt S. 58

Die heilkundige Hexe: Schmidt S. 45 ff

Die verschwundene Burg Schellenberg bei Wegscheid und der unterirdische Gang: Weithmann S. 339; Meyer S. 46

Der Wunderbaum auf dem Gerstenried: Schmidt S. 70

Die Wilde Jagd auf dem Roßstein: Schmidt S. 14

Das goldene Hasellaub: Schmidt S. 70

Die Durlhexe von Hohenwiesen: Panzer I, 24; Lüers S. 165; Sepp S. 41, 118, 176; Holland S. 447-453 I, 1853; Schmidt S. 77; Brustgi S. 39

Der fromme Bruder der Durlhexe von Hohenwiesen: Schmidt S. 40; Anm. Dehio/Gall S. 218

Ein unheimliches Erlebnis: Schmidt S. 103

Die seltsamen Kirchenbesuche in Lenggries: Sazenhofen S. 44

Das Grab der Zigeunerin am Weg zur Jachenau: Schmidt Maximilian in Altbayerische Heimatpost Nr. 16. Jhrg. 1993; Schmidt S. 110

Der Spuk am Grab der Zigeunerin: Schmidt S. 110

Der Wolfshunger: Schmidt S. 108

Der fromme Ochsenhüter bei Lenggries: Schmidt S. 40

Die Hohenburg bei Lenggries und die unterirdischen Gänge: Sepp S. 61, Sepp S. 339

Die drei Jungfrauen auf Hohenburg: Schmidt S. 18

Die Raubritter auf Hohenburg: Schmidt S.55

Die Kreuzkapelle auf Hohenburg: Hazzi 33; Weithmann S. 174-177, S. 556; Dehio/Gall S. 219/220

Die Geisterstimme in Hohenburg: Sazenhofen S. 5

Wie der Geier- oder Geigerstein zu seinem Namen kam: Schmidt S. 39

Das Wisperl bei Hohenburg und Lenggries: Schmidt S. 97; Raff S.199, 200, Sazenhofen S. 21

Der Schlangenkönig auf der Hochzeit in Lenggries: Schmidt S. 25; Sepp S. 615; Mohr S. 43; Brustgi S. 47

Der Geizhals von Lenggries: Schmidt S. 109

Der Schicksalsbrunnen bei Lenggries: Sepp S. 322

Das Totenheer von Lenggries: Schmidt S. 54

Die „Verschniebene Alm“ bei Lenggries: Schmidt S. 107

Woher der Schröttelstein seinen Namen hat: Sazenhofen S. 33

Der Poltergeist in der Buchenau: Schmidt S. 93

Der unheimliche Buchenau-Bull: Sazenhofen S. 23-24

Der geisterhafte Wanderer: Sazenhofen S. 24 ff

Der Geist in der Viehhütte: Schmidt S. 94

Der Spuk auf der Oswaldhütte: Schmidt S. 93

Das unheimliche Bischofhüttel: Schmidt S. 94

Die Wilde Jagd im Isarwinkel: Schmidt S. 13, S.15

Die goldenen Zapfen in der Probstenwand: Sepp S. 1; Schmidt S. 69

Vom Kirchstein und der Glaswand: Sepp S. 1, S. 7 und S. 691

Der Goldfluss am Kirchstein: Sepp S. 20

Der Abt auf dem Kirchstein: Schmidt S. 100

Pontius Pilatus in der Benediktenwand: Schmidt S. 100

Die Kegelspieler auf der Benediktenwand: Sepp S. 57-59; Schmidt S. 99; Schweizer S. 94

Die Hoimanndln am Kirchstein: Sazenhofen S. 32

Unheimliche Geschichten von der Pestkapelle bei Steinbach: Schmidt S. 95-96

Der lange Arm im Pestfriedhof: Schmidt S. 97

Der Wildschütz von Arzbach: Schmidt S. 75

Die Grabschänder mit dem Erdspiegel: Sepp S. 39; Schmidt S. 85; Sepp S. 38: Schmidt S. 61

Die Goldsuche am Johannistag in Wackersberg: Sepp S. 17

Die Venediger und der Bauer: Schmidt

Das Irrlicht an der Wackersberger Leiten: Schmidt S. 104

Die Langenbrunnenkapelle bei Wackersberg: Schmidt S. 36

Die Entstehung der Pestkapelle auf dem Lehen: Schmidt S. 50

Der Hexenmartl von Wackersberg: Schmidt S. 75

Von den Wetter- und Milchhexen: Schmidt S. 80 f

Wie die Gaißacher Kirche gegründet wurde: Schmidt S. 36

Das Donnerloch bei Gaißach: Sepp S. 331; Schmidt S. 21

Wie die Pest nach Gaißach kam: nach mündl. Überlieferung durch Maria Bartl, Gaißach, Dehio/Gall S. 215

Die Kapelle „Zum abgebrannten Kreuz" in Gaißach-Puchen: nach mündl. Überl. durch Maria Bartl, Gaißach; Festschrift von 2001 zum 250-jährigen Bestehen der Kapelle von Pfarrer Ludwig Scheiel

Der Corona-Kelch in der Gaißacher Pfarrkirche: nach mündl. Überlieferung durch Maria Bartl, Gaißach und Text auf Marterl

Das verhexte Ross bei Gaißach: Leoprechting S. 39; nach mündl. Überl. durch Maria Bartl, Gaißach

Die verlorene Kalbin von Gaißach: nach mündl. Überlieferung durch Maria Bartl, Gaißach

Das gebrochene Versprechen: nach mündl. Überlieferung durch Maria Bartl, Gaißach

Das Marterl der Jungfrau Partenhauser in Tölz: nach mündl. Überlieferung durch Maria Bartl u. Text auf Marterl

Der Lexenkasper: mündl. Überlief. durch Maria Bartl, Gaißach; Aberle S. 127 ff

Das unheimliche Moorweiblein vom Lettenweiher: Mohr S. 48: Schmidt S. 23

Der verwegene Wilderer von Reichersbeuern: Mohr S. 32

Das kopflose Gespenst bei Reichersbeuern: nach mündl. Überlieferung durch Heidi Strobl, Bad Tölz/Elbach nach der Erzählung ihrer Lehrerin, deren Großmutter dieser Lehrerin die Geschichte vor etwa 55-60 Jahren als 10-jährigem Mädchen erzählt hatte.

Die Burg unter Schloss Reichersbeuern: Weithmann S.313; Meyer S. 150f; Apian 1561-1563

Der Poltergeist im Schloss zu Reichersbeuern: Wolfratshauser Wochenblatt v. 1891 Nr. 15

Das „Geschlärf" und der Geisterhund zu Reichersbeuern: Wolfr. Wochenblatt v. 1891 Nr. 15

Die Schatzhüter in Schloss Reichersbeuern: Mohr S. 30; Roeder

Der unterirdische Gang von Reichersbeuern: Wolfr. Wochenblatt v. 1891 Nr. 15

Die singenden Schlossfräulein von Reichersbeuern: Wolfr. Wochenblatt v. 1891 Nr. 15

Die Geisterbeschwörung in Reichersbeuern: Schmidt S. 111 ff nach zwei Originalbriefen von Conrad Rueffl

Der Name Sachsenkam: Brückl S. 12

Die versunkene Burg von Sachsenkam: Hampe/Herl S. 93; Weithmann S. 331; Brückl S.1 70

Die unterirdischen Gänge von Sachsenkam: Brückl S. 24, 32

Die drei Fräulein von Sachsenkam: Sepp S. 324; Schmidt S. 21; Roeder; Brückl S. 23; Weithmann S. 331

Der Kirchsee und der „goldene Elbach": Sepp S. 313, 316

Der Längensee bei Sachsenkam: Sepp S. 324; Schmidt S. 21; Roeder

Der Wasservogel von Sachsenkam: Ebertshäuser S. 20 nach J. Sepp 1892

Wie Kloster Reutberg gegründet wurde: Dehio/Gall S. 245; Hampe/Herl S. 92; Meyers Bd. 15; Brückl S. 60

Das feurige Männlein bei Reutberg: Schmidt S. 104

Die Pestkapelle bei Sachsenkam: Brückl S. 61, 62

Die Mörderbrücke: Sepp II. S. 19

Die verschwunden Soldaten in Sachsenkam: Brückl S. 29, 61, 62

Wie ein Sachsenkamer der Sendlinger Mordweihnacht entkam: Brückl S. 70

Die Panduren und die Kriegskasse: Brückl S. 28, 75

Die Räuber in Reutberg und Sachsenkam: Brückl S. 119-123

Der „Schwarze Hans" bei Sachsenkam: Brückl S. 108f

Das schwarze Kreuz und das Haberermarterl: nach mündl. Überlieferung durch Jos. Heuschneider, Dietramszell; schriftl. Quellen: Nagler, Hampe/Herl S. 120; Wolfr. Tagblatt Nr. 278 v. 29.11.1939

Haberfeldtreiben: Brückl S. 87-93; Brunnhuber S.739-742; Lüers S. 6-7; Schöppner III Nr.1259; Wolfratsh. Tagblatt v. 1939 Nr. 278; Lechner S. 157, 121, 230

Die letzten Haberfeldtreiben in Sachsenkam: Brückl 87-93; Brunhuber S. 379-742

Die Burg Schönegg bei Dietramszell: Meyer S.47; Höfler Tölz 61; Weithmann S. 332

Wie Kloster Dietramszell entstanden ist: Kirchenführer Dietramszell S. 2; nach einer Lehrstoffvorbereitung, vermutlich von Hauptlehrer Amann, Archiv Dietramszell

Der Fingerstein in der Kreuzbichlkirche von Dietramszell: Hans Seebauer, Archiv Dietramszell, Kirchenführer Dietramszell S. 11

Der wortbrüchige Propst von Dietramszell: Sepp S. 138; Kirchenführer Dietramszell S. 11; Rattelmüller S. 45

Wie Maria Elend bei Dietramszell entstand: mündl. Überlieferung durch Josefine Heuschneider u. Sylvia Hort, Dietramszell; Schmidt S. 34-35

Die unterirdischen Gänge von Dietramszell: nach mündl. Überlieferung durch Ehrwürdige Schwester Louise Raffaela, Dietramszell; Josefine Heuschneider, Dietramszell; Hans Seebauer, Thankirchen; Sepp S. 339

Das Sühnekreuz bei Einöd: Heuck S. 40

Das Keltenheiligtum in Thankirchen: Heuck S. 8

Die Erscheinung bei der Kapelle von Punding: mündl. Überlieferung durch X. (Name dem Verlag bekannt)

Das Wappen des Mauren: Heuck S. 64

Eine unheimliche Begebenheit aus Bairawies: mündl. Überlieferung durch X. (Name dem Verlag bekannt)

Die seltsamen Lichter und der Kreuzschnalzer: mündl. Überlieferung durch X. (Name dem Verlag bekannt)

Die feurige Kugel bei Habichau: nach mündl. Überlieferung durch Josef Loipolder, Hechenberg

Burg Hechenberg: Meyer S. 44, 45; Weithmamm S. 460

Der Reut-Schimmel: nach mündl. Überlieferung durch Josef Loipolder, Hechenberg; Hoamat-Buch des Oberlandler-Gauverbandes der Heimat- und Volkstrachtenvereine, Sitz Miesbach, Gau-Chronik 1899-1959

Vom Fieberabbeten im Isarwinkel: Sazenhofen S. 14-16; Schmidt: Sprüche S.88-90

Die geisterhaften Schöffleut: Schmidt S. 15

Der zauberkundige Schinder: Schmidt S. 77

Der Hausgeist im Glas: Schmidt S. 86

Das Bild von Adalbert und Otkar im Franziskanerkloster: Schmidt S. 33

Die Geistermesse in der Franziskanerkirche: Schmidt S. 101

Der schwarze Riese im Friedhof von Tölz: Schmidt S. 94

Die seltsame Totenmesse in der Franziskanerkirche: Schmidt S. 101

Vom Wolfratshausener Krautlöffel und vom Tölzer Prügel: nach mündl. Überlieferung Altbürgermeister Xaver Müller, Münsing; Nagler S. 76-78

Der verhexte Färber: Schmidt S. 83 f

Die Isar auf der Krugseite und die Urtelbrunnen: Sepp S. 78; Schmidt S. 21

Das Männlein mit dem Eisenfuß: Schmidt S. 87

Die Burg von Tölz: Meyer S. 45f ; Weithmann S. 390f

Der Einsturz des Tölzer Schlosses: Schmidt S. 56

Die sagenhafte Burg auf dem Höhenberg: Weithmann S. 392f, Brückl S. 24

Der heilige Baum auf dem Höhenberg: Sepp S. 118; Schmidt S. 20

Die unterirdischen Gänge und der Schlupfstein bei der Klausnerhöhle am Kalvarienberg: Sepp S. 87 u. S. 339; Panzer II, A.28; Brückl S. 32

Die Schlacht im Farchant und das verschwundene Dorf: Sepp S. 120

Die Kette um die Leonhardikapelle: Sepp S. 127; S. 146; Panzer II S. 322 Nr. A 25

Die Leonhardifahrt von Tölz: Sepp 146; Panzer II S.322; Schmidt S.

Die Isarnixe: Raff S. 199

Der Geist beim Schopperlederer: Schmidt S. 105

Der Geist vom Pumperer-Müller: Schmidt S. 106

Wie der Maurerstoffel die Ewige Seligkeit fand: Schmidt S. 106

Der Geist in der Guffelmühle: Schmidt S. 95

Der Schatz im Pfannholz: Sepp S. 321

Der Streit um den Stallauer Weiher: Herold S. 194

Die Burg Hohenegg und die drei Schwestern: Sepp S. 61; Weithmann S. 181 f; Sepp S. 273 ff; Schmidt S. 17; Meyer 44

Die Kirchengründung von Königsdorf: Schmidt S. 35

Die verschwundene Burg von Königsdorf: Meyer S.46

Der Schatz im Leimberg bei Buchen: Schmidt S.105

Wie Bad Heilbrunn entstand: B. Hüttner; Tölzer Kurier Nr. 208, 9. Sept. 2002 Chr. Oldach; Reitzenstein S. 52; Rall S. 138 f u. Abb.

Die weiße Frau im Moor: Hüttner; Schmidt S.61; Sepp S. 321

Das rote Manndl bei Heilbrunn: B. Hüttner, Heimatkundliche Stoffsammlung der Schule Heilbrunn; Schmidt S. 105

Der Tausenguldenstein am Blomberg: Sepp S. 25

Die Neugeborenen vom Blomberg: Sepp S. 125-126

Die Winternachtfeuer bei Heilbrunn: Hüttner

Die großen Fahnen im Isarwinkel und Tölzer Land: Sepp S. 489-490

Der Schwarze Tod in Bichl: Schmidt S. 49

Der Schatz im Hochbichl: Schmidt S. 71

Die Klostergründung von Benediktbeuern: Schöppner I Nr. 434; Schmidt S. 33; Bavaria Sancta S. 71; Kirchenführer von Weber Leo SDB: Pfarrkirche St. Benedikt und Anastasiakapelle zu Benediktbeuern, 4. Aufl. 2000

Die unterirdischen Gänge von Benediktbeuern: nach mündl. Überlieferung von Christian Gassl

Die Benediktenglocke zu Benediktbeuern: Sepp S. 312; Schmidt S. 35

Der falsche Abt von Benediktbeuern: Sepp S. 554; Brustigi S. 112; Schmidt S. 50

Der eingemauerte Schatz im Kloster: Schmidt S. 72

Die Geisterversammlung in Benediktbeuern: Schmidt S. 102

Die Marienstatue in der Geigerkapelle: Schmidt S. 38

Die Kröte in der Kirche: Schmidt S. 103

Die Totenbeschwörung von Benediktbeuern: Schmidt S. 86; Leoprechting S. 56

Das unheimliche Ross bei Benediktbeuern: Schmidt S. 25

Das Gold auf der Brandalm: Schmidt S. 68

Der Heilige von Ried und die Gründung der Kirche von Bichl: Schmidt S. 37; Dehio Gall S. 220

Der Mönch auf der Benediktenwand: Schweizer S. 94 nach Sepp; Altbay. Heimatpost Jhrg. 1994 Nr. 4 S. 30

Das Wunder am Kochelsee: Chronicon Benedictoburanum v. P. Carolus Meichelbeck (1669-1734); Weber Leo SDB: Kirchenführer: Pfarrkirche St. Benedikt und Anastasiakapelle zu Benediktbeuern 4. Aufl. 2000

Die Kreuzkapelle in Ried: Großmann S. 17

Wie die Benediktenwand ihren Namen erhielt: Sepp S. 43; Schmidt S.34

Der Hungerbrunnen von Kochel: Sepp S. 324

Wie das ehemalige Kloster von Kochel gegründet wurde: Schmidt S. 35; Bavaria Sancta S. 71, Dehio/Gall S. 224

Die Nebelfrau beim Geisterbichl: Merkur Tölz, 2002;

Die Birg bei Kochel: Merkur Tölz, 2. 9. 2002 Thomas Holz nach Franz Löhner

Der Hirsch am Grab des Wilderers: Isar-Loisachbote:, 17.09.2002, Sepp Kainzmaier/Matthias Bolzmacher

Der Schmied von Kochel: Altbay. Sagen S. 63; Lechner S.135

Die Venedigermanndl bei Kochel: Schmidt; Lüers S. 52

Die drei Jungfrauen von Schlehdorf: Panzer I 29: Sepp S. 277; Sepp S. 362; Lüers S. 85; Schweizer S. 104: Anmerkung Schmidt S. 16; : Leiderer/Weitnauer S. 27

Die verhexten Kühe in Großweil: Schmidt S. 82

Die Rote Wand bei Schlehdorf: Sepp S. 21; Lüers. 52

Warum die Schweden Großweil verschonten: Saebl: Chronik und Heimatbuch von Großweil/Gemeindearchiv Kochel

Der Feuerzipfel auf dem Kesselberg: Dr. Max Höfler, Vortrag in Alpenvereinssektion München um1900, Merkur Tölz, 2. 9.2002; Merkur Tölz, 2.9. 2002 Thomas Holz nach Franz Löhner

Die Kesselbergstraße: Dehio/Gall S. 224; Sieghart/Wiedmann S. 126-127

Goethe und die Tochter des Harfners: Sieghart/Wiedmann S. 127/128; Goethe: Italienische Reise

Das Gespenst am Kesselberg: Becker

Der Riese am Walchensee: Schmidt S. 11

Das Goldbrünnlein am Röthelstein: Sepp S. 21; Schmidt S. 67 f

Die Goldquelle im Heimgarten: Sepp S. 21; Sepp S. 38; Schmidt S. 63; Kapfhammer S. 40

Die Schatzgräber auf der Kaseralm: Tölzer Merkur vom 20.8.2002, Gemeindearchiv Kochel, Max Leutenbauer

Die verwunschenen Ritter im Heimgarten: Jocher S. 75f

Der Schatz des Herrn von Weichs: Schmidt S. 68; Christiane Oldach nach Gemeindearchiv Kochel

Wie der Herzogstand zu seinem Namen kam: Vignau, Ilka v.: Tegernsee, Prestel Verlag München 1980; Fröhlich, Hans: Wege zu alten Bäumen Bd. 2, WDV Wirtschaftsdienst 1990

Die ehrgeizige Herzogin: Baader Nr. 485

Der Taucher im Walchensee: Sepp S. 344; Schmidt S. 19

Das Ungeheuer im Walchensee: Sepp S. 344; Panzer I Nr. 28; Schöppner II Nr. 915; Schmidt S. 20; Altbayerische Sagen S. 62; Anmerkung Schweizer S. 15

Geheimnisvolle Erscheinungen am Walchensee: Sepp S. 376; Kapfhammer; Jocher S. 155

Der unheimliche Reiter am Walchensee: Sepp S.343-345; Altbayr. Sagen-Kapfhammer; Jocher S. 155 ff

Die Kette im Walchensee: Sepp S. 372; Schmidt S. 20

Der Herzog und das schöne Veverl: E. Becker; Schmidt S. 58; 20.11.2004 Bayerischer Rundfunk 20.15 Uhr Sendung über Walchensee

Die Herzogin und der Jachenauer: Schmidt S. 58

St. Margareth und die Bauern von Zwergern: Großmann S.32

Der Mord am Walchensee: E. Becker, Der Walchensee und die Jachenauer, 1897

Das Klösterl am Walchensee: Dehio/Gall S. 225; Großmann S. 29-31; Sendung von BR am 20. 11. 04 um 20.15 Uhr

Register

NAMEN

A

B

C

D

E

F

G

H

I

J

K

L

M

N

O

P

Q

R

S

T

U

V

W

Weitere Bücher im Ambro Lacus Buch- u. Bildverlag von Gisela Schinzel-Penth:

Hexeneiche, Schwedenlärchen und Tassilolinde
Sagen um berühmte alte Bäume in Altbayern – gebunden – 176 Seiten, Illustr., 22 Abb. aus „Kreutterbuch" von 1577
EAN 9783-921445-28-0

Zwerge, Wichtel u. Gnome Teil I – Gisela Schinzel-Penth/Antonie Schuch
Sagen aus dem deutschsprachigen Raum, Süden – gebunden – 320 Seiten, 1. Aufl. 2011 – 50 Illustr., davon 10 Federz. v. Heinz Schinzel
EAN 9783-921445-34-1

Zwerge, Wichtel u. Gnome Teil II – Gisela Schinzel-Penth/Antonie Schuch
Sagen aus dem deutschsprachigen Raum, Mitte und Norden
1. Aufl. 2018 – gebunden – 432 Seiten, zahlr. Illustr., davon 6 Federz. v. Heinz Schinzel,
EAN 9783-921445-42-6

Sagen und Legenden von München
Altmünchen und zu München gehörige Stadtteile und Vororte
6. erw. Aufl. 2017 – gebunden – 400 Seiten, zahlr. Illustr., mit 31 Federz. v. Heinz Schinzel,
EAN 9783-921445-38-9

Sagen u. Legenden u. Fünfseenland u. Wolfratshausen
Ammersee, Weßlinger See, Pilsensee, Wörthsee, Starnberger See
3. erw. Aufl. 2017 – gebunden 416 S., zahlr. Illustr., 23 v. Heinz Schinzel
EAN 9783-921445-41-9

Sagen u. Legenden u. Fürstenfeldbruck u Germering
Landkreis Fürstenfeldbruck
2. Aufl. 2003– geb. – 288 Seiten – zahlr. Illustr., 9 v. Heinz Schinzel
EAN 9783-921445-26-6

Sagen und Legenden um Tölzer Land u. Isarwinkel
Jachenau, Lenggries, Bad Tölz, Reichersbeuern, Dietramszell, Sachsenkam, Heilbrunn, Penzberg, Benediktbeuern, Kochel, Walchensee, Schlehdorf, Herzogstand, Heimgarten
4. erw. Aufl. 2022 – geb. – 312 Seiten – zahlr. Illustr., davon 10 v. Heinz Schinzel,
EAN 9783-921445-44-0

Sagen und Legenden um das Berchtesgadener Land
Watzmann, Jenner, Hoher Göll, Hohes Brett, Hochstaufen, Untersberg, Reiteralpe Berchtesgaden, Bad Reichenhall, Bischofswiesen, Markt Schellenberg, Piding, Högl, Teisendorf, Laufen, Freilassing, Salzburg
7. erw. Aufl. 2018 – 288 Seiten – geb. – zahlr. Illustr., 24 v. Heinz Schinzel
EAN 9783-921445-43-3

Sagen und Legenden um Chiemgau u. Pupertiwinkel
Siegsdorf, Inzell, Ruhpolding, Bergen, Marquartstein, Chiemsee, Prien, Rimsting, Rosenheim, Wasserburg, Haag, Obing, Truchlaching, Altenmarkt Trostberg, Traunreut, Traunstein, Waging, Tittmonimg, Burghausen
5. erw. Aufl. 2016,– 432 Seiten – gebunden – zahlr. Illustr., 28 v. Heinz Schinzel
EAN 9783-921445-39-6

Sagen und Legenden um Miesbach und Holzkirchen
Landkreis Miesbach mit Tegernsee, Schliersee, Spitzingsee, Seehamersee, Kirchsee, Gmund, Bad Wiessee, Kreuth, Rottach-Egern, Bayerischzell, Fischbachau, Schliersee, Hausham, Agatharied, Miesbach, Waakirchen, Schaftlach, Holzkirchen
2. Aufl. 2004 – geb. – 336 Seiten – zahlr. Illustr., 9 v. Heinz Schinzel
EAN 9783-921445-24-2

Sagen u. Legenden u. Werdenfelser Land u. Pfaffenwinkel
Mittenwald, Garmisch, Oberau, Eschenlohe, Ettal, Oberammergau, Schwangau, Steingaden,Murnau, Schongau, Peiting, Peißenberg, Wessobrunn, Polling, Weilheim
3. erw. Auflage 2021, 292 Seiten – gebunden – zahlr. Illustr., 9 von Heinz Schinzel
EAN 9783-921445-37-2

Die Blaue Kugel – Märchen v. Gisela Schinzel-Penth
Abenteuerliche, spannende, zauberhafte, geheimnisvolle Märchen:
Das Rätsel der verwunschenen Burg - Das Geheimnis der strahlenden Insel – Die Blaue Kugel – Das Schwert der Freundschaft - Die Königin mit dem steinernen Herzen – Ariela im Reich der Geister – Das Glas mit der Blume des Friedens – Die Gabe der sieben Könige – Der dicke Sultan – Der unzufriedene Spatz – Zwei gleiche Steine – Die unbarmherzige Prinzessin – Die klugen Fische – Der Palast der Vollkommenheit – Nurabi und das Glück der Welt
20 farbige Bilder v. Norbert Gerstlacher – gebunden – 232 Seiten
EAN 9783-921445-35-8